我们都能成为人生赢家

大学到职场的进阶攻略

王 冬　张德国　著

电子工业出版社
Publishing House of Electronics Industry
北京·BEIJING

未经许可，不得以任何方式复制或抄袭本书之部分或全部内容。
版权所有，侵权必究。

图书在版编目（CIP）数据

我们都能成为人生赢家：大学到职场的进阶攻略 /
王冬，张德国著. -- 北京：电子工业出版社，2024. 7.
ISBN 978-7-121-48047-8

Ⅰ．G647.38

中国国家版本馆 CIP 数据核字第 20248HU814 号

责任编辑：胡　南　李楚妍
印　　刷：三河市良远印务有限公司
装　　订：三河市良远印务有限公司
出版发行：电子工业出版社
　　　　　北京市海淀区万寿路 173 信箱　　邮编：100036
开　　本：720×1000　1/16　印张：20.75　字数：370 千字
版　　次：2024 年 7 月第 1 版
印　　次：2024 年 7 月第 1 次印刷
定　　价：88.00 元

凡所购买电子工业出版社图书有缺损问题，请向购买书店调换。若书店售缺，请与本社发行部联系，联系及邮购电话：(010) 88254888，88258888。
质量投诉请发邮件至 zlts@phei.com.cn，盗版侵权举报请发邮件至 dbqq@phei.com.cn。
本书咨询联系方式：(010) 88254210，influence@phei.com.cn，微信号：yingxianglibook。

目 录
Contents

第一部分

1 为什么需要职业规划
　1.1　什么是职业规划，为什么它如此重要　　　　　　　　　／ 002
　1.2　未规划的职业生涯可能会带来什么问题　　　　　　　　／ 004
　1.3　职业规划过程的主要元素　　　　　　　　　　　　　　／ 006

2 自我认知是如何影响职业规划的
　2.1　什么是自我认知　　　　　　　　　　　　　　　　　　／ 009
　2.2　如何进行自我评估　　　　　　　　　　　　　　　　　／ 011
　2.3　自我认知如何影响对职业的选择　　　　　　　　　　　／ 013

3 如何准确识别和评估兴趣、个人技能和价值观
　3.1　为什么需要了解兴趣、个人技能和价值观　　　　　　　／ 016
　3.2　如何识别和评估兴趣　　　　　　　　　　　　　　　　／ 018
　3.3　如何识别和评估个人技能　　　　　　　　　　　　　　／ 021
　3.4　如何识别和评估价值观　　　　　　　　　　　　　　　／ 023

4 如何进行有效的职业探索
　4.1　职业探索的详细步骤　　　　　　　　　　　　　　　　／ 026
　4.2　如何使用网络和其他资源进行职业探索　　　　　　　　／ 028

5 如何通过实习和项目经验提升职场竞争力
　5.1　为什么实习和项目经验如此重要　　　　　　　　　　　／ 032
　5.2　如何寻找和申请实习　　　　　　　　　　　　　　　　／ 034
　5.3　如何充分利用实习和项目经验　　　　　　　　　　　　／ 037

iii

6　如何构建对职业生涯有利的社交网络

　　6.1　什么是职业社交网络　　　　　　　　　　　　　　　　／040

　　6.2　如何构建和管理社交网络　　　　　　　　　　　　　　／042

　　6.3　如何有效地利用社交网络寻找工作　　　　　　　　　　／045

7　如何设定实现职业目标的步骤和计划

　　7.1　为什么设定职业目标很重要　　　　　　　　　　　　　／048

　　7.2　如何设定职业目标　　　　　　　　　　　　　　　　　／050

　　7.3　职业规划中常见的困难和挑战　　　　　　　　　　　　／052

8　如何在大学期间通过学习和实践提升职业技能

　　8.1　哪些职业技能在职场中尤为重要　　　　　　　　　　　／056

　　8.2　如何在大学期间提升职业技能　　　　　　　　　　　　／058

9　求职过程中，应该做好哪些准备及如何展示自己

　　9.1　如何准备一份有效的简历和求职信　　　　　　　　　　／062

　　9.2　如何准备面试　　　　　　　　　　　　　　　　　　　／064

10　如何在职业生涯中保持持续学习和自我发展

　　10.1　为什么持续学习在职业生涯中如此重要　　　　　　　／067

　　10.2　如何找到适合自己的学习资源和机会　　　　　　　　／069

11　面对不确定性和变化，应该如何调整职业规划

　　11.1　职业生涯中可能遇到哪些不确定性和变化　　　　　　／072

　　11.2　如何调整职业规划以应对不确定性和变化　　　　　　／074

12　怎样才能成为自己人生的赢家

　　12.1　在职业生涯中，什么是"赢"　　　　　　　　　　　／076

　　12.2　成为人生赢家需要怎样的态度和行动　　　　　　　　／077

第二部分

1 如果想最好地支持自己的职业发展，我应该选择在哪里工作　/ 082
2 应该创业吗？如果应该，需要何时及如何开始　/ 083
3 新的工作技能和工具不断出现，应该如何快速适应并学习这些新技术　/ 084
4 工作会对我生活的其他方面（如家庭、社交活动等）产生什么影响？我该如何处理这些影响　/ 085
5 我应该选择一份安稳的工作，还是选择一份有挑战性但风险更大的工作　/ 087
6 在不断变化的职业市场中，我该如何保持竞争力　/ 088
7 我应该选择高薪但压力大的工作，还是选择薪水一般但更有满足感的工作　/ 089
8 我该如何有效地进行自我推销　/ 090
9 如果想增加面试成功的概率，我在面试中应该注意什么　/ 091
10 在职场中，我该如何处理与同事的关系　/ 092
11 如果对目前的工作不满意，我应该选择辞职吗　/ 093
12 我应该怎样选择适合我的实习机会　/ 094
13 如何有效地利用学校资源来促进职业发展　/ 096
14 如果想增加未来的就业机会，我应该参加哪些课外活动或社团　/ 097
15 我怎样才能找到与长期职业目标相符的第一份工作　/ 098
16 无论工作多么困难，我都应该坚持下去吗　/ 099
17 应该怎样评估一份工作或职业是否真的适合我　/ 100
18 如何才能适应新的工作环境　/ 101
19 如何处理职场中的冲突　/ 103
20 如何保持对工作的热情和动力　/ 104
21 性格和个人特质如何影响职业路径　/ 105
22 毕业后，我应该立即找工作还是选择读研究生　/ 106
23 我该如何在职场中保护自己的权益　/ 107
24 在职业发展过程中，我应如何处理失败和挫折　/ 108
25 在找工作时，我应该如何和潜在雇主谈判工资和福利　/ 109
26 如果对所学的专业失去了兴趣，我应该怎么办　/ 110

27	如何判断自己是否需要职业咨询	/ 112
28	如何处理工作中的道德问题	/ 113
29	如果对现在的工作感到无聊或不满意,应该怎么做	/ 114
30	应该选择一个高收入的职业还是真正热爱的职业	/ 115
31	如何评估一个工作机会的潜力和价值	/ 116
32	如何评估工作环境和公司文化	/ 117
33	我应该在多大程度上参考父母和亲友的职业建议	/ 118
34	如何调整自己的态度和期待以适应职场环境	/ 119
35	如何看待职场中的竞争	/ 120
36	如何看待工作与个人价值观的冲突	/ 121
37	如何应对职业生涯中的不公平待遇	/ 122
38	在职业规划中,如何权衡短期利益与长期发展	/ 123
39	怎样才能提高领导才能和管理技能	/ 124
40	如何在职业规划中平衡个人成长与对社会的贡献	/ 125
41	如何利用实习经验来指导职业决策	/ 126
42	如何根据自己的职业目标选择合适的继续教育和培训	/ 127
43	如何看待和处理职业生涯中的机遇与风险	/ 128
44	如何培养创新和解决问题的能力	/ 129
45	如何在职业生涯中克服职业焦虑和不安	/ 130
46	如何评估一个工作的职业发展前景和晋升机会	/ 132
47	选择大公司还是创业公司	/ 133
48	如何处理面试中的难题	/ 134
49	我的期望薪资应该是多少	/ 135
50	如何处理与上司的关系	/ 136
51	如何处理职业生涯中的转折点	/ 137
52	如何看待跳槽	/ 138
53	如何看待工作和人生的意义	/ 139
54	如何处理职场中的性别歧视	/ 140
55	如何提高自己的时间管理和效率	/ 142

56	如何确定职业方向以与人工智能技术发展趋势相匹配	/ 143
57	我学的专业未来是否可能因为 AI 技术的发展而变得不再重要或过时	/ 144
58	如果我的专业领域受到 AI 技术的冲击，我该如何转型或提升自己以保持竞争力	/ 145
59	如何在大学期间就开始准备，使自己适应未来由 AI 技术主导的工作环境	/ 146
60	如何平衡学习专业知识和了解 AI 等新技术的需要	/ 147
61	在寻找实习和工作机会时，我该如何展示自己在 AI 领域的知识和技能	/ 148
62	我是否需要学习编程或数据分析等技能	/ 149
63	面对快速变化的技术环境，如何制订一个灵活且实用的职业发展计划	/ 150
64	如何处理与 AI 相关的职业选择所带来的不确定性和焦虑	/ 151
65	如何确保我所学习的技能不会在未来几年内被 AI 取代	/ 152
66	我应该在何处寻找有关 AI 对未来工作影响的可靠信息和资源	/ 153
67	哪些 AI 相关的技能对职业发展最为关键	/ 154
68	在未来的就业市场中，我如何证明自己比 AI 更有优势	/ 155
69	对于非技术专业的我来说，是否有必要了解 AI 和机器学习的基本概念	/ 156
70	未来职业的哪些方面可能会因 AI 而发生根本性改变，该如何为此做准备	/ 157
71	如何跟踪并适应 AI 技术的快速变化，以免在未来的职业生涯中落后	/ 159
72	如何评价自己选择的行业在 AI 发展浪潮中的前景和风险	/ 160
73	我在大学期间应该参加哪些课外活动或项目，以提高在 AI 时代的就业竞争力	/ 161

第三部分

1 价值观
    1.1   活动目的 / 164
    1.2   活动方案 / 164
    1.3   困境活动——"如果是你，你会怎么做？" / 173
    1.4   影视道德探讨会 / 178

2 批判性思维
    2.1   活动目的 / 182
    2.2   活动方案 / 182
    2.3   历史反思 / 195

3 文化敏感性
    3.1   活动目的 / 205
    3.2   活动方案 / 206
    3.3   国际美食盛宴——社交常识 / 211
    3.4   了解观影文化 / 223

4 团队协作
    4.1   活动目的 / 252
    4.2   活动方案 / 252

5 社交技能
    5.1   活动目的 / 260
    5.2   活动方案 / 260

6 自控能力
    6.1   活动目的 / 270
    6.2   活动方案 / 270

7 认识灵活性
    7.1   活动目的 / 279

  7.2 活动方案 / 279

8 成长心态
  8.1 活动目的 / 289
  8.2 活动方案 / 289

9 情绪调节
  9.1 活动目的 / 293
  9.2 活动方案 / 293

10 沟通技巧
  10.1 活动目的 / 300
  10.2 活动方案 / 300

11 决策能力
  11.1 活动目的 / 304
  11.2 活动方案 / 304

12 抗压能力训练
  12.1 活动目的 / 306
  12.2 活动方案 / 306

13 倾听能力
  13.1 活动目的 / 309
  13.2 活动方案 / 309

第一部分

系统地介绍职业规划的理论、逻辑和思路、方法和实用工具

1 为什么需要职业规划

1.1 什么是职业规划，为什么它如此重要

职业规划，这个在现代职业发展中至关重要的概念，是一个系统性的、持续的过程。在这个过程中，个人不仅要设定自己在工作和生活中的目标，还要制订出实现这些目标的具体策略和步骤。职业规划的内容远不止对眼前工作机会的选择，还包括对事业长期发展的考量，甚至是对退休后生活的规划。

在快速发展的现代社会，职业规划变得尤为重要。

第一，职业规划帮助人们明确自己的职业目标和愿景。在没有明确目标的情况下，人们很容易在职业生涯中迷失方向，盲目行动或随波逐流。有了职业规划，个人便能根据自己的兴趣、能力和职业市场的需求，设定一个清晰的职业发展方向。这种方向不仅仅是对未来的一种规划，它还是一种动力，激励人们克服职业道路上的困难。

第二，职业规划过程中的自我反思对于个人的自我认知极为重要。通过深入了解自己的兴趣、价值观、能力，以及潜在的成长领域，个人可以更好地认识自己，了解自己真正适合和喜欢的工作类型是什么。这种自我认知不仅有助于个人作出更合适的职业选择，还能增强个人从职业中获得的满足感和成就感。实际上，通过设定和实现职业目标，人们更有可能在工作中收获满足感。当个人在职业生涯中达到自己设定的里程碑时，他会感受到成就感，这种成就感是无价的，它能够极大地提升个人的自信心和工作动力。相反，没有明确目标的职业生涯往往会让人感到迷茫或不满足，导致工作表现不佳，甚至对工作产生厌倦情绪。

第三，职业规划使个人能够预见到行业的变化趋势和未来的职业机会，从而及时调整自己的职业策略。在现代社会，职业角色和需求经常发生变化。有了明确的职业规划，人们可以更好地适应这些变化。例如，在科技快速发展的今天，许多传统职业正在逐渐消失，而许多新的职业正在出现。有了有效的职业规划，个人就可以通过提前学习新技能或转换职业路径来适应这种变化。

第四，职业规划能显著提高个人的决策能力。在职业生涯中，人们经常面临各种选择，如是否接受某个工作机会、是否接受进一步的教育或培训等。有了明确的职业规划，人们可以根据自己的长远目标和当前的职业状况来作出更合理的决策。例如，一个明确希望在未来成为营销总监的人，可能会优先选择那些能够提升营销技能和管理能力的工作机会。

第五，职业规划还能减少对未来的不确定性和焦虑。很多人对自己的未来职业道路感到不确定和焦虑，主要是因为他们没有清晰的职业规划。清楚自己的职业道路和未来的方向，可以让人感到更加安心，减少不必要的焦虑。这种安心感来源于对未来可行的计划，以及实现这个计划的信心。

第六，职业规划不仅关注当前，还关注长远的未来，能帮助人们为持续的职业成长和发展做好准备。例如，一个初入职场的年轻人可能会设定在未来5年内达到某个职位的目标，为此他可能需要计划参加相关的培训课程，积累必要的工作经验。这种长期的职业规划使个人在职业生涯的每一个阶段都有明确的目标和方向。

第七，职业规划可以帮助人们更有效地利用可用的资源，如时间、金钱和其他机会，以实现他们的职业目标。在没有职业规划的情况下，人们可能会浪费大量的时间和资源在那些与他们的职业目标无关的事情上。有了明确的职业规划，个人可以确保他的每一步都是朝着最终目标前进的。

总之，职业规划是人们在其职业生涯中作出的重要决策和策略规划。通过明确的职业目标和具体的实现步骤，职业规划可帮助个人确保他的工作和生活都能达到最大的满足和成功。无论对于初入职场的年轻人，还是处于职业生涯中段的专业人士，甚至即将退休的老年人，有效的职业规划都是实现职业成功和个人满足的关键。

1.2 未规划的职业生涯可能会带来什么问题

未规划的职业生涯可能会带来一系列的问题，这些问题不仅影响个人的工作表现和职业满足感，还可能对个人的整体生活质量产生负面影响。

1.2.1 缺乏方向感

一个没有明确职业目标的人在职业生涯中往往缺乏方向感。这可能导致个人在职业选择上盲目地跟随他人，或者随机地而不是基于自己真正的兴趣和能力来看待和捕捉机会，作出职业选择。在这种情况下，个人往往会感到迷茫，不知道自己的职业生涯正在朝哪个方向发展，也难以作出符合长远利益的决策。

1.2.2 职业满足感低

未明确职业目标和兴趣，可能导致个人长时间从事他不热爱或不擅长的工作。在这种情况下，工作对个人而言更多的是一种生存的手段，而不是个人成长和实现梦想的平台。这种不匹配可能导致个人的工作满足感低下，进而影响其整体幸福感和生活质量。

1.2.3 发展停滞

缺乏职业规划，可能导致个人缺乏专业发展的策略和计划。在这种情况下，个人可能错过提升技能和增长知识的机会，导致职业发展上的停滞。这不仅限制了个人在当前职位上的表现，也阻碍了其未来职业晋升的可能性。

1.2.4　错过重要机会

不明确自己的职业道路和发展方向，可能会导致个人错过对职业发展有益的学习机会和工作机会。这些机会可能包括关键的培训课程、重要的网络活动或其他能够促进职业发展的活动。

1.2.5　过度职业焦虑

不确定自己的未来和职业发展，可能会增加个人的职业焦虑和压力。职业不确定性是职业倦怠和情绪问题产生的主要原因之一。长期的职业焦虑不仅影响个人的工作表现，还可能导致心理健康问题。

1.2.6　资源浪费

未经规划的职业生涯可能导致个人对时间、金钱和其他资源的不当使用。例如，个人可能会在与职业目标不符的培训和教育中投入大量金钱和时间，或者在不利于职业发展的工作中浪费宝贵的年华。

1.2.7　工作与生活不平衡

没有职业规划可能会导致工作和个人生活之间的平衡被打破。例如，过度工作会忽略家庭和个人兴趣，追求不切实际的职业目标会牺牲个人的生活质量。

1.2.8　经济风险

在经济不稳定的时期，未规划的职业生涯可能会导致个人在失业、收入降低或行业变革时遭受更大的经济风险。没有清晰的职业规划和应对策略，个人可能难以迅速适应市场变化，从而面临经济困难。

1.2.9　人际关系紧张

职业不满或职业生涯的不确定性可能会导致与同事、领导甚至家庭成员之间的关系紧张。工作中的不满意可能会导致个人在工作场所表现出消极的态度，这可能影响与同事和领导的关系。同样，职业生涯的不确定性也可能导致个人和家庭陷入紧张和焦虑情绪中。

1.2.10 缺乏自我认知

未进行职业规划可能意味着个人缺乏对自己的职业兴趣、价值观和能力的深入了解。这可能导致个人对自己的职业潜力和兴趣产生误判，从而在职业选择上犯错误。缺乏自我认知的个人可能会发现自己在职业生涯中反复尝试不同的工作，但始终无法找到真正适合自己的职业路径。

综上所述，职业规划对于个人的职业发展至关重要。它不仅有助于个人实现职业目标，也有助于提高工作满足感、维持工作与生活的平衡，并减少职业生涯中可能遇到的各种风险。因此，无论是刚刚步入职场的年轻人，还是已经有一定工作经验的职场人士，都应该重视职业规划，通过持续自我反思、了解行业趋势、设定目标来确保自己的职业生涯能健康地发展。通过有效的职业规划，个人不仅可以在职业发展上取得成功，还可以实现自身的全面发展并收获幸福感。

1.3 职业规划过程的主要元素

职业规划是一个系统的过程，并非列一个任务清单那么简单，它是一个包含多个相互关联的元素的综合实践过程，旨在帮助个人识别和制订他们的职业目标、策略和行动计划。这一过程包含以下主要元素。

1.3.1 自我评估

（1）兴趣：知道自己喜欢什么及在哪些领域发展会感到最满足是职业规划的基础。评估个人的兴趣，可以帮助自己更好地理解哪些类型的工作和活动能够激发自己的热情和动力。

（2）能力：识别自己的强项和弱项是职业规划的关键。即要了解自己在哪些领域表现出色，以及在哪些领域需要进一步发展和提升。

（3）价值观：即理解自己认为重要的事情是什么，如工作与生活的平衡、社会影响、经济回报等。职业选择应该与个人的价值观相符,这样才能带来长期的满足感和成就感。

（4）个性：即了解自己的性格特点,如是偏好团队合作还是独立工作。个性特征对职业选择和工作环境的适应性至关重要。

1.3.2 职业探索

（1）职业研究：了解不同的职业路径,包括所需的技能和教育背景,以及可能的工作机会。对感兴趣的职业领域进行深入研究,可以更好地了解相关的工作内容和职业发展路径。

（2）行业趋势：研究行业的发展方向和趋势,以确定未来的职业机会。了解行业趋势对于把握未来的职业机会和规避潜在风险至关重要。

（3）网络建设：与已在相关领域工作的人建立联系,以获得第一手的行业知识。职业网络不仅可以提供宝贵的行业信息,还可以带来潜在的工作机会。

（4）目标设定：短期目标,考虑接下来1~3年内希望达到的职业里程碑。短期目标应该是具体、可实现的,并且与长期目标相一致。长期目标,则要考虑3年以上的职业发展和愿景。长期目标通常更为宏观,涵盖职业生涯的整体方向和个人的最终职业愿景。

1.3.3 策略和行动计划

（1）教育和培训：确定需要获取的任何额外技能或学历,以达到职业目标。教育和培训计划应该与个人的职业目标紧密相连。

（2）实践经验：通过实习、做志愿者或其他机会来获得与目标相关的经验。实践经验对于职业发展至关重要,尤其是在竞争激烈的职业领域。

（3）专业网络：计划如何扩展和维护自己的专业网络。专业网络不仅对于寻找工作机会很重要,还可以提供职业发展的支持和指导。

1.3.4 反馈和调整

（1）评估：定期评估自己的进度,看是否接近目标。评估应该客观、全面，考虑到所有相关的因素。

（2）调整：基于评估结果，调整目标或策略，确保与长期目标一致。职业规划是一个动态的过程，需要根据个人发展和外部环境的变化进行调整。

1.3.5　考虑外部因素

即考虑经济、行业、技术等外部因素如何影响个人的职业规划。了解外部因素对于职业规划至关重要。

1.3.6　生涯管理

生涯管理离不开持续的自我发展、学习和自我评估，要确保随着时间的推移持续地调整和更新职业规划。生涯管理是一个持续的过程，需要个人对自己的职业发展保持积极的态度。

整合上述所有元素，职业规划应该是一个持续的、不断反思和调整的过程。在这个过程中，确保随着时间的推移和环境的变化，个人的职业路径仍与其价值观、技能和兴趣相一致。有效的职业规划可以帮助个人在职业生涯中实现个人目标，提高工作满足感，以及实现工作和生活的平衡。这一过程可以确保个人在职业生涯中的每一步都是有目的的，有助于实现自己的职业目标和个人愿景。

2 自我认知是如何影响职业规划的

2.1 什么是自我认知

自我认知，这一心理学概念，涵盖了个体对自己的深入理解和认识。它不是对个人特质的简单了解，而是一个复杂的过程，涵盖了个体对自己的性格、情感、能力、价值观、信仰、目标及其他与自身相关的属性的认识和评估。作为自我意识的一个重要方面，自我认知对一个人的决策、目标设定、人际关系及自尊都有着深远的影响。

2.1.1 自我认知的组成部分

（1）自我概念：自我概念是指个体对自己整体性的认知或描述，包括对自己身份的认知。这种身份认知可能基于多种因素，如职业、性别、种族或文化等。

（2）自我效能：自我效能是指个体对自己在特定情境下完成某一行为或任务的能力的信念或信心。高自我效能的个体通常更有信心面对挑战，相信自己能够掌控结果。

（3）自我评价：自我评价是指个体对自己的能力、表现和价值的评估。正确的自我评价对个人发展和心理健康至关重要。

（4）内外控倾向：内外控倾向涉及个体对自己命运控制的看法。内控倾向的个体认为他们的命运主要由自己控制，而外控倾向的个体则认为外部因素（如运气或命运）起决定作用。

（5）理想自我与现实自我：理想自我是个体期望成为的自己，通常是一种更为理想化的自我形象。现实自我是个体当前的自我形象或认知，可能与理想自我存在差距。

（6）自我调节：自我调节是指个体控制和调整自己的行为，以适应环境或实现目标的过程。良好的自我调节能力可以帮助个体更有效地处理压力和挑战。

（7）自尊：自尊是个体对自己价值的总体评价，是自我认知的核心组成部分。高自尊的个体通常对自己有正面的看法，能更好地应对生活中的挑战。

2.1.2 自我认知的发展过程

自我认知不是一成不变的，它是一个持续发展和变化的过程。这一过程受多种因素影响，个人的经历和遭遇对自我认知有显著的影响。不同的文化背景提供了不同的价值观和行为模式，也会影响个体的自我认知。教育过程中获得的知识和技能会影响个体的自我效能和自我概念。通过与他人的互动，个体可以了解自己在社交中的表现和影响，进而调整自我认知。通过反思自己的行为和想法，个体可以更深入地了解自己，发展自我认知。

2.1.3 自我认知的重要性

自我认知在个体的成长、发展和决策过程中起着关键作用。深刻的自我认知可以帮助个体作出更符合自己价值观和目标的决策；更好地理解和管理自己的情绪和行为；建立更健康、更积极的人际关系；提高自尊和自我效能感；适应生活中的变化和挑战。

总而言之，自我认知是一个多层次的、动态的过程，涉及个体对自身各种属性的深入理解和评估。通过不断的自我评估、反思和学习，个体的自我认知可以得到提高，并在个人成长和发展中发挥重要作用。自我认知是许多心理治疗和辅导方法的核心，也是个体实现自我价值和保持心理健康的关键因素。

2.2 如何进行自我评估

进行自我评估是一个关键的个人发展过程，它涉及深入探索自己的内心世界，以及如何在外部世界中定位自己。这个过程不仅可以帮助个体识别自己的优势和弱点，还可以帮助个体理解自己的价值观、兴趣和目标，并据此作出更有意义的决策。

2.2.1 确定自我评估的目的

（1）明确评估目的：个体在自我评估之前需要明确进行自我评估的具体原因，可能是为了促进职业发展、提升个人效能、改善人际关系或实现其他个人目标。

（2）目标导向：根据自我评估的目的，确定评估的重点领域，如领导能力、沟通技巧、情绪管理等。

2.2.2 列出优势和弱点

（1）诚实自评：诚实地列出自己的优势和弱点，工作、学习、人际交往和其他生活领域都要全面考虑。

（2）优势和弱点的平衡：确保在评估时平等地对待自己的优势和弱点，避免过分偏向某一方。

2.2.3 反思过去的经验

（1）从经验中学习：回顾自己成功和失败的经验，思考从中学到了什么。

（2）分析案例：详细分析特定案例，以深入了解自己在不同情境下的表现和反应。

2.2.4 考虑他人的反馈

（1）获取外部反馈：积极寻求家人、朋友、同事或上司的反馈，了解他们对你的看法。

（2）开放的态度：保持开放的心态，接受正面和负面的反馈。

2.2.5 评估兴趣和价值观

（1）确定兴趣点：识别哪些活动或任务让自己感到满足和兴奋。

（2）价值观的影响：分析自己的价值观是如何影响行为和决策的。

2.2.6 设定目标

（1）设定具体目标：基于自我评估结果，设定具体、可衡量的短期目标和长期目标。

（2）确保目标一致性：确保目标与自己的优势、兴趣和价值观相一致。

2.2.7 制订行动计划

（1）实施步骤：制订实现目标的具体步骤，包括参加必要的培训、改变习惯、寻求导师帮助等。

（2）灵活性：计划应该具有一定的灵活性，以适应不断变化的情况。

2.2.8 定期重新评估

（1）适时评估：生活和情境会不断变化，因此定期进行自我评估，并根据新情况调整目标和计划是非常重要的。

（2）持续调整：必要时，根据新的自我评估结果调整目标和策略。

2.2.9 使用工具和资源

（1）专业工具：利用市场上专业的自我评估工具和问卷，进行更深入、系统的自我了解。

（2）资源整合：整合可以利用的资源和工具，以促进自我评估的有效性。

2.2.10 记录和反思

（1）日记记录：坚持使用日记或反思日志，记录自己的经验、感受和学习心得。

（2）增强自我认知：定期反思可以加深对自身行为和情感的理解，增强自我认知。

进行自我评估的过程可能会涉及面对自己的不足和弱点，这可能是一个挑战，但这个过程对个人成长至关重要。它不仅可以帮助你更好地了解自己，还能帮助你在工作和生活中作出更明智的决策，建立更强的人际关系，并实现你的目标和愿望。通过这个过程，你能够识别并利用自己的优势，同时也能意识到自己需要改进的领域。自我评估是一个持续的过程，随着时间的推移和个人经验的积累，你的自我认识将变得更加深刻和全面。这不仅能帮助你在职业上取得成功，也能在个人层面上给你带来更大的满足和成就感。

最终，进行自我评估是走向自我价值实现和个人成长的关键步骤。它可以帮助你清楚地了解自己的内在动力和外部影响，为未来铺平道路。通过不断的自我评估和自我改善，你能够充分发挥自己的潜力，达到个人生活和职业生涯的最佳状态。

2.3 自我认知如何影响对职业的选择

在职业生涯中，自我认知起着至关重要的作用。是对自己兴趣、能力、价值观、性格和动机的深入理解，这种理解影响着人们的工作选择、满足感和职业绩效。在职业规划和发展中，自我认知是不可或缺的一部分，它为你的职业方向提供了指导和框架。自我认知对职业选择的影响体现在多个方面。

2.3.1 兴趣与激情

了解自己的兴趣和激情是选择职业的第一步。这可以帮助你找到那些能够激发你的热情，让你乐于投入其中的工作。当你从事自己感兴趣的工作时，能表现出更高的工作热情，得到更好的职业绩效。例如，对艺术感兴趣的人可能会发现他们更适合创意行业，而对数字和逻辑分析感兴趣的人可能更适合从事金融或工程领域的工作。

2.3.2 能力与技能

自我认知还涉及对自己能力和技能的了解。明白自己的优势和弱点，可以帮助你选择能够发挥我们优势的职业，避免选择那些可能挑战性太强或超出你能力范围的职业。例如，具有出色沟通技巧的人可能适合销售或客户服务类工作，而具有强大分析能力的人可能适合研究或数据分析类工作。

2.2.3 价值观

个人的价值观和信仰在职业选择上起着重要作用。选择与自己价值观一致的职业可以确保在工作中获得满足感和幸福感。例如，重视帮助他人和为社会作出贡献的人可能会在非营利组织或社会服务行业中找到满足，而重视创新和创造力的人可能会在创意行业或初创公司中找到属于他们的位置。

2.3.4 性格特征

个人的性格特征对于职业选择而言同样重要。内向的人可能更适合需要独立工作和深度思考的职业，而外向的人可能更适合那些需要团队合作和频繁人际交往的职业。了解自己的性格特征可以帮助你找到适合自己工作风格的职业。

2.3.5 生活目标和期望

个人的生活目标和期望也对职业选择有显著影响。这可能包括对工作与生活平衡的需求、收入期望、工作地点偏好等。了解这些期望可以帮助你选择能够满足这些需求的职业。

2.3.6 动机和驱动力

个人的内在动机和驱动力是职业选择的重要考量因素。了解自己的动机，如对挑战、学习或成就的需求，可以帮助你找到能够满足这些需求的工作。例如，寻求创新和变革的人可能适合朝企业家或科研人员的职业目标发展。

2.3.7　适应性和学习能力

了解自己在面对新挑战或学习新技能时的适应性和学习能力，可以帮助你选择适合自己的职业。这对于那些处在快速变化的行业中的个体尤其重要。

综上所述，自我认知为你的职业选择提供了一个重要的框架。了解自己的兴趣、能力、价值观、性格特征、生活目标和期望，以及动机，可以帮助你作出更明智的职业选择。这种深入的自我了解确保你选择的职业不仅能带来职业满足感和成功，还能促进你在职业上的持续发展。随着时间的推移，你的兴趣和目标可能会发生变化，因此持续的自我认知和反思是非常重要的。通过不断地评估和调整职业选择，你可以确保它们始终与个人特质和生活目标保持一致。选择与自我认知相匹配的职业不仅能够带来职业上的成功和满足，还能够促进个人的成长和发展。

3 如何准确识别和评估兴趣、个人技能和价值观

3.1 为什么需要了解兴趣、个人技能和价值观

了解自己的兴趣、技能和价值观对于个人成长和职业发展都至关重要。这种自我认知可以深刻影响生活质量、工作满意度及职业成功。深入了解自己的兴趣、个人技能和价值观有各个方面的重要原因。

3.1.1 增加职业满足感

选择与个人兴趣和技能相匹配的工作可以显著增加职业满足感。当从事自己热爱的工作，并能充分发挥自己的长处时，工作不再是单纯的维持生计的手段，而是成就感和幸福感的源泉。例如，对艺术充满热情的人在创意行业中可能会感到更满足，而在数字和逻辑分析上有天赋的人可能在财务或数据分析领域中获得成功和满足。

3.1.2 提高工作绩效

了解并运用自己的技能和优势，通常可以提高工作绩效。对工作的热情及在某个领域的专长能够激励人们更投入地工作，从而在岗位中取得更佳的业绩。总之，人们往往在他们感兴趣和擅长的领域表现最佳。

3.1.3 指导职业决策

了解自己的价值观对于作出符合长期目标和愿望的职业决策至关重要。例如，高度重视工作与生活的平衡的人，可能会偏向于选择那些工

作时间更灵活、压力较小的职业。反之，价值观中包括挑战自我和不断进步的理念的人，可能倾向于选择那些竞争激烈、挑战性较大的工作。

3.1.4　有利于自我成长和发展

通过了解自己的兴趣和技能，可以识别出自己的发展领域。这能帮助制订个人发展计划，不断提高自己的技能。例如，一个了解自己在公共演讲方面不太擅长的人可能会决定参加相关培训，以提升这方面的能力。

3.1.5　减少职业不确定性和焦虑

清楚地了解自己的兴趣、个人技能和价值观，可以更有目标地寻找和申请工作。这可以大大减少因不确定未来方向而带来的焦虑。知道自己想要什么和不想要什么，能使职业路径的选择更加清晰。

3.1.6　建立有效的人际关系

了解自己的价值观有助于与拥有相似价值观的人建立关系。这在个人生活中很重要，在职业生涯中同样重要。与志同道合的同事合作可以增强团队凝聚力和效率。例如，非常重视创新和团队合作的人，在一个鼓励这些价值观的组织中工作可能会更加愉快和高效。

3.1.7　提高职业适配性

在面试或求职过程中，了解自己的兴趣、技能和价值观有助于更好地展示自己，以及判断自己是否适合某个职位或认同公司文化。这有助于找到更适合自己的职业，减少工作中的不适感和摩擦。

3.1.8　有利于长期职业规划

深入了解自己的兴趣、技能和价值观对于长期职业规划至关重要。它可以帮助你确定职业生涯中的主要目标和里程碑，并根据这些目标制定适合的策略和计划。例如，明确知道自己想成为一名成功的企业家的人，可能会选择那些能够提供必要经验和知识的工作。

3.1.9 增强自信和自尊

对自己的兴趣、个人技能和价值观有清晰的了解，可以增强自信和自尊。当你在工作中能够利用自己的优势，并且工作与你的价值观相一致时，你往往会感到更加自信和满足。这种自信会反映在你的工作表现和职业关系中，从而促进职业成长和成功。

3.1.10 提高个人生活的满足感

了解自己的兴趣、技能和价值观不仅对职业发展有益，还能提高你生活的满足感。你的兴趣和爱好可以转化为有意义的业余活动，提升生活质量。同时，清晰的价值观有助于你在生活中作出符合自己信念的决策。

总之，对自己的兴趣、技能和价值观有深入的了解是自我意识的核心部分，对你的职业发展至关重要。这不仅有助于你在生活和职业中作出明智的决策，而且有助于实现自己的目标和潜能。通过不断的自我探索和反思，你可以更好地了解自己，为自己在职业道路上的每一步提供指导。

3.2 如何识别和评估兴趣

识别和评估兴趣是一个需要持续反思的过程，它对个人的职业发展和生活满足感都有着重要的影响。以下策略和方法，可以帮助你更好地理解和评估自己的兴趣。

3.2.1 进行职业评估测试

（1）使用兴趣评估工具：使用如霍兰德的职业兴趣测试（RIASEC模型）或其他在线兴趣评估工具。这些工具通常通过问卷调查的形式来评估兴趣，并提供职业建议。

（2）分析评估结果：细致地分析评估结果，了解哪些职业领域与兴趣相符，并探索这些领域的具体职业路径。

3.2.2 日常观察

（1）生活中的兴趣点：关注日常生活中感兴趣的活动或主题。观察自己在空闲时的活动选择，以及在网上浏览的内容类型。

（2）时间流逝感受：注意那些能让自己感到时间过得飞快的活动，这通常是你真正感兴趣的领域。

3.2.3 反思和日志

（1）定期反思：花时间反思自己的经历，特别是那些让你感到兴奋或满足的经历。

（2）日志记录：通过写日记的方式，记录你的感受和体验，这可以帮助你更深入地理解自己对某些活动的喜好。

3.2.4 尝试新事物

（1）广泛参与：参加各种活动，如志愿者工作、社团活动或兼职工作，以探索不同的兴趣领域。

（2）评估体验：在尝试新事物后，评估感受和兴趣程度，以确定这是否是你想要进一步探索的领域。

3.2.5 咨询他人

（1）收集反馈：与家人、朋友、老师或导师交流，听取他们的看法和建议。

（2）观察他人反应：注意他人对你参与某些活动时的反应和评论，这可能揭示你未曾意识到的兴趣点。

3.2.6 职业影子

（1）跟随专家：找到一个你感兴趣的职业领域的专家，跟随他一段时间，观察他的日常工作。

（2）实地体验：通过观察和体验，了解该职业的实际工作内容，判断这是否是你感兴趣的工作环境和职责。

3.2.7 设定小目标

（1）实践项目：设定短期目标，如完成一个在线课程或一个小项目，以实践你的兴趣。

（2）评估成就感：在完成目标后，评估你的满足感和成就感，判断这是否是你愿意长期从事的领域。

3.2.8 与职业顾问交流

（1）专业咨询：考虑与职业顾问交流，以获取专业的意见和建议。

（2）职业规划：通过咨询，了解如何将你的兴趣转化为具体的职业路径和发展计划。

3.2.9 了解兴趣的动态变化

（1）持续评估：认识到兴趣可能随时间、经验和环境的变化而变化，因此定期对自己的兴趣进行评估和调整是必要的。

（2）适应变化：适应兴趣的变化，并探索新的可能性，这对于个人的成长和持续的职业发展至关重要。

总之，识别和评估个人兴趣是一个持续的过程，它要求你不断地探索、反思，并适应各种变化。通过上述方法，你可以更好地了解自己的兴趣，这不仅有助于你的职业选择，也丰富了你的个人生活。认识到兴趣可能会随着时间和经历而变化，你应该保持开放和灵活的态度，随着自己的成长，持续地调整和发展自己的兴趣和职业路径。

3.3 如何识别和评估个人技能

识别和评估个人技能是职业规划和个人发展的重要组成部分。它不仅包括了解自己擅长哪些领域的工作，还包括识别需要提升的技能领域，这些都是帮助你设定清晰的职业目标和发展方向的关键要素。以下是一些详细的建议和方法，以帮助你识别和评估你的技能。

3.3.1 技能清单的制作

（1）全面列表：列出你认为自己具备的所有技能，包括软技能（如沟通、团队合作、解决问题的能力）和硬技能（如编程、图形设计、外语能力）。

（2）分类整理：将这些技能分类，例如，将技术技能、人际交往技能和创造性技能分类罗列。

3.3.2 反思过去的经验

（1）经历回顾：深入思考过去的学习、工作和生活经历，考虑在这些情境中你展现出了哪些技能或优势。

（2）成果分析：分析你在不同领域取得的成就和成功案例，理解这些成就背后的核心技能。

3.3.3 获得反馈

（1）多方咨询：询问家人、朋友、同事、导师或上司对你的技能的看法，他们可能会指出一些你自己未曾意识到的问题。

（2）客观评价：从他人的反馈中获取不同角度的评价，了解他人如何看待你的技能和能力。

3.3.4 利用技能评估工具

（1）使用在线工具：使用在线的技能评估工具或职业评估测试，这些工具可以帮助你客观地识别核心技能和职业适配度。

（2）结果分析：对测试结果进行深入分析，了解哪些技能是你的强项，哪些可能需要进一步发展。

3.3.5 对比职业要求

（1）职位分析：查看你感兴趣的职位描述，分析其中列出的技能要求，与你的技能清单进行对比，找出相匹配之处和存在的差距。

（2）目标设定：根据对比结果设定学习目标或改进方向，以更好地适应你感兴趣的职位。

3.3.6 实际测试

（1）实践应用：通过实际项目或任务来测试和验证自己的技能。例如，你可以通过完成一个项目来展示自己的项目管理技能。

（2）反馈征集：在实践中寻求他人的反馈，以验证和提升自己的技能。

3.3.7 持续学习和更新

（1）不断学习：定期参加相关的培训课程或工作坊，让技能与行业同步发展。

（2）技能更新：随着行业的变化，及时更新和扩展你的技能集，以保持竞争力。

3.3.8 职业咨询

（1）专业建议：考虑与职业顾问或导师交谈，他们可以提供专业的见解和建议，从而帮助你更深入地识别和评估技能。

（2）职业路径规划：通过咨询，了解如何将你的技能转化为具体的职业路径和发展策略。

3.3.9 进行 SWOT 分析

（1）自我分析：对自己进行SWOT分析，识别自己的优势（Strengths）、劣势（Weaknesses）、机会（Opportunities）和威胁（Threats）。

（2）策略制订：基于SWOT分析，制订提升自己技能和职业发展的策略。

3.3.10 记录个人成就

（1）记录成就：记录自己在工作或学习中取得的成就，这些可以作为你技能的直接证明。

（2）反思成就：通过成就来评估和确认自己的核心技能和能力。

总之，技能识别和评估是个人职业发展的重要环节。通过不断的自我探索、反馈获取、技能测试和实际应用，可以有效地识别和评估自己的技能。这一过程不仅有助于个人职业目标的设定，也对个人职业生涯的成功和满足感有重要的影响。记住，技能和能力是可以培养和发展的。识别当前的技能是职业规划的第一步，关键在于如何根据职业目标进行相应的技能培训和发展。

3.4 如何识别和评估价值观

识别和评估价值观对职业规划和决策过程至关重要。只有清楚地知道自己重视什么，才更容易作出与自己价值观一致的职业选择。这个过程可以帮助你理解自己的内在动机和驱动力，从而在职业生涯中作出更有意义的决策。以下详细的步骤和建议，可以帮助你识别和评估价值观。

3.4.1 反思个人经历

（1）深度思考：花时间深入思考你生活中真正关心的事情。你过去的决策和经验会揭示你的价值观。

（2）分析选择：分析你过去的选择是如何反映价值观的。例如，你是否曾因为某种原则而拒绝或选择某个工作机会？

3.4.2 列出价值观

（1）制作清单：列举你认为对自己来说最重要的价值观，如重视家庭、诚信、成功、自由、健康、安全、挑战、创意等。

（2）详细描述：对每个价值观进行详细的描述，说明为什么这些对你来说最重要。

3.4.3 优先排序

（1）确定重要性：从列出的价值观中，选择5~10个对你来说最重要的，并按优先级排序。

（2）评估影响：思考这些价值观是如何影响你的日常生活和职业决策的。

3.4.4 使用在线工具

（1）评估测试：使用如O*NET的工作价值观搜索或CareerOneStop的职业价值观评估这样的在线工具，帮助你评估自己的价值观。

（2）分析结果：仔细分析这些工具提供的结果，看看它们是否与你的感觉相匹配。

（3）评估准确性：使用这些工具时，要诚实地回答问题，并根据自己的直觉和感受进行选择。

（4）结果应用：完成评估后，反思该评估结果如何与你当前的生活和职业决策相匹配，并考虑可能需要进行的调整。

3.4.5 考虑长期目标

（1）生活规划：思考你的长期生活目标和长期职业目标，这些目标通常与你的价值观密切相关。

（2）目标一致性：确保你的职业规划与这些长期目标和价值观保持一致。

3.4.6 咨询他人

与信任的朋友、家人或职业顾问讨论价值观，他们也许能提供不同的视角或帮助你更深入地了解自己。

3.4.7 结合职业决策

（1）职业选择：思考你的价值观如何与不同的职业和工作环境相匹配。

（2）工作适应性：思考你的价值观如何影响你对不同工作的适应性。例如，如果你高度重视家庭时间，那么你可能不会选择需要经常出差的工作。

3.4.8 定期重新评估

（1）变化适应：随着时间的推移，人们的价值观可能会发生变化。定期回顾和评估你的价值观，以确保你在职业生涯中作出与之一致的决策。

（2）持续更新：适应生活经历和职业发展带来的价值观变化。

识别和评估你的价值观，不仅可以帮助你在职业生涯中作出明智的决策，还可以帮助你在生活中获得更大的满足感。通过对自己的价值观进行深入的了解，你可以更好地理解自己的行为和决策，并意识到它们是如何反映你的内在信念和目标的。这种自我认知是实现职业成功和个人成功的关键。

4 如何进行有效的职业探索

4.1 职业探索的详细步骤

进行职业探索的目的是了解自己的职业兴趣、价值观和技能，并将其与各种职业机会相匹配，以确定最适合自己的职业路径。职业探索不仅可以增加你对各种职业可能性的了解，还可以帮助你更清晰地了解自己的职业倾向和期望。以下是进行职业探索的详细步骤。

4.1.1 自我评估

（1）兴趣探索：评估你的兴趣爱好，思考你乐于从事哪些活动。例如，可以使用霍兰德职业兴趣测试等工具，帮助你确定对哪些工作领域感兴趣。

（2）技能分析：回顾你过去的经历和教育背景，思考你在哪些方面表现出色。你可能擅长解决问题、组织管理或有良好的人际沟通能力。

（3）价值观识别：了解你在工作中最看重什么，认为什么是非常重要的。这可能包括高薪、工作稳定性、工作与生活的平衡或个人成长等。

（4）性格特点：思考你的性格特征如何影响你的职业选择。例如，一些职业可能更适合内向的人，而另一些职业可能更适合外向的人。

4.1.2 研究职业

（1）职业信息搜集：通过网络资源，如O*NET或招聘网站，了解不同职业的工作内容、工作环境、薪资范围、职业发展前景等。

（2）行业趋势观察：研究当前市场的趋势，了解哪些行业在未来有增长潜力。

（3）参加职业活动：考虑参加相关行业的职业研讨会、展览或招聘会，以获得更多行业知识和信息。

4.1.3 进行信息访谈

（1）与行业内部人士交流：找到在你感兴趣的职业领域中工作的人，对其进行访谈，或与之交流，了解他的日常工作和职业发展经历。

（2）准备问题：提前准备一系列问题，如询问你感兴趣的职业的优势和面临的挑战、进入该职业所需技能和资格等。

4.1.4 积累实践经验

（1）实习或志愿工作：实际体验某一职业或行业的工作，可以给你提供宝贵的经验，帮助你更好地了解该行业。

（2）兼职工作：通过兼职工作，在实践中学习和了解某一行业或职业。

4.1.5 了解教育和培训需求

（1）教育需求判断：确定你所选择的职业是否需要特定的教育背景或培训。

（2）继续教育：考虑是否需要进一步学习或参加专业课程培训来提升自己的能力和资质。

4.1.6 建立职业网络

（1）建立联系：与行业内的专家和业内其他人士建立联系，从中获取宝贵的信息和指导。

（2）参加行业活动：参加行业会议、研讨会或加入专业组织，扩展你的职业网络。

4.1.7 获取指导和咨询

（1）寻找导师：考虑寻找一位经验丰富的导师，他们可以提供宝贵的职业发展建议和反馈。

（2）职业咨询：职业顾问可以为你的职业探索提供新的视角和建议。

4.1.8 作出决策并制订计划

（1）职业路径选择：基于你的研究和所获得的信息，确定一条或多条可行的职业路径。

（2）目标设定：设定短期和长期职业目标，并开始制订实现这些目标的具体步骤。

4.1.9 持续进行职业探索

（1）持续评估：职业探索是一个持续的过程。随着个人成长和市场变化，职业兴趣和目标可能会发生变化，因此有必要进行持续的自我评估和职业探索。

（2）定期调整：定期重新评估和调整职业计划，确保符合你当前的兴趣和市场需求。

职业探索是个体职业发展的重要组成部分。通过对自己的兴趣、技能、价值观和性格的深入了解，以及对各种职业机会的认知，你可以更确定适合自己的职业路径。这个过程需要时间、耐心和积极地参与，但它对你的长期职业满足和成功至关重要。通过持续的职业探索，你可以更好地了解自己、了解市场，并为自己的未来职业生涯作出明智的选择。

4.2 如何使用网络和其他资源进行职业探索

利用网络和其他资源进行职业探索是现代职业规划的一个重要组成部分。随着信息技术的迅速发展，互联网提供了海量的资源和工具，可以帮助你更好地了解不同的职业，评估自己的兴趣和技能，甚至建立职业网络。以下是一些详细的方法和步骤，可以帮助你充分利用这些资源进行职业探索。

4.2.1　在线职业数据库

（1）O*NET在线：这个数据库提供了关于各种职业的详细信息，包括所需技能、工作内容、工资和就业趋势，是了解不同职业特征的宝贵资源。

（2）《中华人民共和国职业分类大典（2022年版）》：提供关于各种职业的详尽信息，如工作描述、教育需求、工资数据和就业预测。

（3）行业网站：大多数行业都有官方组织或协会网站，这些网站通常提供最新的行业新闻、趋势分析和职业信息。

4.2.2　职业测试和评估工具

（1）霍兰德职业测试：这类测试可以帮助你了解自己的职业兴趣类型，并推荐适合你的职业路径。

（2）其他在线评估工具：如职业倾向测试、能力评估等，可以提供关于你适合哪种职业的额外见解。

4.2.3　社交媒体平台

（1）领英（LinkedIn）：在这个职业社交平台上，你可以关注行业相关的组织，加入专业群组，与行业专家建立联系。

（2）微博：关注行业领袖和相关组织，了解最新的行业动态和职业发展机会。

4.2.4　网络讲座和研讨会

（1）在线研讨会：许多机构和公司都会定期举办有关特定行业或技能的网络讲座，这些都是学习和了解行业动态的好机会。

（2）参与互动：在这些讲座中积极提问和互动，可以增加你对特定领域的了解。

4.2.5 信息访谈

（1）专业人士访谈：通过网络视频通话软件，如Zoom或腾讯会议，与你感兴趣的职业领域中的专业人士进行深入交流。

（2）准备问题清单：提前准备一系列关于职业的优势、面临的挑战和发展前景的问题。

4.2.6 招聘网站

（1）招聘网站调研：如智联招聘、Boss直聘或中华英才网等，这些网站提供了关于公司文化和员工评价的详细信息。

（2）分析职位要求：通过招聘广告了解特定职位的要求，帮助你了解自己是否适合某个角色。

4.2.7 在线课程和教育资源

（1）网络课程学习：在网易云课堂、哔哩哔哩和有道课堂等平台上，你可以找到覆盖各种主题的课程，这些课程有助于你提升技能或了解新的领域。

（2）技能提升：通过这些课程提高特定技能或了解新的职业领域。

4.2.8 论坛和在线社区

（1）加入行业论坛：如脉脉、豆瓣的特定子论坛，可以为你提供行业内部人士的观点和建议。

（2）积极参与讨论：在这些社区中积极提问和分享，以扩大你的视野和了解更多职业信息。

4.2.9 书籍和文章

（1）阅读专业书籍：阅读有关你感兴趣的行业或职业的书籍，可以为你提供深入的行业知识和背景信息。

（2）浏览行业文章：定期阅读行业杂志和文章，以保持对行业动态的了解。

4.2.10 评估信息的准确性和适用性

（1）批判性思考：在评估网络和其他资源提供的信息时，始终保持批判性思考。

（2）多元化信息源：从多个来源获取信息，并对这些信息进行验证和比较。

利用网络和其他资源进行职业探索可以为你提供广阔的视角和信息，但最重要的是，如何有效地利用这些资源来实现你的职业目标。网络资源的多样性和易于访问性使得职业探索变得更加容易和便捷。不过，也要注意信息的准确性和时效性，确保你所获得的知识和信息能够真正帮助你在职业规划和决策上作出明智的选择。通过系统的职业探索，你可以更好地了解自己，明确你的职业方向和目标，从而为未来职业生涯奠定坚实的基础。

5 如何通过实习和项目经验提升职场竞争力

5.1 为什么实习和项目经验如此重要

实习和项目经验在职业探索和发展过程中非常重要，它们为个人提供了宝贵的实践机会，帮助个人在真实的工作环境中学习和成长。实习和项目经验的重要性体现在以下方面。

5.1.1 获得实际经验

（1）理论与实践相结合：实习和项目经验使个人能够将课堂上学到的理论知识应用到实际情境中，这有助于加深自己对专业知识的理解和掌握。

（2）了解工作环境：通过实习，个人可以直接体验工作环境，了解职场文化和工作流程，这是在课堂上无法获得的经验。

5.1.2 发展与完善技能

（1）关键技能的培养：实习和项目经验使个人能够发展和完善特定的职业技能，如团队合作能力、沟通能力、解决问题的能力等，这些技能在职业成功中起着关键性作用。

（2）应用性学习：实际操作提供了一个实验和探索的机会，使个人能够在实践中学习和改进。

5.1.3 有利于职业方向的探索

（1）行业体验：实习为个人提供了体验特定行业或职位的机会，从而帮助个人确定是否对该行业或职位感兴趣。

（2）职业适配性评估：通过实际工作体验，个人可以评估自己是否适合某个职业或行业，为未来的职业选择提供指导。

5.1.4 建立职业网络

（1）行业联系：实习和项目经验为个人提供了与行业内专业人士建立联系的机会，这些联系可能成为未来职业发展的重要资源。

（2）职业机会：实习时建立的职业网络可能为未来的工作或职业发展提供帮助。

5.1.5 增加就业机会

（1）增加吸引力：拥有实习和项目经验的应聘者对雇主来说通常更具有吸引力，因为这表明他们已经具备一定的工作经验和职业技能。

（2）实际工作准备：这些经验表明应聘者已经熟悉工作环境，并具备基本的职业技能，且做好了就业准备。

5.1.6 增强自信心

（1）自信的建立：成功完成实习或项目可以增强你对自己能力的信心，这对于你的职业发展至关重要。

（2）自我效能感提升：通过在实际工作中接受挑战并取得成功，你会更加相信自己的能力。

5.1.7 明确职业期望

（1）行业理解：实习和项目经验可以帮助你更好地了解一份工作的实际要求和日常内容。

（2）职业目标调整：实习和项目经验有助于你调整和明确自己的职业期望和目标。

5.1.8　获得推荐信和参考

成功的实习或项目经验通常会赢得来自雇主或导师的推荐信。这些推荐信或参考在你求职或进一步学习时会非常有用。

5.1.9　获得财务支持

（1）实习报酬：虽然不是所有的实习都提供报酬，但有薪实习能为你提供额外的财务支持。

（2）工作经验与未来收入的提高：即使是无薪实习，所获得的经验对你而言也是一种长期投资，可能在未来的职业生涯中为你带来更高的收入。

5.1.10　获取转正机会

（1）就业途径：许多公司将实习经历及表现作为评估和培养潜在全职员工的方式。

（2）表现出色的机会：在实习期间表现出色的实习生通常有更大的机会在实习结束时获得全职工作机会。

综上所述，实习和项目经验不仅为你提供了宝贵的学习和成长机会，而且在建立职业网络、提高就业机会、明确职业方向和期望方面起着至关重要的作用。这些经验还能帮助你在职场上建立自信，并为你的职业生涯打下坚实的基础。因此，积极寻找和参与实习和项目活动是职业发展中的一项重要投资。通过这些经验，你可以更好地了解自己的职业兴趣和技能，为未来的职业生涯做好准备。

5.2　如何寻找和申请实习

寻找并申请实习是一个系统化的过程，包括对职业目标的深入了解、市场研究、申请准备、面试、后续跟进等方面。下面详细介绍这一过程的各个方面。

5.2.1 自我评估

（1）明确目标：确定你希望从实习中获得什么，如新技能、行业经验或职业探索的机会。

（2）了解自己：分析你的兴趣、强项和价值观，这将帮助你识别最适合的实习岗位。

5.2.2 市场研究

（1）使用招聘网站：在领英、智联招聘等招聘网站上寻找实习机会，这些网站提供了丰富的职位信息和公司背景。

（2）行业和公司研究：了解你感兴趣的行业的特性和目标公司的文化、声誉，考虑公司的规模、地理位置等因素。

5.2.3 建立职业网络

（1）网络交流：与家人、朋友、教授和校友讨论实习机会，他们的经验和关系可能会为你提供宝贵的信息。

（2）参加行业活动：积极参加行业会议、研讨会和工作坊，这些活动是建立职业联系的好机会。

（3）加入专业团体：加入与你的专业或兴趣相关的学生团体或专业协会，扩大你的职业网络。

5.2.4 准备申请材料

（1）简历制作：创建或更新你的简历，确保它准确地展示了你的技能、经验和成就。

（2）求职信编写：为每个申请职位写一份有针对性的求职信，展示你对职位的兴趣和适应性。

（3）准备推荐人：列出可提供推荐的人员名单，确保他们对你的职业能力和特点有充分了解。

5.2.5 提交申请

（1）遵循指导：仔细阅读并遵循申请指南，确保提供所有要求的材料。

（2）个性化申请：根据不同的实习机会定制你的简历和求职信。

（3）及时申请：在截止日期前提交申请，避免错过机会。

5.2.6 面试准备

（1）公司研究：了解你申请实习的公司及其业务，这会让你在面试中展现你的知识面和认真态度。

（2）作答准备：练习回答常见的面试问题，如你为什么对这个实习岗位感兴趣、你的优点和缺点等。

（3）提问准备：准备一些问题提问给面试官，显示你对实习的职位的兴趣和积极性。

5.2.7 面试后的跟进

面试后，应发送信息或电子邮件，表达你对公司提供面试机会的感激，并重申你对实习岗位的兴趣。

5.2.8 评估实习机会

（1）权衡利弊：分析、权衡实习的岗位工资、工作地点、工作内容、公司文化和其他福利的利弊。

（2）选择最佳机会：如果收到多个实习机会，应权衡每个机会的优缺点，选择最适合自己的那个。

5.2.9 接受实习机会

以专业的方式接受机会，明确实习开始和结束的日期及任何其他细节。

5.2.10 做好实习前的准备

（1）交通和住宿安排：确定实习期间的交通和住宿方案，确保一切就绪。

（2）了解公司规定：提前了解公司的着装要求和其他规章制度。

通过上述步骤和建议，你将更有可能找到一个与你的职业目标和兴趣相匹配的实习机会。实习是一个宝贵的学习机会，可以帮助你在实际工作环境中应用你在课堂上学到的知识，同时也是建立职业关系和提高未来就业机会的关键。在实习过程中，积极学习、展现你的能力，并建立积极的职业关系，这些都将对你未来的职业发展产生重要影响。

5.3 如何充分利用实习和项目经验

充分利用实习和项目经验对于职业生涯的发展至关重要。这些经验不仅可以加深你对特定行业的理解，还可以帮助你建立关键的职业网络，提升技能，并为未来的就业机会打下坚实的基础。以下是一些详细的建议，帮助你最大化地利用实习和项目经验。

5.3.1 保持积极的态度

（1）保持学习心态：以积极的态度参加实习，把实习看作学习和成长的机会。

（2）接受挑战：即使某些任务超出了你的工作职责，也要勇于接受挑战，这可以帮助你获得更多的经验。

5.3.2 主动学习

（1）积极求知：利用实习机会学习新的技能和知识，尤其是那些在学校中难以获得的实际工作技能。

（2）主动提问与交流：主动向同事或导师请教，不明白时勇于提问，这有助于你更快地学习新知识和技能，并适应工作环境。

5.3.3 建立职业网络

（1）建立联系：与同事、上司和其他实习生建立良好的关系，这些联系对你未来的职业生涯可能非常重要。

（2）参加社交活动：积极参加公司的社交活动或培训，这可以帮助你扩展职业网络。

5.3.4 定期反馈

（1）寻求反馈：向导师或上司定期寻求反馈，了解自己的工作表现和改进空间。

（2）根据反馈调整：根据收到的反馈进行自我调整，确保你的工作表现不断提升。

5.3.5 记录与反思

（1）记录经验：记录你在实习期间的主要任务、学到的技能和关键经验。

（2）反思总结：定期反思你的工作表现，识别自己的优势和需要改进的地方。

5.3.6 与其他实习生交流

（1）分享经验：与其他实习生分享你的经验和教训，这不仅可以帮助你学习，还能建立更广泛的社交网络。

（2）团队合作：尽量参与团队项目，这有助于你提升团队合作能力和沟通技能。

5.3.7 转正计划

（1）了解正式岗位：如果你有兴趣在实习结束后留在公司工作，就要向上司或人力资源部门了解有关转正的机会。

（2）展示能力：通过你的工作表现，让雇主看到你成为长期员工的潜力。

5.3.8 表达谢意与离职

（1）表达感激：实习结束时，向同事和上司表达你的感谢之情，并告诉他们你从这段经历中获得了什么。

（2）保持联系：保持与公司的联系，它可能会成为你未来职业道路上的重要资源。

5.3.9 更新简历

（1）完善简历：实习结束后，及时更新你的简历，在简历中加入实习期间获得的技能和经验。

（2）准备推荐信：请求导师或上司为你提供推荐信，这将为你未来的求职提供支持。

通过上述步骤和建议，你可以充分利用实习和项目经验，为你的未来职业生涯打下坚实的基础。实习和项目经验不仅提供了实际工作环境中的学习机会，还能帮助你在职业生涯的早期阶段建立宝贵的职业关系。通过这些经历，你可以更好地了解自己的职业兴趣和目标，为未来的职业发展做好准备。记住，实习和项目经验的价值不仅在于你所完成的工作，还在于你所建立的关系、所学到的技能和所获得的经验。积极利用这些机会，可以为你的职业生涯开辟更广阔的道路。

6 如何构建对职业生涯有利的社交网络

6.1 什么是职业社交网络

职业社交网络是现代职场的重要组成部分，为专业人士提供了一个平台，以建立和维护专业关系，分享行业知识，探索职业机会，并促进个人品牌的发展。这些职业社交网络通过各种功能和工具，为职业发展和个人成长创造了丰富的机会。作为最知名的职业社交网络，领英为用户提供了广泛的职业发展机会。除了领英，还有许多专门为特定行业或地区设计的职业社交网络。

6.1.1 职业简历的建立和展示

（1）个人概况：用户可以创建个人职业概况，展示你的教育背景、工作经历、技能和成就。

（2）详细经历展示：除了基本信息，用户还可以详细列出个人的项目经验、获奖情况、出版物、专业认证等。

6.1.2 建立和扩展职业连接

（1）联系网络构建：用户可以与自己认识的人建立连接，包括前同事、同学、行业同行等。

（2）网络拓展：通过现有联系人的推荐，用户可以扩大自己的职业网络，与更多的专业人士建立联系。

6.1.3 知识共享和学习

（1）社区参与：用户可以在论坛或社区中分享新闻、研究成果、行业最佳实践和其他相关信息。

（2）学习和发展：许多职业社交网站提供在线培训课程、研讨会和讲座，可以帮助用户提升专业技能。

6.1.4 职业发展机会

（1）求职和招聘：用户可以通过职业社交网络寻找工作机会，了解不同公司和行业的动态。

（2）行业动态跟踪：通过关注行业领袖和公司，用户可以及时了解行业趋势和重要事件。

6.1.5 企业页面和品牌

（1）公司展示：公司通过官方页面展示企业文化、招聘信息、公司新闻和业务更新。

（2）品牌塑造：企业可利用这些页面加强品牌形象，吸引潜在员工和客户。

6.1.6 群组和专业讨论

（1）加入专业群组：用户可以加入特定行业或专业兴趣的群组，与同行交流想法和经验。

（2）话题讨论：群组内的讨论有助于用户获取新知识、拓展思维，同时也是建立职业关系的好机会。

6.1.7 推荐和认证

（1）技能认证：用户可以为他人的专业技能和经验提供认证，这增加了其职业资料的可信度。

（2）获得推荐：优秀的职业表现可以获得同事或上司的推荐，这对个人职业发展非常有益。

6.1.8　个人品牌的发展

（1）在线形象塑造：通过职业社交网络，专业人士可以建立和维护一个强大的在线职业形象。

（2）提升职业机会：一个积极的职业形象可以增加职业机会，提高职场竞争力。

通过有效利用职业社交网络，专业人士不仅可以建立和维护职业关系，还可以获取新的职业机会、学习新技能，并提高自己的职业能见度。这些网络成了现代职场中不可或缺的一部分，对于个人职业发展和企业人才招聘都有着重要的影响。无论是寻求工作机会、探索新的职业路径，还是为了个人品牌的建设，职业社交网络都提供了一个宝贵的平台。通过这些网络，用户可以展示自己的专业技能和成就，建立起广泛而有影响力的职业关系网。

6.2　如何构建和管理社交网络

构建和管理一个强大的社交网络是职业成功的关键。一个良好的社交网络不仅能帮助个人找到工作机会、学习行业知识、建立合作关系，还能提供有关职业发展的宝贵建议。以下是一些详细的建议和步骤，可以帮助你有效地构建和管理你的社交网络。

6.2.1　定义目标

（1）明确目标：在开始构建社交网络之前，先清楚地定义你的目标，可以是寻找工作机会、学习新技能、分享经验或其他职业目标。

（2）目标导向：让你的网络建设活动围绕职业目标进行，确保每一步都是为了实现职业目标。

6.2.2　使用社交媒体

（1）建立社交媒体账户：在领英、微博、小红书等社交媒体平台上建立和维护个人账户。

（2）完善个人资料：确保你的个人资料是最新的，使用专业的头像，并定期更新你的状态。

6.2.3 参加活动

（1）参加行业活动：积极参加行业会议、研讨会、工作坊等聚会，这些是建立新联系和加强现有联系的好机会。

（2）进行社交互动：在社交活动中主动与人交流，展示你的兴趣和专业知识。

6.2.4 建立真实联系

（1）面对面交流：尽管在线网络很重要，但面对面的交流更能建立深厚的人际关系。

（2）深化关系：通过实际见面，你可以建立更为真实和深入的职业联系。

6.2.5 主动建立联系

（1）主动出击：不要被动等待机会，而是要主动寻找建立联系的机会。

（2）积极交流：如果你对某个话题或演讲感兴趣，可以主动联系演讲者或作者，表达你的赞赏和兴趣。

6.2.6 提供价值

（1）互惠互利：在社交网络建设中，考虑你能为他人提供什么价值，如分享资源、建议或机会。

（2）乐于助人：帮助你的联系人，这样他们在将来也会更愿意帮助你。

6.2.7 保持联系

（1）定期更新：与你的联系人定期保持联系，通过电子邮件、电话、见面交谈的方式分享彼此的近况。

（2）分享信息：分享有趣的信息或更新信息，以保持关系的活跃。

6.2.8 维护网络关系

（1）持续关注：与人建立联系后，需要不断维护这些关系，确保关系健康和活跃。

（2）关系管理：定期与你的联系人互动，让他们知道你对他们的职业生涯感兴趣。

6.2.9 学会倾听

（1）聆听需求：仔细聆听他人的需求和建议，这有助于你更好地了解他们，并提供有效的帮助和支持。

（2）有效沟通：成为一个好的倾听者，可以增进你和联系人之间的信任和理解。

6.2.10 保持专业

（1）专业行为：无论是线上还是线下，始终保持专业度和相互尊重。

（2）避免不当言论：避免在社交媒体上发布不恰当的内容或评论。

6.2.11 不断学习

（1）行业知识更新：利用你的网络资源来了解行业趋势、最佳实践和新的机会。

（2）持续发展：社交网络不仅关乎人际关系，也是个人成长和职业发展的平台。

6.2.12 评估和调整

（1）策略评估：定期评估你的网络策略，看看哪些做法有效，哪些需要改进。

（2）策略调整：根据评估结果调整你的网络建设方法，确保它们能帮助你实现职业目标。

构建和管理一个有效的社交网络需要时间和精力的投入，但其带来的回报是巨大的。一个良好的社交网络不仅能帮助你在职业上获得支持和机会，还能为你提供学习和成长的资源。通过持续的努力和专注，你可以建立一个强大的网络，支持你的职业发展。记住，构建社交网络是一个持续的过程，需要你不断地投入精力来维护它。通过有效地管理你的社交网络，你可以为自己的职业生涯创造更多的机会和可能性。

6.3 如何有效地利用社交网络寻找工作

在当今时代，社交网络已经成为寻找工作的一个重要渠道。正确地利用这些平台不仅可以帮助你发现工作机会，还能增加你与潜在雇主接触的机会。以下是一些详细的建议，可以帮助你有效地利用社交网络寻找工作。

6.3.1 完善个人简历

（1）创建专业简历：在领英等职业社交平台上创建或更新你的简介，确保它专业、完整，并且与你所寻求的工作相匹配。

（2）使用专业照片：使用一张专业的照片，可以给人留下良好的第一印象。

（3）突出技能和经验：在简历中突出你的专业技能、工作经验和成就，确保信息准确且吸引人。

6.3.2 建立和维护网络

（1）建立联系：在你要寻求的工作所在的职业领域中，找到相关的人并建立联系。

（2）积极参与：加入行业群组或论坛，并积极参与讨论。这不仅能扩展你的社交网络，还能增加你的可见度。

6.3.3 分享和发布内容

（1）分享行业信息：定期分享与你寻求的工作所属的行业和专业相关的文章、新闻和研究，这可以展示你对该行业的关注和了解。

（2）发表个人见解：发布你的专业文章或见解，展示你的专业知识和热情。

6.3.4 搜索工作机会

（1）利用工作搜索功能：利用领英等平台的工作搜索功能，寻找和申请合适的职位。

（2）关注公司账号：关注你感兴趣的公司的社交媒体账号，了解最新的招聘信息。

6.3.5 参与在线讨论和活动

（1）在线互动：在相关群组或论坛中积极参与讨论，提升你的行业知名度。

（2）参与在线活动：参加与你的职业相关的在线研讨会、工作坊等，这是建立联系和学习的好机会。

6.3.6 寻求推荐和帮助

（1）请求推荐：如果你认识与目标公司有联系的人，可以向他们寻求帮助或推荐。

（2）维护关系：保持与社交网络中的人的良好关系，即使在不寻找工作的时候也要持续交流。

6.3.7 维持专业形象

（1）保持专业度：在社交网络上始终保持专业度和对他人的尊重，

避免发布不恰当的内容。

（2）注意雇主的调查：要注意潜在雇主是否可能会查看你的社交媒体账号，要确保它展示的是你的最佳形象。

6.3.8 利用多种职业搜索平台

（1）探索多个平台：除了领英，还可以利用智联招聘、BOSS直聘等其他职业搜索平台来搜索目标职位。

（2）根据行业特性选择：根据你的职业需求和行业特点，选择合适的平台进行职业搜索。

6.3.9 持续学习和发展

（1）了解行业动态：利用社交网络跟踪行业趋势和最佳实践，不断提升自己的知识和技能。

（2）利用资源进行学习：利用社交网络上的资源和工具进行职业发展和持续学习。

通过上述方法，你可以更有效地利用社交网络来寻找工作。社交网络不仅是发现机会的渠道，也是建立职业形象和人脉的平台。通过积极参与和维护社交网络，可以大大增加你找到理想工作的机会。记住，社交网络是一个动态的工具，需要你不断地参与和更新。通过积极地参与和战略性地使用，社交网络可以成为你职业发展中的宝贵资产。

7 如何设定实现职业目标的步骤和计划

7.1 为什么设定职业目标很重要

设定职业目标对于个人的职业发展和职业满足感来说都非常重要。它不仅为个人职业道路提供方向，起到激励作用，还有助于增强个人的决策能力、提高效率，同时，它为个人提供评估标准，促进个人的自我实现和职业发展。具体来说，设定职业目标的重要性表现在以下方面。

7.1.1 提供方向性

（1）明确职业道路：设定职业目标可以帮助你确定一个清晰的职业道路，从而确保你的努力和决策都指向同一个方向。

（2）避免偏离目标：有了明确的职业目标，你可以避免在职业发展过程中偏离轨道，确保每一步都在朝着既定目标前进。

7.1.2 激励作用

（1）提供动力：设定明确的职业目标可以激发你的动力和欲望，激励你为实现这些目标而努力。

（2）将目标作为奖励：将目标视为奖励，可以鼓励你在面对挑战时不断进步和努力。

7.1.3 增强决策能力

（1）作出明智的选择：当面临多个选择时，职业目标可以作为指南，帮助你作出有利于长期职业发展的决策。

（2）减少犹豫和不确定性：明确的目标可以减少在决策时的犹豫和不确定性。

7.1.4 提高效率

（1）有针对性地工作：知道自己的目标后，你可以更有针对性地安排工作和学习，提高效率。

（2）避免无效劳动：明确的目标可帮助你远离与目标无关或对目标无帮助的活动。

7.1.5 提供评估标准

（1）自我检查：职业目标可以作为衡量自己表现的标准，让你定期检查自己是否在正确的道路上。

（2）跟踪进展：通过职业目标，你可以清楚地知道自己距离目标还有多远，从而及时调整策略。

7.1.6 促进自我实现

（1）获得成就感：实现职业目标会给你带来巨大的满足感和成就感。

（2）提升自信：达成目标有助于提高自信心，使你更加自信地面对未来的挑战。

7.1.7 促进职业发展

（1）规划职业生涯：明确的职业目标有助于规划职业生涯，明确未来某个时间点应到达的目的地。

（2）职业成长：有目标的职业生涯才能促进个人成长和发展。

7.1.8 提高市场价值

（1）吸引雇主：具有明确职业目标的求职者对雇主更有吸引力，因为这表明他们对工作充满激情和热情。

（2）为公司目标作贡献：有明确职业目标的员工更有可能为实现公

司目标作贡献。

7.1.9 增加生活满足感

（1）整体生活的满足：职业是人生的重要部分，有明确的职业目标可以增加整体生活的满足感。

（2）职业与生活的平衡：明确的职业目标有助于你在职业和私人生活之间找到平衡。

7.1.10 压力管理

（1）冷静面对挑战：当你清楚自己的方向和目标时，即使面临困难和挑战，也能更冷静和系统地解决问题。

（2）有效减压：明确的职业目标有助于有效地进行自我管理和减缓压力。

综上所述，设定职业目标不仅为你的职业生涯提供了明确的框架和方向，还对你的整体幸福感和满足感有着积极的影响。通过设定并努力实现这些目标，你可以确保自己的职业生涯更有目的性、效率和成效。这些目标应该是具体的、可实现的，并且与你的个人价值观和职业愿景一致。随着你职业生涯的发展，这些目标可能需要调整和更新，以适应你的成长和市场的变化。通过不断地追求这些目标，你可以在职业道路上实现自己的最大价值。

7.2 如何设定职业目标

设定职业目标是实现职业成功和个人满足的关键步骤。在这个过程中，你需要对自己的能力、兴趣、价值观进行深入的自我评估，并结合外部市场的机会来设定职业目标。以下是帮助你有效地设定职业目标的详细步骤和建议。

7.2.1 自我评估

（1）探索兴趣：思考你喜欢做的事情，以及在哪些活动中你感到最充实。这可以帮助你识别哪些职业活动可能让你感到满足和充满激情。

（2）识别技能：确定你擅长什么，以及你的核心竞争力是什么。结合过去的成功经验和反馈，找出你的优势。

（3）确认价值观：明确你认为最重要的事情，以及你在职业中希望实现的价值。这有助于你作出符合个人信念和需求的职业选择。

（4）考虑个人情境：你的生活情况（如家庭、健康、经济状况）可能会影响你的职业选择，要考虑这些因素对你的职业目标的影响。

7.2.2 市场调查

（1）了解行业动态：研究哪些行业在增长，哪些在下滑。这有助于你了解哪些领域有更多的职业机会。

（2）分析职位需求：调查市场上哪些职位与你的技能和兴趣最匹配。这可以帮助你确定哪些角色更适合你。

（3）规划职业路径：研究你选定领域内的晋升路径，了解实现你长期目标所需的经验和技能。

7.2.3 设定长期和短期目标

（1）长期目标：确定你在未来5到10年希望在职业生涯中达到的阶段。

（2）短期目标：设定1到2年内需要达成的里程碑，这些短期目标应该是实现长期目标的阶梯。

7.2.4 应用 SMART 原则

确保职业目标符合 SMART 原则：①具体性（Specific），确保你的目标具体明确；②可衡量性（Measurable），目标应该是可衡量和评估的；③可实现性（Attainable），目标应该是现实的，可以达成的；④相关性（Relevant），确保目标与你的职业愿景和生活目标相一致；⑤时效性（Time-bound），为目标设定明确的时间限制。

7.2.5 制订行动计划

（1）具体步骤：为实现每一个目标，列出你需要采取的具体步骤。

（2）预见障碍：考虑可能遇到的障碍，并预先计划如何克服它们。

7.2.6 持续反馈和调整

（1）定期评估：定期检查你离目标的距离，确保你在正确的路径上。

（2）灵活调整：根据行业变化、个人情况的变化，及时调整目标。

（3）寻求指导：与导师、职业顾问或你所追求的职业领域里有经验的人进行交流，听取他们的建议和意见。

7.2.7 持续学习和成长

随着技术和行业的变化，持续地学习和提升自己，保持自己的竞争力。

7.2.8 勇于追求和承担风险

在确定目标后，为实现这些目标勇敢地追求，同时合理评估可能的风险。

通过上述步骤，你不仅能够为自己设定明确的职业目标，还能为实现这些目标制订具体的行动计划。确保你的目标具有挑战性，但同时也是可实现的。通过持续努力、学习和调整，你可以朝着实现自己的职业目标不断前进。设定职业目标是一个积极的自我发展过程，可以帮助你更好地了解自己，明确自己的职业方向，从而在职业生涯中取得成功。

7.3 职业规划中常见的困难和挑战

职业规划的过程是复杂的，需要对未来职业道路深思熟虑后再行动。在这个过程中，个人常常会面临各种困难和挑战。以下是一些常见的困难和挑战，以及相应的应对策略。

7.3.1 未明确的目标

没有明确的目标或目标模糊，缺乏清晰的职业方向，可能导致职业规划缺乏具体性，难以执行。

应对策略：进行深入的自我探索，明确自己的兴趣、价值观和长期愿景。对此，可使用工具，如职业评估测试，或与职业顾问讨论来帮助自己明确目标。

7.3.2 资源限制

资源限制主要表现为资源短缺，实现职业目标所需的时间、资金或教育资源可能不足。

应对策略：制订更符合实际的目标和行动计划，考虑如何最大效力地使用有限的资源，如寻找资助、奖学金或兼职工作等。

7.3.3 外部压力

外部压力主要来自他人的期望，如家庭、朋友或社会的期望，这些期望可能与个人职业抱负不符。

应对策略：与你信任的人沟通你的职业抱负，寻求支持。学会平衡外部期望与个人愿景。

7.3.4 过多的选择

过多的选择会导致选择困难，即在众多职业选项中难以作出决定。

应对策略：确定个人优先级，进行彻底的研究，将选择范围缩小到最符合你的需求和兴趣的几个选项。

7.3.5 技能缺乏

自身缺乏相应的技能，或技能与职业不符，都将影响职业发展。

应对策略：提升技能，如参加相关培训课程、在线学习或争取实习机会来发展所需技能。

7.3.6 不稳定的市场环境

市场变化，经济和行业的不确定性，可能影响职业规划。

应对策略：适应性规划，保持对行业动态的关注，灵活调整职业规划以适应市场变化。

7.3.7 恐惧与不安全感

对不确定性的恐惧、对未知的恐惧，害怕失败或对自己的能力产生怀疑，都可能影响职业规划。

应对策略：逐步建立自信，学会从失败中总结教训、不断学习进步，并适时寻求心理支持。

7.3.8 平衡问题

这里主要指生活与职业的平衡，即难以在工作、学习和个人生活之间找到平衡。

应对策略：有效管理时间，设定界限，确保工作和生活的平衡。

7.3.9 缺乏信息

缺乏关于某一职业或行业的准确信息可能影响职业规划。

应对策略：积极收集信息，如可以利用职业相关网站、相关行业报告、职业咨询服务等获取信息。

7.3.10 不清晰的价值观和优先级

价值观模糊，未明确自己重视的事物，会导致在职业选择中难以及时作出决策。

应对策略：通过自我反思和职业咨询，明确自己的价值观和优先级。

面对职业规划中的这些困难和挑战，最重要的是保持乐观的心态，积极主动地寻找资源和支持，并持续学习和适应各种变化。通过自我反思、积极求知、不断学习，以及利用职业咨询获取资源并建立强大的职业网络，你可以有效地克服这些挑战，为自己的职业生涯铺平道路。记住，职业规划不是一成不变的，它需要随着你的成长、市场的变化，以及个人情况的变动而不断调整和更新。通过这些努力，你将更有可能在职业道路上取得成功，并实现个人的职业目标。

8 如何在大学期间通过学习和实践提升职业技能

8.1 哪些职业技能在职场中尤为重要

在当今的职场环境中,具备一系列关键的职业技能对于个人的职业发展至关重要。这些技能不仅有助于提升个人的工作表现,也是个人在竞争激烈的职场中脱颖而出的关键。

8.1.1 沟通技能

(1)语言表达能力:清晰、有效的语言表达能力,无论是口头语言还是书面语言表达能力,对于信息的准确传达都至关重要。

(2)倾听能力:良好的沟通能力不仅包括语言表达能力,还包括有效地倾听,并通过倾听理解他人观点和需求。

8.1.2 团队合作能力

(1)合作意识:能够与团队成员有效合作,共同实现目标。

(2)尊重与适应:尊重多样性,适应不同的工作风格和观点。

8.1.3 批判性思维能力

(1)逻辑分析能力:对信息进行有逻辑的批判性分析,作出理性的决策。

(2)评估决策能力:能够评估不同选择可能产生的结果,从而作出最佳选择。

8.1.4 时间管理能力

（1）优先级设定：有效地管理时间，优先处理重要任务。

（2）效率提升：提高工作效率，确保能按时完成重要任务。

8.1.5 技术熟练度

（1）掌握基本的计算机技能：随着技术的发展，具备基本的计算机操作水平和使用特定软件的技能在求职过程中变得越来越重要。

（2）适应新技术的能力：指快速学习和适应新技术的能力。

8.1.6 领导能力

（1）影响力展示：即使不在管理岗位，也要展示个人在团队中的影响力，这也是领导能力的表现。

（2）团队引导：能够激励和引导团队成员，提升团队绩效，也是领导能力的表现。

8.1.7 适应性和灵活性

（1）适应变化：在快速变化的工作环境中，适应新情况的能力非常重要。

（2）应对挑战：在变化中寻找新机会，灵活应对挑战，也是职业技能的体现。

8.1.8 持续学习和自我发展的能力

（1）渴望学习：对新知识和技能保持好奇心和学习欲望，持续学习也是一种能力。

（2）自我提升：不断通过培训、阅读和实践来提升自己，这种自我驱动也是一种能力。

8.1.9 项目管理能力

（1）组织能力：有效地组织和管理项目，确保项目顺利进行。

（2）风险管理：识别和管理项目风险，确保目标达成。

8.1.10 跨文化交往能力

（1）多元文化理解：在全球化背景下，理解不同文化背景的重要性日益增加。

（2）跨文化有效沟通：与不同文化背景的人有效沟通和合作，能够提高自己的职场竞争力。

8.1.11 情绪智慧

（1）情绪管理能力：理解和管理自己的情绪，保持专业态度。
（2）人际交往能力：建立和维护良好的人际关系，理解他人的情绪。

8.1.12 创新思维能力

（1）创新思维：在解决问题或头脑风暴时，能够提出创新的方法。
（2）灵活思维：灵活运用创意思维，适应不断变化的工作需求。

以上内容并不是全部的职业技能，且不同行业和岗位还有其特定的技能要求。然而，这些通用技能在大多数职场环境中都至关重要，对个人职业生涯的发展非常有价值。它们不仅有助于提高个人工作效率，还能加强团队合作、创新和解决实际问题，是职场成功的重要因素。

无论是刚入职场的新人还是经验丰富的专业人士，都应该重视这些技能的培养和发展。职业技能的提升是一个持续的过程，需要时间，也需要个人付出持续的努力。不断提升这些关键技能，能够让个人更好地适应职场环境，实现职业目标。

8.2 如何在大学期间提升职业技能

在大学期间，学生可以通过各种学习和实践活动来提升职业技能。以下是一些详细建议和策略。

8.2.1 参加团队项目和小组活动

（1）提升合作能力：通过参与团队项目，学生可以提升在团队中与人合作、沟通和解决问题的能力。

（2）锻炼领导技能：在小组活动中如果能担任领导角色，学生可以锻炼自己的领导力，并学习管理团队的技巧。

8.2.2 加入学生组织和俱乐部

（1）培养组织和计划能力：通过参与学生组织的活动，学生可以学习如何组织活动、规划项目和管理团队。

（2）拓展社交网络：加入学生组织和俱乐部，学生可以与不同背景的同学互动，拓展自己的社交网络。

8.2.3 积累实习和实践经验

（1）积累实际工作经验：学生可以通过寻找与专业或兴趣相关的实习机会，来提升实际工作中的职业技能。

（2）建立职业联系：学生可以利用实习机会，与业界人士建立联系，为将来的职业发展奠定基础。

8.2.4 参加工作坊和研讨会

（1）技能培训：学生可以通过参加学校组织的写作、公共演讲、时间管理等工作坊和研讨会，把握技能培训机会。

（2）专业发展：通过参加工作坊和研讨会等活动，学生还可以提升专业技能和知识。

8.2.5 积累跨文化经验

学生可以参加国际交流项目或与不同文化背景的同学互动，增强跨文化交往能力。

同时，还能了解不同文化，培养全球视野。

8.2.6　掌握基本的技术工具

大学期间，学生应学习并熟练掌握 Word、Excel、PowerPoint 等常用办公软件，并根据专业需求，学习相关专业的软件或技术工具。

8.2.7　提高时间管理能力

（1）制订有效计划：学生可以养成创建学习计划、合理安排时间的习惯，确保能够高效学习和完成任务。

（2）使用管理工具：学生要善于运用日历、计划表等工具来帮助自己更好地管理时间。

8.2.8　参与公共演讲和比赛

大学期间，学生可以通过参与演讲比赛或公共演讲活动，锻炼如何清晰、有逻辑地表达观点。练习表达和说服技巧，提高口头表达能力，树立自信。

8.2.9　积极进行阅读和研究

大学期间，学生可以通过阅读书籍、学术文章和行业报告，加深对不同领域的了解，扩展知识和视野的同时学习如何分析和评估信息，形成自己的见解，培养批判性思维。

8.2.10　主动参与职业活动

大学期间，学生可以通过参加行业会议、讲座和招聘会，与行业专家和其他专业人士建立联系，并通过这些活动了解行业趋势，明确职业发展路径。

8.2.11　培养持续学习习惯

（1）参与在线课程和讲座：学生要善于利用网络资源，如慕课（大规模在线开放课程），不断学习新知识。

（2）自我驱动学习：学生还要培养对新知识和技能的好奇心，主动探索和学习。

8.2.12　参与志愿者活动

学生可以通过参与志愿者工作，在组织和执行志愿活动时锻炼自己的执行能力和组织协调能力。

8.2.13　锻炼情绪智慧

大学期间，学生可以参与团队项目、学生组织、实习、工作坊、跨文化交流、公共演讲等活动，并在实践中提升职业技能。同时，主动寻求反馈、学习技术工具、有效管理时间、参与志愿者活动和锻炼情绪智慧也是提升职业技能的重要方式。

最重要的是，学生应当对自己的学习和发展保持积极主动的态度，利用大学提供的资源和机会，通过持续学习、实践和反思，不断提升自己的职业技能，为未来的职业生涯打下坚实的基础。

9 求职过程中，应该做好哪些准备及如何展示自己

9.1 如何准备一份有效的简历和求职信

准备一份有效的简历和求职信对于成功应聘工作至关重要。这不仅是向雇主展示你的技能和经验的机会，也是展现你职业素养和关注细节能力的重要途径。一份有效的简历和求职信应做好以下准备。

9.1.1 简历的准备

（1）格式和设计：选择清晰、专业的布局。确保一致的字体和字号，以及对齐方式。

（2）简洁性：简历长度建议控制在1～2页。使用精练的语言描述内容。

（3）个人信息：包括姓名、联系电话、电子邮件地址。如有必要，可添加个人网站链接。

（4）目标声明（可选）：简短描述职业目标和愿景。根据应聘职位的相关性来决定是否包含这一部分内容。

（5）教育背景：从最近的学历开始罗列，包括学校名称、毕业日期、主修科目，以及相关成绩（如优异）。

（6）实习（工作）经验：按时间顺序，从最近的实习（工作）经验开始罗列，列出公司名、职位、工作时间和主要职责。工作描述应尽量使用强有力的动词，突出自己的成绩和贡献。

（7）技能清单：根据职位要求，列出相关的技能，如计算机技能、语言能力等。

（8）其他部分：如有必要，应写全所获证书、奖项、志愿者经历、出版物等。

（9）关键词优化：确保简历包含招聘广告中的关键词。

（10）校对：检查拼写或语法错误。

9.1.2 求职信的准备

（1）格式和布局：使用正式的商务信件格式。

（2）开头：明确指出你申请的职位，提及你是如何得知这个职位的。

（3）个人介绍：简短介绍你的背景和当前职位，说明为何对该职位感兴趣。

（4）匹配度展示：详细说明你如何符合职位要求，使用具体实例和成就来证明。

（5）展示对公司的研究：表明你对公司的了解，说明为何希望加入该公司。

（6）结尾：表达感谢，提供联系方式。指出已附上简历，并期待对方给予面试机会。

（7）签名：纸质信件应亲笔签名。电子邮件可键入全名。

（8）附件提及：明确指出简历作为附件。

（9）量身定制：根据每个职位的具体要求调整简历和求职信。避免使用过于通用或模板化的语句。

（10）校对和反馈：寻求朋友、家人或导师的帮助，对你的简历和求职信进行校对。确保文档无错别字、语法错误，信息准确无误。

通过上述建议，你可以准备出一份高质量的简历和求职信，有效地提高在求职过程中的竞争力。记住，简历和求职信是你个人形象和专业形象的重要体现，它们的质量直接影响到你的求职成功率。因此，花时间精心准备这些文件是非常值得的。通过展现你的技能、经验和对职位的热情，你将能够在众多求职者中脱颖而出，更接近理想工作。

9.2 如何准备面试

面试是求职过程中至关重要的一环，它不仅是雇主了解你的机会，也是你了解公司和岗位的机会。因此，充分准备面试对于提升求职成功率至关重要。以下是详细的面试准备步骤和建议。

9.2.1 研究公司

（1）公司背景：查看公司的官方网站，了解公司的历史、使命、愿景、价值观和文化。

（2）最新动态：关注公司的最新新闻、公告和发布，了解公司当前的状况和未来的计划。

（3）产品与服务：熟悉公司的主要产品、服务和客户群体。

（4）行业地位：了解公司在其所处行业的地位，以及主要的竞争对手。

9.2.2 熟悉职位描述

（1）职责和要求：仔细阅读你申请的职位描述，确保你完全理解职位的职责和要求。

（2）技能对比：对照职位描述，评估你的技能和经验与职位要求的匹配度。

9.2.3 准备答案

（1）常见问题：练习回答常见的面试问题，如个人介绍、职业目标、长处和短处、解决问题的例子等。

（2）职位相关问题：针对职位的具体要求，准备相关的技术或专业问题的答案。

（3）行为问题：准备一些关于过去工作或学习经历中具体情境的回答，展现你的技能和经验。

9.2.4 准备提问

准备几个问题询问面试官,如公司文化、团队结构、职位的发展方向等。

9.2.5 着装准备

根据公司的文化和行业标准选择合适的职业着装,确保衣着整洁、干净,给面试官留下良好的第一印象。

9.2.6 携带必要文件

(1)简历和推荐信:携带打印好的简历和推荐信,以备不时之需。
(2)作品集和证书:如有必要,携带作品集或相关证书。

9.2.7 了解面试地点和时间

提前做规划,了解面试地点所在的区域,并考虑交通因素,明确需要多长时间到达面试地点,准备充足的时间,确保面试当天准时到达。

如果有必要,可以提前一天前往面试地点,实地考察,做到有备无患。

9.2.8 练习身体语言

面试前可以练习良好的眼神交流、微笑和坐姿,这些都是面试中重要的非语言沟通方式。

9.2.9 模拟面试

面试前可以自己模拟面试场景,以熟悉面试流程和回答方式,调整状态,避免怯场。

9.2.10 调整心态

面试前应休息好,保持轻松和自信的心态。

9.2.11 提前准备

在面试的前一晚应准备好第二天的着装、要携带的文件和其他必需品。

9.2.12 到达面试地点

面试当天，最好提前10~15分钟到达面试地点，宁早毋迟，以显示出你的诚意，同时给自己一些时间调整心情和做准备。

9.2.13 面试中的表现

（1）真实展示自己：诚实地回答问题，真实地展示自己。

（2）观察和思考：观察公司的环境和文化，考虑这里是否是你期望的工作环境。

面试是一个双向选择的过程，不仅是雇主评估你，也是你了解公司和岗位的机会。通过充分准备，不仅可以提高成功的几率，还可以更好地判断这个职位是否适合你。记住，面试是展现你个人品牌和专业能力的绝佳机会，所以要充分利用这个机会来展现你的最佳形象。通过上述建议和步骤，你可以有效地准备面试，提高你的求职成功率。

10 如何在职业生涯中保持持续学习和自我发展

10.1 为什么持续学习在职业生涯中如此重要

持续学习在职业生涯中的重要性不容忽视。在快速变化的工作环境中,它是保持竞争力、适应新挑战和实现职业成长的关键。持续学习在职业生涯中的重要性表现在以下诸方面。

10.1.1 持续学习是适应技术与行业发展的需要

(1)应对快速变化的技术环境的需要:技术的发展日新月异,只有持续学习,个人才能跟上最新的技术趋势。

不断学习新工具、程序和方法是适应行业变化的基础。

(2)应对行业变革的需要:行业标准和实际情况经常发生变化,只有持续学习和自我发展才能保证与时俱进。

了解行业动态和变化,能够使个人更加灵活地适应行业趋势。

10.1.2 持续学习是个人增强职业竞争力的需要

(1)提升专业技能的需要:新技能的习得有助于提高工作效率和质量,增强在职场的竞争力。不断学习,更新技能,有助于你在职业生涯中始终保持专业相关性。

(2)适应职场变化的需要:随着组织结构和工作方式的变化,适应性成为一项重要的职业技能。持续学习有助于员工适应新的工作环境和要求。

10.1.3 持续学习是增加职业发展机会的需要

（1）为晋升做准备：新知识和技能的积累为个人职位晋升或成为更高层次的角色提供了基础。学习管理和领导技能为担任领导角色做好准备。

（2）开辟新的职业路径：探索不同的领域和技能可以开拓新的职业道路。学习新技能可能揭示新的职业兴趣和潜在机会。

10.1.4 持续学习是提高个人成就感的需要

（1）有助于自我实现：学习新技能或知识本身就是一种成就，能够提升个人的自信心和自我价值感。成功地掌握新技能或完成学习目标能给个人带来满足感。

（2）提高工作满足度：持续学习和成长能够让工作更加充实和有意义。学习新技能和方法可以让日常工作变得更有趣和富有挑战性。

10.1.5 持续学习是提高问题解决能力与创新的需要

（1）培养创新思维：学习新的技能和知识可以激发创新思维，为解决问题提供新的视角和方法。创新是职业成功的重要因素，持续学习是推动创新的动力。

（2）提高解决问题的能力：学习不同的方法论和技术，可以增强解决复杂问题的能力，灵活运用所学知识来应对工作中的挑战。

10.1.6 持续学习是拓展个人职业网络的需要

学习活动，如课程、研讨会或在线论坛，提供了与同行交流的机会。这些互动有助于建立和扩大职业网络，为未来的职业机会打下基础。

在学习过程中，个人还可以与其他学习者分享资源和经验。这种资源共享不仅能丰富个人的知识，也能帮助个人在职业生涯中建立更广泛的联系。

10.1.7 持续学习是预防职业倦怠的需要

学习新事物可以为日常工作带来新的刺激，避免陷入单调和倦怠。

新的学习体验还可以激发工作中的激情和热情。

总的来说，持续学习在职业生涯中的重要性不可忽视。它不仅有助于适应快速变化的工作环境，提高职业竞争力，还能增强个人的灵活性、适应性和创新能力。此外，持续学习也是个人获得成长和满足感的重要来源，有助于预防职业倦怠，并为职业网络的建设和拓展提供机会。在知识和技能快速发展的时代，终身学习已经成为实现职业成功和个人发展的关键因素。

10.2 如何找到适合自己的学习资源和机会

在当今快速变化的世界中，找到适合自己的学习资源和机会对于个人的职业发展和终身学习至关重要。以下是一些详细的方法和建议，可以帮助你找到适合你的学习资源和机会。

10.2.1 自我了解

（1）识别学习风格：确定你是视觉、听觉还是动手实践型学习者，这有助于选择最适合你的学习方式。

（2）明确学习目标：确定你希望通过学习达到的具体目标，例如提高特定技能、获得资格认证或扩展知识领域。

10.2.2 借助在线平台

（1）使用在线教育平台：诸如网易云课堂、慕课、得到等平台提供了广泛的课程和专业知识。哔哩哔哩上也有丰富的教育内容，涵盖多种主题。

（2）参加网络课程和讲座：寻找与你的学习目标相匹配的在线课程和研讨会。

10.2.3 借助图书馆和书店搜索信息

（1）利用图书馆资源：图书馆提供了大量的书籍、杂志、论文及在线学习资源可供你学习。你还可以参加图书馆举办的讲座和活动。

（2）探索书店：定期访问书店，了解最新的书籍和热门话题。选择与你的学习目标相关的书籍进行深入阅读。

10.2.4 借助网络社区和论坛

（1）加入在线社区：加入与你的学习主题相关的网络社区，在这些平台上交流想法，分享资源和获取建议。

（2）活跃参与讨论：在线讨论可以提供不同的视角和与人深入交流的机会。

10.2.5 借助本地课程和研讨会

（1）参加当地课程：本地大学、社区学院或其他教育机构可能提供你感兴趣的短期课程或工作坊。

（2）利用专业机构资源：加入相关专业机构，参加它们提供的培训和研讨会。

10.2.6 寻求导师指导或参加学习小组

（1）寻求导师指导：寻找你感兴趣的领域有经验的导师，他们可以给你提供宝贵的指导和建议。

（2）加入或创建学习小组：与志同道合的人一起学习，可以提高学习的动力和效率。

10.2.7 参加研讨会和会议

（1）参加行业会议：行业会议是了解最新趋势和技术的好机会，同时也可以拓宽职业网络。

（2）参加在线研讨会：许多组织和教育机构提供免费的网络研讨会，内容涵盖各种主题。

10.2.8　评估和寻求反馈

（1）评估学习成效：使用某个资源后，评估其对你学习目标的帮助程度。

（2）寻求他人反馈：从他人那里获取他们对学习资源的建议和反馈。

10.2.9　保持开放性和好奇心

（1）探索新方法：持续寻找新的学习资源和方法，拓宽学习视野。

（2）将日常经历转化为学习经验：将日常生活中的体验转化为学习机会，如参加文化活动、观看纪录片。

10.2.10　设置预算

（1）确定学习预算：根据你的财务状况确定学习预算，选择性价比高的学习资源。

（2）考虑投资回报：评估投资某项学习资源对你的职业发展的潜在回报。

通过上述步骤和方法，你可以有效地寻找并利用适合你的学习资源和机会，从而支持你的职业发展和个人成长。记住，找到合适的资源只是第一步，最关键的是要采取行动去学习，并将所学知识和技能应用于实践中。

11 面对不确定性和变化，应该如何调整职业规划

11.1 职业生涯中可能遇到哪些不确定性和变化

在职业生涯中，我们经常面临各种不确定性和变化。这些变化可能来自外部环境，也可能源于个人的内在发展。以下是职业生涯中可能遇到的一些常见的不确定性和变化。

11.1.1 技术进步与行业变革

（1）新技术引起的岗位变化：随着新技术的出现，某些职业可能会消失，而新的职业机会则会出现。

（2）需求的转移：技术进步可能改变对特定技能的需求，要求个人更新他们的技能集以保持专业相关性。

11.1.2 经济波动

（1）就业市场的不稳定性：经济衰退或增长可能直接影响到就业机会的数量和质量。

（2）工资和福利的波动：经济状况的变化可能影响工资水平和就业福利。

11.1.3 公司重组或裁员

合并、收购或裁员可能导致工作岗位的不稳定性，此时个人可能需要寻找新的就业机会或改变职业路径。

11.1.4　个人健康和家庭变化

家庭和健康状况的变化可能需要个人重新考虑他们的工作安排和职业优先级。对此,个人可能需要调整职业规划以适应生活的变化。

11.1.5　职业兴趣和满足感的变化

(1)兴趣的转变:随着个人成长,他们的职业兴趣和目标可能会发生变化。

(2)寻求新挑战:个人可能想要寻求新的职业机会以满足更高层次的职业满足感。

11.1.6　公司文化和管理层的变动

管理层的更换或公司文化的改变可能对个人的工作满意度产生影响。此时,个人可能需要学习如何在新的工作环境中获得成功。

11.1.7　政策和法规的变化

新的政策和法规可能影响某些行业或职位的运作方式。对此,个人可能需要定期更新他们的知识,以保持对行业法规的了解。

11.1.8　教育和技能的要求变化

行业进步可能要求个人具备更高或不同的教育水平和技能。此时,个人需要持续学习,以适应行业要求的变化。

11.1.9　竞争环境的变化

行业内新的竞争对手可能改变现有的市场结构。此时,个人可能需要调整他们的职业策略,以应对更加激烈的市场竞争。

11.1.10　职业道德和社会观念的变化

社会对某些职业的看法可能随着时间而发生变化,从而影响个人的职业选择。因此,个人在职业生涯中坚持道德原则变得越来越重要。

11.1.11 突发事件

自然灾害或全球事件（如大规模疾病流行）可能对工作和行业产生长期影响。此时，个人可能需要具备应对这些突发事件的策略。

个人在面对职业生涯中的不确定性和变化时，关键在于保持灵活性、适应性和持续学习的心态。通过不断地更新知识和技能，以及准备好应对突发的变化，个人可以更好地管理职业生涯中的不确定性，抓住新的机会，并应对挑战。

11.2 如何调整职业规划以应对不确定性和变化

面对职业生涯中的不确定性和变化，有效地调整职业规划对于保持职业发展的连续性和成功至关重要。以下是调整职业规划的一些建议。

11.2.1 自我评估与目标设定

（1）深入自我反思：定期评估自己的职业兴趣、优势、劣势和价值观。

（2）设定适应性强的目标：确保个人职业目标具有一定的灵活性，以适应快速变化的职业环境。

（3）开发个人愿景：设想个人理想职业生涯，并考虑在不同情况下如何调整职业路径。

11.2.2 学习与技能提升

（1）终身学习：投资自己的教育和技能提升，以适应行业的新需求。

（2）培养多元化技能：学习跨领域的技能，增强在职业市场上的适应性和吸引力。

（3）积累实践经验：通过实习、项目工作或兼职来获得实践经验。

11.2.3 网络构建

（1）建立多元化的职业社交网络：与来自不同行业和背景的人建立联系，这些人际关系可以帮助个人在变化中获得支持和新机会。

（2）积极参与行业活动：参加研讨会、会议和网络活动，保持对行业动态的了解。

11.2.4 调整心态

接受变化作为职业生涯的一部分，并将其视为成长和学习的机会。学会在变化中保持冷静，灵活应对新情况。制订应急计划，准备面对职业挑战，如突然的失业或行业衰退。

11.2.5 经济准备

（1）财务规划：管理个人财务，为不确定的时期储备资金。

（2）风险管理：评估职业选择的潜在风险，并准备相应的应对策略。

通过遵循上述指导原则，个人可以为职业生涯的不确定性和变化做好准备，保持职业发展的动力和明确方向。记住，变化是成长的机会，适应性和前瞻性思维是职业成功的关键。

12　怎样才能成为自己人生的赢家

12.1　在职业生涯中，什么是"赢"

"赢"在职业生涯中是一个多面的概念，体现了个人在多个方面的满足感和成就感。它不单是指获得金钱或地位，更指个人的成长、满足感和生活质量的全面提升。职业生涯中的"赢"可以从以下诸方面来理解。

12.1.1　达成职业成就

（1）职业成就：个人达到职业生涯的里程碑，如晋升、承担更大的责任、领导重要项目。

（2）技能和知识提升：个人通过不断学习和实践提升技能和知识，赢得在职业领域的竞争力。

（3）行业内的认可：个人获得同行或行业内的认可，如获得行业内奖项、荣誉或职业资格认证。

12.1.2　获得工作满足感和幸福感

个人在一个支持性强、沟通良好的工作环境中工作，每天都对工作充满激情，感到自己的工作有意义和价值；在工作中实现了自我价值，感到自己的技能和才华得到充分的运用和认可。

12.1.3　生活和工作保持平衡

这里指的是个人能够有效地平衡职业目标和个人生活，包括家庭、兴趣和休闲活动，有足够的自主时间来追求个人兴趣，享受家庭生活。

同时，拥有健康的身体和心理状态，能够规避职业压力导致的健康问题。

12.1.4 获得经济安全和财务自由

（1）经济稳定：个人获得足够的收入来满足个人和家庭的需求，实现经济安全。

（2）财务规划：个人实现财务自由，为未来做好财务规划，包括储蓄、投资和退休规划。

12.1.5 具有社会贡献和影响力

主要指个人的品行及工作成就对社会或环境有积极的影响，为社会作出了贡献。

心理韧性：在面对挑战和失败时保持积极和坚韧。

在职业生涯中，"赢"意味着个人在职业成就、工作满足感、生活平衡、经济安全、社会贡献和个人成长方面实现了一个综合的平衡。这种胜利不仅仅是职业上的成功，还包括了个人的整体幸福和满足感。重要的是，个人找到了价值观与职业目标的匹配，并能在不断变化的职业环境中保持适应性和灵活性。

12.2 成为人生赢家需要怎样的态度和行动

成为人生赢家意味着在各个方面实现自己的潜能，同时保持积极、健康的生活态度。以下是一些能帮助你在生活中取得成功的建议。

12.2.1 积极主动的生活态度

（1）乐观积极：保持积极乐观的心态，在困难和挑战面前不轻言放弃。

（2）自我认知：深入了解自己的优势和劣势，根据自己的兴趣和能力设定目标。

（3）适应性强：适应不断变化的环境，灵活应对生活和工作中的挑战。

（4）终身学习：保持对新知识和技能的持续学习和探索。

（5）感恩的态度：对身边的人和事怀有感恩之心，认识到他人对自己成功的贡献。

12.2.2　实际行动

（1）目标设定：明确设定短期和长期目标，确保这些目标是具体的、可实现的且具有挑战性的。

（2）时间管理：有效管理时间，确保重要的任务和目标得到优先处理。

（3）人际关系建设：建立和维护与他人的良好关系，扩展社交网络，寻求支持和合作。

（4）持续提升：不断寻找提升个人能力和技能的机会，如参加培训、工作坊或学习在线课程。

（5）健康的生活方式：保持健康的生活方式，包括规律运动、均衡饮食和睡眠充足。

（6）财务规划：合理规划财务，确保经济上的稳定和安全。

（7）寻求帮助：在遇到困难时，主动寻求帮助和建议。

（8）灵活适应：在变化中保持灵活，根据情况调整计划和策略。

（9）坚持道德和价值观原则：在行为和决策中坚持个人的道德标准和积极的价值观。

（10）社区参与：积极参与社区和社会活动，作出积极的贡献。

12.2.3　持续成长

（1）自我反思：定期进行自我反思，评估工作进展，认识到自己的成长和改进空间。

（2）心理韧性：培养心理韧性，学会从失败中学习并变得更强大。

（3）平衡生活：寻找工作和生活的平衡，确保生活中有充分的家庭时间和个人时间。

（4）开放探索：对新的机会和可能性持开放态度，勇于尝试新事物。

（5）自我鼓励：为自己的成就和进步庆祝一下，即使是小的胜利。

成为人生赢家不仅指职业上获得成功，更是指个人整体生活的满足、幸福和成长。通过上述行动，你可以在各个方面提升自己，实现个人的全面发展。

第二部分

对大学生职业生涯规划中
常见的问题与解答

1 如果想最好地支持自己的职业发展，我应该选择在哪里工作

选择工作的地点是一个需要综合考虑的问题，因为它涉及多方面的因素，包括行业、文化、生活质量和个人职业目标等。为了更好地进行决策，你可以考虑以下几点。

（1）行业中心：某些城市或地区因特定行业而闻名。例如，如果你在技术领域工作，中关村是一个热门的选择；对于金融行业，北京、上海、香港等是主要的中心。

（2）职业机会：选择那些提供多样化职业机会的地方，这样即使你想换工作或转行，也不必搬家。

（3）学习和发展资源：考虑那些拥有大学、研究机构或培训中心的地方，这样你可以继续学习并提高自己。

（4）生活质量：除了职业发展，生活质量对每个人也是非常重要的。因此，你需要考虑工作地点的房价、交通、医疗、教育、娱乐和生活成本等因素。

（5）网络和社区：在职业发展中，构建一个强大的职业网络是非常有价值的。你需要考虑那些拥有活跃的行业协会、职业团体和活动的地方。

（6）文化和价值观：确保你选择的地方与你的价值观和生活方式相匹配。

（7）国际化程度：如果你计划在国际舞台上工作或想获得来自各国的经验，选择一个具有国际化背景和机会的城市可能是明智的。

（8）长远规划：选择工作地，还要考虑到你未来5到10年的计划，如是否打算在此定居、是否建立家庭等因素。

（9）风险和机会：评估每个地方的风险和机会。例如，新兴市场可能提供巨大的职业机会，但也可能伴随更高的风险。

（10）灵活性：生活和工作的灵活性也是一个考虑因素，特别是在远程工作越来越重要的时代。

最后，如果可能的话，你可以考虑在做决定之前先进行短期访问或试住，这样可以帮助你更直观地了解当地的工作和生活环境。记住，选择工作地点是一个重大的决策，它会影响到你的职业生活和个人生活，因此需要慎重考虑。

2 应该创业吗？如果应该，需要何时及如何开始

创业是一个重大的决定，需要考虑多方面因素。

首先，在你决定创业之前，你需要考虑清楚以下内容来确定你能否开始创业。

（1）是否具备足够的激情和驱动力：你需要确保你对你想创办的业务有强烈的激情和驱动力。创业往往不会一帆风顺，你对事业的激情和驱动力会在你遭遇困难时不轻言放弃。

（2）了解市场需求：你的商业想法是否解决了一个真正的问题或满足了市场上的需求？你是否进行了深入的市场研究，以确保你有足够的目标客户？

（3）财务准备：确保你有足够的资金开始创业项目，以及拥有至少一年的运营资金。这些资金可以是来自储蓄、投资者、贷款或其他资金来源。

（4）风险评估：认真评估与创业相关的所有风险，包括财务、职业和个人生活的风险。

（5）团队和网络：一个强大的团队和职业网络有助于你的创业取得成功。你要确保有合适的合作伙伴和支持系统帮助你创业。

（6）计划和策略：制订一个详细的商业计划，包括市场策略、财务计划、运营计划等。

（7）知识和技能：确保你具备或可以获得必要的技能和知识来运营

你的业务。

其次，关于何时开始创业，理想的创业时机因人而异。对于一些人来说，最好在稳定的工作中获得了经验和积累了一定资金后再开始创业。对于另一些人来说，大学毕业后或在职业生涯早期可能是最好的时机。

最后，关于如何开始创业，可以考虑以下因素。

（1）进行小规模测试：在全面启动创业项目之前，你可以先小规模地测试你的想法，看看市场的反应。

（2）寻求反馈：从潜在客户、行业专家和其他企业家那里获得反馈，并根据这些反馈进行调整。

（3）参加培训和教育：考虑参加创业课程或工作坊，以获得创业所需的技能和知识。

（4）做好法律和财务准备：确保你了解所有与创业相关的法律和财务要求，并做好相应的准备。

创业并不适合每个人，但对于那些有决心、激情和相关资源的人来说，它可能是一次回报丰厚的经历。总之，花时间进行深入的研究和准备，并确保你为创业之旅做好了充分的准备再开始创业是至关重要的。

3 新的工作技能和工具不断出现，应该如何快速适应并学习这些新技术

快速适应并学习新技术是当代年轻人职业发展中的一项关键技能。随着技术的飞速发展，保持敏锐的学习意识，具备良好的适应性至关重要。以下建议可以帮助你快速适应和掌握新技术。

（1）培养持续学习的心态：培养持续学习的心态，对新技术保持好奇，不断更新、拓展自己的知识储备，是应对不断发展的新技术的正确态度。

（2）加强日常学习：将学习新技术纳入日常学习或工作流程。为此，你可以安排固定的时间，比如每周花费几个小时来进行在线学习

或线下培训。

（3）利用在线教育资源：利用在线教育平台学习新的技能和工具。

（4）在实践中学习：理论知识是基础，但只有进行实际操作才能加深对新技术的理解和掌握。你可以为自己设定小项目，检验新学的技术。

（5）加入社群和团体：加入你想学习的技术相关的线上或线下社群，与同道中人交流、分享、学习。

（6）参加研讨会和工作坊：这些活动不仅提供了学习机会，还能帮助你扩展职业网络和了解行业趋势。

（7）教授别人：教授别人是巩固所学知识的一种好方法。这种教授可以是非正式的，如向同学或同事解释一个概念，也可以是正式，如技术分享和培训。

（8）评估和改进：不断评估你的学习效果，找出有待改进的地方，然后调整学习策略。

（9）保持对技术趋势的关注：定期查看与你所在领域相关的媒体信息，以保持对新技术和工具的了解。

（10）时间管理：学习新技术需要时间，你要确保能合理地安排时间，既不影响本职工作，也能确保高效学习。

（11）寻求导师或顾问的帮助：如果可能的话，寻找一个在你想学习的领域有经验的人作为导师或顾问，他们可以提供给你宝贵的建议和资源。

记住，技术总是在不断发展的，持续培养适当能力和学习技巧，你会发现自己更容易适应新的工作技能和工具。

4　工作会对我生活的其他方面（如家庭、社交活动等）产生什么影响？我该如何处理这些影响

工作确实会对你生活的其他方面产生影响，但具体有哪些影响，取决于你的职业、工作量、工作地点、工作文化等因素。以下是一些可能出现的影响及应对策略。

（1）可支配时间

影响：长时间工作可能会占据你与家人、朋友相处的时间，导致你错过重要的家庭事件或社交活动。

应对：确立工作与生活的边界，设定优先级，合理安排家庭活动和社交活动。

（2）压力和情绪

影响：工作压力可能导致你情绪低落、焦虑或疲惫，从而影响你与他人的关系。

应对：学习压力管理技巧，定期进行放松和冥想活动，确保身心有足够的休息。

（3）健康

影响：长时间坐在办公桌前或经常出差可能导致健康问题。

应对：定期锻炼、均衡饮食，并确保每天有足够的休息。

（4）人际关系

影响：长时间工作或出差可能导致你与伴侣、家人或朋友的关系紧张。

应对：与亲密的人保持沟通，解释工作的需求，确保有一定的时间与他们相处，重视他们的感受。

（5）个人发展

影响：忙碌的工作可能使你没有时间培养个人兴趣或发展其他技能。

应对：计划并分配一定时间来培养个人兴趣或学习技能，使之成为你日常生活的一部分。

（6）生活平衡感

影响：过度工作可能导致你觉得生活失去平衡，过于偏向工作。

应对：定期进行自我反思，考虑你的价值观和生活目标调整工作量，以达到平衡。

（7）经济

影响：工作为你提供了经济上的安全感，但同时也可能使你因为长时间工作或高消费导致经济问题。

应对：制订财务计划和预算，管理收支，确保有一定的储蓄。

想要有效地减少工作对生活的负面影响，重要的是确立清晰的边界，建立优先级，有效进行人际沟通及适时进行自我关怀。此外，如果有必要，你还可以考虑寻求导师或咨询师的帮助，他们可以提供有关如何平衡工作和生活的建议和策略。

5 我应该选择一份安稳的工作，还是选择一份有挑战性但风险更大的工作

选择安稳的工作还是有挑战性但风险更大的工作是一个非常个人化的决策，需要考虑多种因素。在作出决策之前，你需要考虑以下因素。

（1）个人职业目标：问问自己，你的长期和短期职业目标是什么？安稳的工作可能为你提供稳定的收入和更多的工作安全感，而挑战性的工作可能为你提供更多的机会并使你更快地成长。你需要根据你的职业目标来决策。

（2）风险承受能力：你是否愿意并能够承受与风险相关的潜在后果？例如，如果新的挑战性工作达不到预期，你是否有足够的储备或其他工作机会来让你承担风险？

（3）财务状况：你的财务状况如何？你是否有足够的储蓄可以应对潜在的不稳定性？如果你有大量的财务负担（如家庭开支、房贷等），你可能需要更加谨慎选择工作。

（4）生活阶段和责任：你当前的生活阶段是什么？是否有家人需要照顾或其他重大的个人责任？安稳的工作可能为你提供更多的家庭时间和稳定性，而具有挑战性的工作可能需要更多的时间和精力。

（5）个人成长和学习：如果你渴望学习和获得个人成长，那么具有挑战性的工作可能为你提供更多的机会，但你也要确保有资源和其他方面的支持来帮助你应对这些挑战。

（6）工作满足感和激情：哪种工作更能满足你的兴趣和激情？如果具有挑战性的工作是你真正热爱的，那么与之相关的风险可能是值得你

去承受的。

（7）反馈和建议：咨询家人、朋友、导师或职业顾问的意见。他们也许能提供给你不同的观点和建议，帮助你更全面地考虑问题。

（8）试水：如果可能的话，在做决定之前你可以考虑一下尝试新的角色或工作，可以是临时项目、实习或短期合同。

最后，无论你作出什么决定，都要确保基于你的价值观、职业目标和个人情况，而不是外界压力或期望来作决策。相信自己的选择，并准备好应对未来的任何挑战和机会。

6 在不断变化的职业市场中，我该如何保持竞争力

在不断变化的职业市场中，保持竞争力需要持续学习、提高适应能力，培养与时俱进的思维。以下是一些具体的建议。

（1）持续学习：持续学习和进修是保持竞争力的关键。你可以考虑参加研讨会、网络课程、工作坊，或者进修学历。

（2）技能多元化：不要只满足于你的核心技能，尝试掌握与你的专业相关但不完全相同的技能，这样可以在多个方面为公司创造价值。

（3）关注行业动态：定期阅读行业新闻、报告和研究成果，了解行业的最新趋势和发展。

（4）建立职业网络：与你的同事、同行和行业内的其他专业人士建立联系，这样可以帮助你获取信息、机会和资源。

（5）寻求反馈：定期寻求同事和上司的反馈，了解你的工作表现和需要改进的地方。

（6）软技能发展：除了专业技能，沟通技巧、团队合作能力、批判性思维和解决问题的能力也非常重要。

（7）适应性：市场和技术的变化总是不可避免的。学会适应变化、接受新事物，并对新的工作方法持开放态度。

（8）提高自己的知名度：你可以考虑通过撰写文章、参加演讲或参

与行业会议，分享你的知识和经验，这样可以在行业内提高自己的知名度。

（9）保持身心健康：身体健康和精神状态良好对提高工作表现至关重要。确保保持良好的生活习惯、定期锻炼和充分休息。

（10）目标设定与评估：为自己设定职业目标，并评估自己在实现这些目标方面的进展。调整策略以适应变化的环境和自己的成长需求。

（11）寻求导师：找一个在你的行业或领域有经验的人作为导师，他们可以提供宝贵的建议、指导和支持。

（12）为未来做准备：预测未来可能的技能需求，并提前为此进行准备。

不断变化的职业市场为那些愿意学习和适应的人提供了无数机会。关键是要始终保持警觉，抓住每一个机会来增强自己的能力。

7 我应该选择高薪但压力大的工作，还是选择薪水一般但更有满足感的工作

选择工作时考虑薪酬与工作满足感是一个常见但复杂的问题，涉及个人价值观、生活目标、经济需求等多方面的因素。以下是一些思考点，帮助你作出决策。

（1）个人价值观：对于一些人来说，高薪是他们的优先考虑的因素，因为他们可能有一些财务目标或责任，如支持家庭、还贷款等。而对于其他人来说，工作的满足感和意义可能更重要。思考一下你个人的价值观和优先事项，以确定哪种工作更能满足你的需求。

（2）生活质量：高薪职位可能会带来更大的工作压力和更长的工作时间，这可能会影响你的健康、家庭和社交生活。另外，一个给你满足感的工作可能会让你有更多的时间和精力享受生活的其他方面。

（3）职业发展：高薪的职位可能提供更多的职业发展机会和提升的可能性。但如果这个工作与你的长期职业目标不符，那么这种优势可能

并不明显。

（4）经济稳定性：考虑你的财务状况和未来的经济计划。考虑高薪是否能帮助你实现某些财务目标，如购房、旅行或退休计划？

（5）工作与生活的平衡：考虑你希望达到的工作与生活的平衡。高薪工作可能需要更多的奉献和时间，而薪水一般的工作可能灵活性更强。

（6）长远规划：考虑你的长期职业和生活目标。某些工作可能是一个跳板，为你提供经验和机会，之后你可以选择更符合你价值观和满足感的工作。

（7）试一试：如果可能，考虑试着在每种工作环境中工作一段时间，以亲身体验每种工作的优缺点。

最终，选择高薪还是满足感，完全取决于你个人的需求、价值观和生活目标。每个人的情况和需求都是独特的，所以最重要的是对自己诚实，明确自己的优先事项，然后作出一个对你来说最有意义的选择。

8 我该如何有效地进行自我推销

自我推销并不意味着你必须显得自大或过于自信，而是关于如何有效、真实地展示你的能力和价值。以下是一些建议，帮助你更好地进行自我推销：

（1）自我了解：你需要清楚地知道自己的优势、技能、经验和成就。这意味着你要进行深入的自我反思和评估。

（2）打造个人品牌：考虑如何进行自我定位，以及你希望别人如何看待你。你的个人品牌应该是真实的、与你的职业目标相一致的，并能够与他人产生共鸣。

（3）明确和简洁的演讲：准备一个简短的、能在30秒内完成的自我介绍，其中应突出你的主要成就和专长。

（4）展示而不是告知：使用事例、故事和具体的经验来展示你的能力，而不是简单地声明你有什么技能。

（5）保持专业：无论是在简历、社交媒体还是个人的网络中，确保你的形象始终保持专业和一致。

（6）利用社交媒体：

领英：确保你的领英资料是最新的，并积极参与和你行业相关的讨论。

其他平台：视你的职业领域而定，使用微信、邮箱落款等其他平台来展示你的工作和专长。

网络：积极参加行业会议、研讨会和其他活动。与人交往时，真实地展现自己，并听取他人的故事。

（7）寻求推荐和背书：如果有人因你的工作或帮助而受益，鼓励他们在领英或其他地方为你提供推荐或背书。

（8）持续学习和分享：定期分享你在行业内的新知识和观点，这可以帮助你提高作为行业专家的声誉。

（9）培养自信：自信不是天生的，它可以通过练习和正面的经验来建立。每次你成功地展示自己，都会增加你下次自我推销的自信。

（10）保持谦逊和真实：虽然你想要展示自己，但也要确保你的描述是真实和准确的。人们很容易察觉到夸大其词或不真实的描述。

有效的自我推销是一种艺术，它需要你真实地展示自己的价值和能力，同时也考虑到听众的需求和兴趣。花时间练习和调整你的方法，以便你可以自信地在任何场合展示自己。

9 如果想增加面试成功的概率，我在面试中应该注意什么

面试是你与潜在雇主的重要互动，因此确保你为此做好充分准备是非常关键的。以下是在面试中你应该注意的事项，以增加成功的概率。

（1）研究公司和职位：了解公司的历史、文化、产品和行业地位。研究你申请职位的职责和要求。

（2）准备常见的面试问题，如："你为什么对这个职位感兴趣？""请描述一个你曾经遇到的挑战，以及你是如何应对的。""你如何定义团队合作？"确保你可以根据实际经验和事例来回答这些问题。

（3）着装得体：根据你申请的公司和行业的标准选择合适的着装。

（4）守时：确保提前到达面试地点，一般建议提前10~15分钟。

（5）正面的肢体语言：与面试官保持眼神交流。坐直，但不要显得过于紧张。确保你的握手是坚定的。

（6）练习倾听：确保你真正听懂了面试官的问题，并根据他们的问题给出相关答案。

（7）善于提问：准备一些关于公司、团队或职位的问题。这不仅展示了你的兴趣，还表明你做了充分的准备。

（8）注意自己的语言表达：避免使用过多的"呃""嗯"等填充词。使用积极的词汇和句子结构。避免使用负面话语：不要对前任雇主或同事做任何负面的评价。

（9）用案例证明：用案例证明你的技能和成就，这比简单地列举技能更有说服力。

（10）跟进面试结果：面试后，发一封感谢邮件或笔记给面试官，感谢他们提供的时间和机会。

面试不仅是雇主评估你的机会，也是你评估雇主和职位是否适合你的机会。确保在面试过程中你也在评估这份工作是否符合你的职业目标和价值观。

10 在职场中，我该如何处理与同事的关系

在职场中与同事建立和维持良好关系是非常重要的。良好的同事关系可以提高工作效率、促进团队合作、减少冲突，并对职业发展产生积极影响。以下是一些建议，帮助你在职场中处理与同事的关系。

（1）表达尊重：尊重同事的观点和建议，即使你不同意。避免在公

共场合批评或羞辱他人。

（2）有效沟通：明确、简洁地传达信息。倾听同事的意见和反馈。尽量面对面沟通解决重要或敏感的问题。

（3）避免办公室政治：不参与或传播办公室的八卦或谣言，避免成为政治斗争的一部分。

（4）展现团队精神：愿意帮助需要的同事。认识并欣赏团队中每个人的独特贡献。为团队的成功而鼓掌。

（5）建立边界感：尽管与同事建立友谊是很好的，但要明确工作和私人生活的界限。避免过度分享私人生活的细节。

（6）诚实和透明：当你犯错误时，承认并寻求解决方法。

（7）定期反馈：与同事分享关于他们工作的正面反馈，并在适当的情况下提供建设性的反馈。

（8）避免冲突：尽量避免与同事产生冲突，但如果确实发生了，要积极寻求解决方法。

（9）增进了解：通过团队建设活动或非正式的社交活动与同事建立联系，了解他们的兴趣和背景。

（10）持续学习：努力提高自己的技能和知识，这不仅可以帮助你在工作中更有竞争力，还可以与同事分享和交流。

（11）维护专业形象：始终保持专业和礼貌，避免过于随意或不当的行为。

记住，每个人都有自己的背景、价值观和经历。保持开放的心态，努力理解和欣赏同事的独特性，这将有助于你与他们建立和维持良好的关系。

11 如果对目前的工作不满意，我应该选择辞职吗

对工作不满意时是否选择辞职，这是一个重要且复杂的决策。在作出决策之前，你应该考虑以下几方面因素。

（1）深入探索不满意的原因，如是工资的问题吗？是工作环境、团队或上司的问题吗？还是你对工作本身失去了兴趣和激情？了解真正的原因将帮助你确定是否有其他办法来解决这些问题，而不是立即辞职。

（2）与上司或人力资源部门沟通：在考虑辞职之前，与上司或HR沟通你的感受和考虑，看看是否有可能改善现状，如调整工作内容、培训、调薪或调动部门等。

（3）考虑财务状况：确保你有足够的储蓄来支持你在找到新工作之前的生活开销，或者确定你已经有其他稳定的收入来源。

（4）评估职业规划：考虑你的长期职业目标。目前的工作是否能帮助你达到这些目标？如果不能，找一个更符合你职业规划的工作可能是合理的。

（5）市场趋势和就业机会：研究你所在领域的市场趋势，确保在你辞职后有足够的就业机会。

（6）考虑健康和情感状态：如果工作对你的身心健康造成了负面影响，那么辞职可能是为了你的健康考虑的最佳选择。

（7）备选方案：在辞职之前，最好先找到另一份工作。这样，你不仅可以确保自己的财务安全，还可以减少职业生涯中的空白期。

（8）不要仓促做决定：在决定辞职之前，给自己足够的时间思考，与家人、朋友或职业顾问讨论。

每个人的情况都是独特的，是否辞职应基于你的具体情况和需求做出决策。如果你确定辞职是最佳选择，确保以专业和尊重的方式提出辞呈，并为交接工作做好准备。

12 我应该怎样选择适合我的实习机会

选择实习机会是大学生和即将进入职场的年轻人面临的一个重要决策。以下是一些建议，帮助你选择适合自己的实习机会。

（1）明确自己的目标：你需要考虑你希望通过实习获得什么样的经

验和技能，你希望这份实习为你将来的职业生涯打下怎样的基础？

（2）研究公司和行业：了解你感兴趣的实习单位或行业的背景、文化、发展趋势等。了解实习单位在业界的口碑和地位。

（3）地点与日常通勤：考虑实习地点是否方便，每日通勤时间和成本是否可接受。

（4）职位描述和职责：确保你了解实习职位的主要职责，以及你在实习期间能获得哪些经验和技能。

（5）培训和指导：找一个提供培训和导师指导的实习机会，这可以确保你在实习期间得到充分的锻炼，并获得一定的支持。

（6）公司文化与环境：选择一家企业文化与你的价值观和工作风格相匹配的公司。

（7）实习的期限和时间安排：考虑实习的时长是否符合你的时间安排，以及是否有可能延长或转正。

（8）报酬和福利：虽然实习经验和学习机会很重要，但也要考虑报酬、住宿、交通和其他福利。

（9）人脉网络和未来机会：选择一个能为你提供良好的人脉网络资源和未来工作机会的实习岗位。

（10）获取反馈：尝试与当前或前任实习生交谈，了解他们的经验和看法。

（11）多渠道寻找实习机会：不要只依赖学校的招聘会或在线招聘网站。尝试通过行业活动、社交网络、朋友和家人等多种渠道寻找实习机会。

（12）准备好自己：确保你的简历、求职信和面试技巧都已经准备好，这将增加你获得理想实习机会的可能性。

最后，选择实习机会时，除了考虑实习的具体内容和条件，还要根据自己的兴趣、职业规划和生活情况作出决策。实习是你职业生涯的一部分，选择一个能帮助你长远发展的机会是非常重要的。

13 如何有效地利用学校资源来促进职业发展

学校不仅仅是学术知识的殿堂，它也为学生提供了丰富的资源和机会来促进其职业发展。以下渠道可以帮助你充分利用学校资源来推进你的职业发展。

（1）职业中心：大多数大学都有职业发展中心或职业咨询部门。这些中心提供的服务包括简历指导、面试技巧培训、求职研讨会、职业规划和招聘活动。

（2）导师与教授：与你的导师和教授保持紧密联系。他们不仅可以提供学术建议，还可能为你推荐实习、研究项目或其他与你的专业相关的机会。

（3）实习与工作机会：许多大学与企业和组织合作，为学生提供实习和工作机会。经常查看大学的招聘网站，并参加学校的招聘会。

（4）校园活动与社团：参与学生组织和社团，特别是与你的专业和兴趣相关的。这将帮助你建立人脉、提高组织和领导能力，并增加与行业专家接触的机会。

（5）学术研讨会和讲座：利用学术研讨会和讲座来扩大你的知识面，并与领域内的专家建立联系。

（6）图书馆：利用图书馆的资料进行行业研究，了解最新的发展趋势和技术。

（7）国际机会：考虑参加学校的交换生项目或海外实习，这可以帮助你扩大国际视野并获得相关经验。

（8）培训与工作坊：参加大学提供的技能培训、语言课程或其他相关工作坊，以增强你的职业技能。

（9）大学人脉网络：不仅与同学建立联系，还要与学长、学姐、校友和行业专家交往，他们可能为你提供实习、工作或合作机会。

（10）学术项目和研究：考虑参与导师的研究项目或进行自己的独立研究，这将提高你的批判性思维能力、研究能力和问题解决能力。

（11）继续教育：探索大学提供的继续教育和证书课程，看看是否有助于你的职业发展。

最后，请记住，职业发展是一个持续的过程，不断地学习、积累经验和扩大人脉网络都是关键。利用大学的资源是建立坚实基础的重要步骤。

14 如果想增加未来的就业机会，我应该参加哪些课外活动或社团

选择课外活动和社团应当与你的职业目标、兴趣和技能发展相结合。以下课外活动和社团活动，有助于完善你的简历、提高技能和扩展人脉网络，从而增加你的就业机会。

（1）学术社团：与你专业相关的社团通常能为你提供与领域内的知识和人脉接触的机会。

（2）学生会和其他学生组织：这类社团能够提升你的领导能力、组织能力和团队合作能力。

（3）志愿者活动：参与志愿者活动不仅可以为社会作贡献，还能增强你的责任心和团队合作精神。

（4）演讲与辩论社团：这些活动能够提高你的公共演讲能力、批判性思维能力，优化你的沟通技巧。

（5）创业和商业竞赛：如果你对创业或商业有兴趣，这些活动将为你提供实践和学习的平台。

（6）文化和多元化社团：这些社团能够帮助你更好地理解不同文化和背景，提高你的跨文化沟通能力。

（7）艺术与创意社团：如摄影、绘画、音乐、戏剧等，能够提高你的创新能力和艺术感知力。

（8）体育与团队活动：参与团队活动可以锻炼你的团队合作能力、领导能力和纪律性。

（9）学术研究和项目：与教授合作进行研究，或参与课外的学术项

目，能够增强你的研究、分析和解决问题的能力。

（10）实习和工作体验：参加与你专业相关的实习或工作，这是直接增加就业机会的最好方法。

（11）网络和专业组织：加入与你专业或兴趣相关的专业组织，如市场营销协会、工程师协会等，以拓展人脉和获取行业信息。

（12）语言学习与国际交流：参与语言学习小组或国际交流项目，以增强你的多语言能力和开阔国际化视野。

在选择课外活动和社团时，重要的不仅仅是参与的数量，还有你在其中的角色、贡献和所获得的经验。确保你能从中获得有意义的经验，并且有能力在简历和面试中清晰地描述你的经历和所学。

15 我怎样才能找到与长期职业目标相符的第一份工作

找到与长期职业目标相符的第一份工作是许多新毕业生面临的挑战。以下建议可以帮助你向这一目标迈进。

（1）明确你的长期职业目标：你需要清晰地定义你的长期职业目标。包括可能涉及的领域、行业、角色、技能和经验等。这将为你提供一个清晰的方向，帮助你筛选和定位合适的职位。

（2）进行行业研究：对你感兴趣的行业和领域进行深入研究，了解其最新趋势、需求和发展方向。这将帮助你更好地了解潜在的职业路径和机会。

（3）建立和扩展人脉网络：开始与行业内的专家和同行建立联系。参加职业博览会、行业研讨会和其他相关活动，以扩大你的人脉网络。与学长、学姐和前辈交流，了解他们的经验和建议。

（4）优化简历和求职信：确保你的简历和求职信与你的职业目标相一致。突出与目标相关的经验、技能和成就。

（5）利用大学资源：大多数大学都有职业发展中心，提供职业咨询、简历指导、面试技巧培训等，还会定期举办招聘活动。

（6）申请实习或临时工作：如果你无法直接找到与长期目标完全匹配的全职工作，考虑申请实习或临时工作，以获得相关经验和机会。

（7）持续学习和提高：考虑进一步的教育和培训，以增强你的技能，增加知识储备，提高你的竞争力。

（8）准备面试：面试是你获得工作机会的关键。确保你对申请的公司和职位有深入的了解，并准备好与你的长期职业目标相关的问题和答案。

（9）保持开放和灵活的心态：你可能无法立即找到完美匹配的工作，但重要的是找到一个可以为你的长期目标打下坚实基础的工作。

（10）持续关注和调整：随着时间的推移，你可能需要根据市场变化和个人经验调整你的职业目标和策略。

最后，记住职业发展是一个持续的过程，而第一份工作只是这个旅程的开始。重要的是持续学习、积累经验和扩大人脉网络，以增加你的职业机会，最大化地发挥你的潜力。

16 无论工作多么困难，我都应该坚持下去吗

面对工作的困难，坚持是一个值得考虑的选择，但并不总是最佳的选择。你是否应该坚持下去取决于几个关键因素。

（1）工作的困难是暂时的还是持续的：如果你面对的困难是暂时的，例如特定项目的压力或临时的额外工作量，那么坚持下去可能是明智的。但如果问题是持续的，如持续的过度工作、不合理的管理或与同事的长期冲突，那么可能需要重新评估你的情况。

（2）健康和幸福感：如果工作的压力导致你的身体和心理健康受损，或者严重影响到你的私人生活和幸福感，那么应该考虑改变。

（3）工作与你的长期目标的关联：如果这份工作是通往你长期职业目标的必经之路，你可以选择坚持，同时寻找解决目前问题的方法。如果工作与你的职业目标无关或偏离，那么你可以考虑寻找更合适的机会。

（4）获得的技能和经验：假如工作环境并不理想，但你能从中获得宝贵的技能和经验，这也可能是继续坚持的理由。

（5）是否尝试过改变：在考虑是否继续坚持之前，问问自己是否已经尝试过与上司沟通、寻求辅导或改变工作方式。如果尝试了多种方法但问题仍未解决，那么可能是时候考虑其他选择了。

（6）经济考虑：对于许多人来说，经济因素是一个重要的考虑。如果你的经济状况允许，或者你有其他的就业机会，那么你有更多的灵活性来考虑是否离职。如果不是，你可能需要更加谨慎地权衡决策。

最后，聆听自己的直觉。通常，你的直觉会告诉你何时应该坚持下去，何时应该寻找新的机会。同时，考虑寻求职业咨询、导师或信任的朋友和家人的意见，他们可能提供有价值的外部视角。

17　应该怎样评估一份工作或职业是否真的适合我

评估一份工作或职业是否真的适合你需要综合考虑多个因素。以下是一些建议和策略，帮助你作出明智的决策。

（1）自我反思

价值观：你的价值观是什么？这份工作是否与你的价值观相符？

兴趣和激情：你真的对这个工作或行业感兴趣吗？它是否与你的兴趣和激情相符？

能力和技能：考虑你目前的技能和经验。这份工作是否能够充分发挥你的长处？

（2）工作内容与环境

日常任务：确保你清楚了解这份工作的日常职责，并考虑你是否喜欢这些任务。

工作环境：团队文化、管理风格、办公环境等都是重要的考量因素。

工作与生活的平衡：这份工作的工作时长、出差频率等是否符合你的预期？

（3）发展前景

成长与学习：这份工作是否为你提供了足够的学习和成长的机会？

晋升路径：考虑长期职业规划，了解这个职位的潜在晋升路径。

（4）报酬与福利：确保工资、奖金和其他福利与你的期望和行业标准相符。考虑其他非物质性的福利，如健康保险、年假、学习与发展机会等。

（5）公司声誉与稳定性：研究公司的历史、财务状况和市场地位，确保它是一个稳定和有声誉的雇主。考虑公司的使命、愿景和价值观，看是否与你的价值观相符。

（6）反馈与意见：如果可能，与当前或前任员工交流，获取他们对公司和职位的看法。考虑参加行业活动或研讨会，了解更多关于该职位或行业的信息。

（7）试用期：如果可能，考虑与雇主商定试用期，这样你可以更直接地体验这份工作和公司文化。

（8）直觉：虽然直觉不应该是你唯一的决策依据，但你的直觉可以提供宝贵的信息。如果某些事情让你感觉"不对劲"，那么你应该深入探究这些感觉。

评估一个职位是否适合你需要时间和努力，但这可以帮助你找到一个更加符合你个人和职业目标的工作。

18 如何才能适应新的工作环境

适应新的工作环境可能需要时间和努力，但通过以下策略，你可以更加顺利地融入新的工作团队和文化。

（1）持开放态度：对新环境、新流程和新方法保持开放和好奇的心态。避免过早地作出判断或比较你之前的工作经历和现在的环境。

（2）主动建立人际关系：初入职场，应主动与同事打招呼，做自我介绍。利用午餐和休息时间与同事交往，了解他们的工作和背景。如果公司有新员工培训或团建活动，积极参与。

（3）寻求指导和反馈：如果可能，寻求一位导师或指导者来帮助你更好地适应新环境。定期获取上司或同事的反馈，了解自己的表现和改进方面。

（4）深入了解公司文化和价值观：

通过公司的官方材料、培训和与同事的交谈，了解公司的使命、愿景和价值观。

观察同事们的行为和交往方式，以了解公司的非正式文化和规范。

（5）勤于提问：

当你对某个流程或任务有疑问时，不要害怕提问。这不仅可以帮助你更快地学习，还可以展现你的主动性。

（6）保持专业态度：

确保准时到达办公室，避免过早离开。

在工作中保持专注，避免被过多的私人时间和长时间的社交媒体占用。

（7）设定短期和长期目标：

为自己设定初入新工作环境的短期目标，例如在一个月内熟悉所有主要流程。

同时，考虑你在这个职位上的长期目标和职业发展方向。

（8）自我照顾：

新的工作环境可能会带来压力，确保你有适当的休息和放松时间。

找到方法来管理压力，如锻炼、冥想或与家人和朋友交往。

（9）持续学习和发展：了解你的岗位和行业的最新发展，不断更新自己的技能和知识。

（10）保持积极的心态：有职场挑战是正常的，但保持积极解决问题的心态可以帮助你更好地适应和发展。

记住，每个人适应新环境的速度都是不同的，所以给自己一些时间和空间。利用上述建议，你将更有可能成功地融入新的工作环境。

19 如何处理职场中的冲突

处理职场冲突是每个职业人士都可能面临的挑战。冲突如果不妥善处理，可能导致工作效率降低、团队氛围恶化甚至职业生涯受损。但妥善处理冲突可以增强团队凝聚力，提高个人的问题解决能力，并且得到同事和领导的尊重。以下建议可以帮助你有效地处理职场冲突。

（1）及时沟通：一旦感觉到有冲突，尽量立刻与相关人员沟通，避免小问题变大。

（2）冷静处理：在解决冲突之前，先让自己冷静下来，避免在情绪激烈时作出决策。

（3）就事论事：关注事实和行为，而不是对方的性格或动机。避免使用攻击性或指责性的语言。

（4）倾听对方：给对方机会表达看法，真正地听取他们的观点和感受。

（5）求同存异：找出双方都认同的观点，这有助于降低紧张感。

（6）开放心态：愿意考虑对方的观点，也愿意调整自己的观点或做法。

（7）利用中立第三方：如果双方都难以妥协，可以考虑找一个中立的第三方，如人力资源部门或上级，来协助调解。

（8）制订解决方案：共同制订一个双方都可以接受的解决方案。

（9）约定做法：明确双方在未来的合作中应遵循的行为准则或策略，避免类似冲突再次发生。

（10）持续关注：在解决冲突后，定期检查双方的关系和合作状况，确保冲突得到了真正的解决。

（11）自我反思：冲突过后，花时间思考产生冲突的原因、你在其中的角色，以及如何在未来避免或更好地处理类似情况。

（12）提高冲突解决能力：考虑参加培训或阅读相关书籍，提高自己处理冲突的能力和技巧。

记住，冲突不可避免，但是处理冲突的方式可以决定其对你和你的团队的影响。妥善处理冲突可以帮助你在职场中树立一个正面、合作的形象。

20　如何保持对工作的热情和动力

保持对工作的热情和动力是个持续的挑战，但也是一个可以实践和培养的技能。以下是一些建议，帮助你维持或重新点燃对工作的热情。

（1）明确你的"为什么"：理解自己从事工作的深层次原因。这可能是为了家庭、职业抱负、对某个事业的热爱，或是对社会作出贡献。当你知道为什么工作，即使面临困难，你也更容易保持动力。

（2）设定目标：给自己设定短期和长期的职业目标。这可以帮助你保持工作的焦点，提供持续的动力来源。

（3）寻求反馈：定期获取反馈，无论是来自同事、上司还是客户。这可以帮助你了解自己的进展，并使你为自己的工作成果感到自豪。

（4）不断学习：通过不断地学习和增强自己的技能，你可以感受到成长的快乐，这本身就是一个极大的激励。

（5）寻找挑战：挑战可以让工作变得有趣。如果你觉得自己的工作太过单调，可以考虑寻求新的项目或任务。

（6）建立良好的工作关系：与同事建立良好的关系可以提高工作的满足感。团队的支持和合作也会为你提供动力。

（7）关心身体健康：身体健康是保持热情和动力的基础。确保你有足够的休息、均衡的饮食，以及定期的锻炼。

（8）找到工作和生活的平衡：确保你有时间放松和远离工作。这样，当你返回工作时，你会感到更有活力，焕发新生。

（9）不断反思：定期花时间思考你的工作是如何与你的长期职业和个人目标相匹配的。如果你发现不匹配，考虑调整你的工作或设定新的目标。

（10）寻求导师或指导：找到一个可以指导你、鼓励你并为你提供反馈的人。他们的经验和支持可以帮助你保持动力。

（11）改变环境：有时候，仅仅是调整工作环境或更换新的环境，如办公室布局、背景音乐或工作地点，都可以为你带来新的刺激。

最后，记住热情和动力可能会有波动。有时你可能会感到动力十足，而有时则可能感到疲惫或不满足。关键是认识到这些情感，然后采取积极的措施，以帮助自己回到正轨。

21 性格和个人特质如何影响职业路径

性格和个人特质对职业路径的选择有很大的影响。它们不仅影响你对某项工作的兴趣和满足感，还影响你在工作中的表现和与同事的互动。以下是性格和个人特质对职业路径选择的一些影响。

（1）与人互动的倾向：外向的人可能更喜欢与他人互动的工作，如销售或公关，而内向的人可能更适合独立或幕后的工作，如数据分析或编写。

（2）细节关注度：对细节高度关注的人可能更适合需要精确度的职业，如会计或药剂师。而那些更喜欢看大局的人可能更适合策略规划或创意类工作。

（3）决策方式：直觉型的人可能更喜欢策略、创意或研发等领域，而思考型的人可能更适合逻辑分析和结构性的工作。

（4）风险承受能力：愿意承担风险的人可能更倾向于创业或从事投资等领域，而风险规避型的人可能更倾向于稳定和预见性强的职业。

（5）适应变化的能力：对变化有高度适应能力的人可能会更喜欢快节奏、不断变化的环境，如科技创新或广告公司。而那些喜欢稳定和例行公事的人可能更适合公务员或管理职位。

（6）团队合作与独立工作：有些人更喜欢团队合作，而有些人则更倾向于独立工作。这将影响你是选择加入大公司、小团队还是自由职业。

（7）价值观和工作动机：如果你的价值观是帮助他人，那么你可能会被医疗、教育或非营利组织吸引。而如果你的驱动力是创新和创造，那么研发、设计或艺术行业可能更适合你。

（8）情感稳定性：高情感稳定性的人可能更能应对压力和变化，这在高压职业或管理岗位中非常重要。

（9）成就驱动：对成就有强烈驱动的人可能会被竞争激烈、挑战性强的领域所吸引。

当选择职业路径时，了解自己的性格和个人特质是非常重要的。不过，同时也要考虑其他因素，如技能、兴趣和市场需求。此外，随着时间的推移，人们的性格和优先考虑的事项可能会发生变化，所以定期反思并调整职业路径也是很有必要的。

22 毕业后，我应该立即找工作还是选择读研究生

这是一个常见的问题，但答案并不是一成不变的，它取决于你的个人目标、职业规划、经济状况，以及所在行业的特点。以下是一些建议供你参考，帮助你作出决策。

（1）职业目标：如果你已经明确了自己的职业目标，那么要确定该目标是否需要研究生学历。例如，某些职位（如大学教授、医生或律师）通常需要具有进一步的学术或职业资格。

如果你对自己的职业方向还不太确定，那么工作一段时间可以帮助你更清楚地了解自己的兴趣和职业愿景。

（2）学习经验：如果你热衷于学术研究，并相信进一步的学习可以帮助你深化对某个领域的理解，那么读研究生可能是一个好选择。

另外，如果你觉得大学的学习经验并没有为你提供足够的专业技能和知识，那么继续深造可能更有益。

（3）经济状况：研究生教育可能需要一定的经济投入。你需要考虑自己的财务状况，以及是否有奖学金或助学金等资金来源。

同时，要考虑工作收入与继续深造的机会成本。

（4）行业趋势：某些行业或职位可能更加重视实际经验，而不是学历。而有些行业，尤其是技术密集型或研究导向型的领域，可能更看重研究生学历。

（5）个人成长与成熟度：对于一些人来说，继续学习可能意味着避

免进入真正的社会和职场。如果你觉得自己还没有为工作做好准备,那么继续学习可能是合适的选择。

但如果你渴望立即获得独立和实践经验,那么找工作可能更合适。

总之,这是一个复杂的决策,需要多角度思考。建议你与家人、导师、职业规划师或已经工作/深造的朋友交流,以获取更多的建议和视角。

23 我该如何在职场中保护自己的权益

在职场中保护自己的权益是非常重要的。以下是一些建议,确保你的权益得到妥善的保护。

(1)了解法律和政策:熟悉劳动法和相关法规,确保你知道自己的基本权益。

如果你所在的国家或地区有工会或行业协会,了解他们的工作和如何加入。这些组织通常会为成员提供关于权益的信息和支持。

(2)详细的工作合同:确保你与雇主签订了详细、明确的合同,合同中应涵盖薪资、工作时间、休假、福利等关键条款。

如果合同中有你不明白的部分,不要害怕询问或寻求专家意见。

(3)记录重要事项:如果与同事或上司发生矛盾,确保记录事情的经过,包括日期、时间、地点和涉及的人。

保存与工作相关的所有邮件和文件,以备不时之需。

(4)沟通与反馈:如果你感觉自己的权益受到了威胁,尝试与上司或人力资源部门沟通,表达你的关切。

大多数公司都重视员工的满意度和福利,所以提供合理的反馈是受到鼓励的。

(5)职场培训和教育:参加与职场权益相关的培训或工作坊,了解如何保护自己,并确保你在可能的情况下得到公平对待。

(6)建立支持系统:与同事建立良好的关系,他们可以在必要时为你提供支持和建议。

如果你在工作中遇到问题，不要害怕寻求外部的帮助，例如法律援助或心理健康服务。

（7）持续关注自己的价值：定期评估自己的工作绩效和市场价值，确保你得到了与你的技能和经验相匹配的待遇。

（8）避免过度屈从：虽然在职场中有时需要作出妥协，但你也应该知道在哪里设定界限。不要为了短期的和平而牺牲长期的幸福和权益。

（9）关注公司文化和评价：在选择雇主时，了解其公司文化和对待员工的态度。选择那些尊重员工权益和提供成长机会的公司。

（10）求助于专家：如果你认为自己的权益受到了严重侵犯，不要害怕寻求法律援助。

总的来说，保护自己的职场权益需要综合运用法律知识、沟通技巧和自我倡导能力。不断地为自己的权益而努力，并确保你在任何情况下都能得到公平的对待和尊重。

24 在职业发展过程中，我应如何处理失败和挫折

面对失败和挫折是职业发展过程中的常态，学会正确处理这些情况对于个人成长和职业前景至关重要。以下是一些建议，帮助你处理职业中的失败和挫折。

（1）接受现实：承认失败并接受它。避免自欺欺人或寻找借口，真正接受并理解自己的失误。

（2）反思原因：花时间分析导致失败的原因。是策略选择不当、技能不足，还是外部因素？

反思可以帮助你了解哪里出了问题，以及如何在未来避免类似的错误。

（3）保持乐观态度：尽量看到失败中的积极方面。失败可以为你提供宝贵的经验，帮助你成长。

记住，每一次失败都是成功的踏板。

（4）寻求支持：与朋友、家人或同事分享你的经验，他们可能为你

提供另一个视角，或与你分享自己的类似经历和应对方法。

如果你觉得需要，考虑寻求专业的心理咨询。

（5）调整策略：基于你的反思，制订新的策略或计划。如果某个方法在过去不起作用，考虑换一个方法。

（6）继续前进：失败是很自然的一部分，重要的是你之后如何行动。重新制订计划，并继续努力。

记住，坚持是成功的关键。

（7）不断学习和进修：考虑是否需要进一步培训或学习来弥补你在某个领域的不足。

（8）保持相对的情绪距离：尽量避免将失败与自己的身份联系起来。在某件事上失败，并不意味着你作为一个人是失败的。

（9）制订 Plan B：如果你的主要计划不奏效，始终保持有一个后备计划可以为你提供更多的自信和安全感。

（10）重新设定目标：有时，失败可能意味着你需要重新评估或调整自己的目标。这并不意味着放弃，而是要为自己选择一个更实际、更可行的目标。

尽量将失败看作是生命中的一个章节，而不是整本书的内容。每个成功的人都有失败的经历，关键是学会从中吸取教训，继续前行。

25 在找工作时，我应该如何和潜在雇主谈判工资和福利

与潜在雇主谈判工资和福利是一个需要技巧和策略的过程。以下一些建议可以帮助你成功地进行谈判。

（1）充分准备：在与雇主谈判之前，你应该了解自己所在行业和地区的平均工资。可以使用工资比较网站、行业调查或向同行询问。

（2）清楚了解自己的价值：回顾你的经历、教育背景和技能，思考它们如何为公司带来价值。

（3）始终保持专业和礼貌：即使谈判过程中出现分歧或挑战，也要确保自己的态度始终礼貌并保持冷静。

（4）从总体福利考虑：工资只是总体补偿的一部分。你还应该考虑健康保险、退休计划、年假、绩效奖金、工作时间和其他福利。

在谈判时，考虑将这些因素综合在一起，以便得到一个更全面的补偿计划。

（5）清楚表达你的期望：当谈到具体数字时，明确、直接地告诉雇主你的期望。

（6）准备妥协：虽然你有一个理想的工资和福利目标，但也需要准备好进行一些妥协。确定自己可以接受的最低工资，并在谈判过程中为自己留出一些余地。

（7）询问晋升机会：如果初入职场的工资不能满足你的期望，询问未来的晋升和加薪机会。了解公司的机会和职业发展路径可能有助于你长远地考虑补偿问题。

（8）考虑总体机会：工资和福利之外，还要考虑这份工作为你的职业发展、学习和成长带来的机会。

（9）不要太急于接受：如果雇主给予你一个职位，不要立即回应。告诉他们你需要时间考虑，并确保你真的满意于提议。

（10）了解退出时机：如果雇主无法满足你的最低要求，你需要知道何时退出谈判并继续寻找其他机会。

（11）请求书面确认：一旦达成协议，确保所有条款都得到书面确认，以避免未来的误解或纠纷。

记住，谈判不仅是为了获得更高的工资或更好的福利，更重要的是确保你的工作和你的价值得到恰当的回报。

26 如果对所学的专业失去了兴趣，我应该怎么办

对所学的专业失去兴趣是许多学生和职业人士在成长过程中都可能

会遇到的问题。这种情况并不少见，但处理方式因人而异。以下是一些建议帮助你面对这个问题。

（1）深入了解原因：明确自己失去兴趣的原因。是因为课程难度、老师的教学方式，还是因为你对该领域的前景产生了怀疑？

（2）重新评估职业目标：思考你的长期职业目标和愿景，看看当前的专业是否与它们相符。如果你对未来的职业目标不够清晰，考虑进行职业规划和咨询。

（3）寻求指导和建议：与学术顾问、老师或已经在该领域工作的人士进行交流，了解他们的看法和建议。

（4）探索交叉学科：如果你对某一方面的专业失去了兴趣，看看是否可以在其他交叉学科中找到激情。例如，一个医学专业的学生可能对生物信息学或公共卫生领域感兴趣。

（5）增加实践经验：实习、工作研究或志愿者经验可以帮助你更真实地体验相关专业。有时，实际的工作经历可能比课堂学习更吸引你。

（6）考虑转专业：如果你确定这个专业确实不适合你，考虑转到其他的专业。但在做决定之前，请确保充分了解新专业和可能的职业路径。

（7）考虑辅修或双专业：如果不想完全放弃当前的专业，可以考虑辅修或双专业，以增加自己的知识面和技能。

（8）个人发展和充电：参加研讨会、工作坊或在线课程，增强你在特定领域的知识和技能，或者探索新的兴趣点。

（9）心理健康和福利：如果你觉得因为对专业失去兴趣而感到焦虑、沮丧或压力，建议寻求心理健康咨询。

（10）作出决策时不要仓促：决定转专业或改变职业方向是一个重大决定，需要时间进行深思熟虑。

最后，记住每个人的职业道路都是独特的。有时，我们的兴趣和激情会随着时间和经历而变化，这是很正常的。关键是找到自己真正热衷和感兴趣的事情，并为之努力。

27 如何判断自己是否需要职业咨询

如果你对自己的职业方向感到迷茫或不确定，咨询师可以帮助你明确自己的兴趣、能力和价值观，并提供可能的职业选择。

（1）对当前工作的满意度低：如果你对当前的工作感到不满意或在工作中不快乐，你可能需要职业咨询师帮助你确定问题的根源并探索其他可能的职业道路。

（2）职业转型：如果你正在考虑改变职业方向，但不确定如何着手或转向哪里，咨询可能会有所帮助。

（3）难以作出职业决策：如果你在面临职业选择时感到焦虑或犹豫，咨询师可以提供决策工具和策略。

（4）缺乏职业自信：如果你对自己的职业能力感到不自信，咨询师可以帮助你认识自己的优势和建立信心。

（5）工作与生活的平衡问题：如果你觉得工作和私人生活之间的界限模糊，或难以处理两者之间的冲突，咨询师可以为你提供策略和工具。

（6）职业发展停滞：如果你觉得自己的职业发展停滞，或需要更多的挑战和机会，咨询师可以提供策略和建议。

（7）工作关系问题：如果你在与同事或上司的交往中遇到问题，咨询师可以提供沟通和冲突解决的策略。

（8）准备退休：如果你正在考虑退休，但不确定这是合适的决定或想了解如何过渡到退休生活，咨询可能会有所帮助。

（9）需要职业资源和工具：如果你需要寻找有关行业、公司或职位的信息，或者需要帮助准备简历和面试，职业咨询也可以提供帮助。

不过，也有些人可能不需要职业咨询。如果你对自己的职业道路和目标有明确的认识，能够独立地解决职业问题，并且已经拥有丰富的资源和人脉网络，那么职业咨询的需求可能会减少。但即使是这样，时不时进行职业咨询也可以为你提供新的视角和建议。

28 如何处理工作中的道德问题

处理工作中的道德问题往往复杂且具有挑战性，因为道德问题可能涉及个人信仰、公司文化、法律规定等多个方面。以下是处理职场道德问题的一些建议。

（1）明确自己的价值观：你需要清楚自己的道德底线和价值观。这可以为你提供在面对道德困境时的指导原则。

（2）收集信息：确保你了解情况的所有细节。仔细调查发生的事情，确保你不是基于错误的信息或误解作出决策。

（3）寻求意见：和信赖的同事、朋友或导师讨论你的顾虑。他们可能为你提供一个不同的视角或有助于你看清楚问题的实质。

（4）考虑长期后果：想象一下，如果你采取某一行动，可能的长期影响是什么。这不仅包括对公司的影响，还有对你自己职业和个人生活的影响。

（5）与上级或人力资源部门沟通：如果你认为某一行为违反了公司的道德标准或政策，与上级或人力资源部门沟通是个好方法，他们可能能为你提供指导或解决方案。

（6）考虑公司文化：公司的文化和价值观是如何看待这种道德问题的？如果公司文化支持不道德的行为，那么你可能需要考虑是否想继续在这样的环境中工作。

（7）寻求外部指导：有时，外部的职业顾问、心理医生或法律专家可以提供宝贵的建议，帮助你更好地处理道德问题。

（8）准备面对后果：无论你的决定是什么，都要为可能的后果做好准备。这可能包括与上级、同事或公司产生矛盾，甚至可能需要寻找新的工作。

（9）学会说"不"：如果你坚信某件事是错误的，学会拒绝是很重要的。保持真实、坚定，并确保你的决定基于正确的原因。

（10）不断学习：参加工作坊、阅读书籍或考虑接受进一步的教育，这些都可以帮助你更好地处理工作中的道德问题。

记住，面对道德困境时，最重要的是保持真实、坚持自己的信仰，并确保为自己的行动负责。

29 如果对现在的工作感到无聊或不满意，应该怎么做

如果你对当前的工作感到无聊或不满意，这是一个需要深入思考并采取行动的信号。以下建议可以帮助你处理这种情况。

（1）自我反思：问问自己，是什么使你感到不满或无聊？是日常工作的重复性、缺乏挑战、与同事的关系，还是公司的文化和价值观？确定具体原因将帮助你找到解决方案。

（2）与上司沟通：如果可能的话，安排与上司的面谈，诚实地讨论你的感受。上司可能调整你的工作职责、提供新的项目或培训机会，或者给予有关如何发展职业生涯的建议。

（3）设定新的挑战：考虑为自己设定新的目标和挑战，以增加工作中的动力和参与感。

（4）继续学习：考虑参加进修课程或工作坊，增强你的技能和知识，让工作变得更有趣。

（5）求职咨询：考虑咨询职业规划师或心理顾问，他们可能会为你提供新的视角和建议，帮助你更好地应对目前的挑战。

（6）网络连接：加入行业团体或参加会议和研讨会。与同行交流可以为你提供新的视角和思考方式，或许还能发现新的工作机会。

（7）考虑转职：如果你已经做了一切尝试，但仍然感到不满意，那么是时候考虑寻找一个更符合你兴趣和价值观的新工作了。

（8）关注个人福祉：确保你有足够的休息和休闲时间来平衡工作。有时，我们对工作的不满可能是由于其他生活方面的压力，如健康、家庭或社交压力所引起。

（9）考虑工作的整体意义：有时回归到工作的初衷，思考你工作的目的和你为社会所作的贡献，可以帮助你重新找到动力。

在面对工作的不满时，最重要的是采取积极的态度，寻找可能的解决方案，而不是陷入消极和无力感中。每个人在职业生涯中都可能经历这样的时期，关键是如何应对并从中成长。

30 应该选择一个高收入的职业还是真正热爱的职业

这是一个非常常见但个性化的问题，答案因人而异。在决策之前，你需要权衡以下因素。

（1）生活需求：如果你有沉重的经济负担，例如负担家庭、房贷或其他债务，那么短期内选择高收入的职业可能更有意义。一旦稳定下来，你可以再考虑追求自己的兴趣。

（2）长期满足感：虽然高收入可能带来短期的满足感，但长期从事自己不喜欢的工作可能会让你感到疲惫和不满。另一方面，从事你热爱的职业可能会带给你更多的职业满足感和持久的动力。

（3）热情与收入的平衡：某些情况下，你可能会发现，随着在你热爱的领域中的成长和经验的积累，收入也会逐渐增长。

（4）转行的可能性：如果你选择了一个高收入的职业但后来发现它不是你真正热爱的，你是否有机会和资源转行？同样，如果你选择了一个你热爱的低收入职业，是否有机会再寻找更高收入的工作？

（5）个人价值观：有些人认为成功和幸福的标准是收入和物质，而有些人则认为追求热情和有意义的工作更重要。你需要了解自己真正的价值观。

（6）生活质量：高收入职业可能伴随着更大的工作压力和长时间的工作。这可能会影响到你的健康、家庭和社交生活。应当考虑你的生活质量与收入之间的平衡。

（7）未来的发展：思考这两种选择对你未来的影响。例如，选择一个热爱的职业，即使开始时收入不高，可考虑是否有长期的增长和发展潜力？

无论你的选择是什么，重要的是确保你对决策有充分的了解和反思，而不是受到外部压力或短期利益的驱使。可能的话，咨询职业规划师、心理咨询师或信赖的家人和朋友，他们可以为你提供有价值的见解和建议。

31 如何评估一个工作机会的潜力和价值

评估一个工作机会的潜力和价值是一个综合性的过程，涉及多个方面的考虑。以下是一些建议和步骤，帮助你进行这样的评估。

（1）公司的声誉和稳定性：考察公司在行业中的地位、市场份额，以及与竞争对手的关系。

查阅公司的财务报告和新闻报道，了解其经济状况和前景。

在网上查找关于公司的评价和反馈，特别是来自前员工或当前员工的评价。

（2）工作内容和职责：考虑这个角色是否与你的长期职业目标相符。

确定这项工作是否能够让你学习和发展新的技能。

了解工作的日常职责，确保这是你想要做的。

（3）晋升机会：询问公司的晋升机制和历史记录，了解在这个职位上的前景。

考虑公司的大小、结构和文化，这些都可能影响晋升的速度和机会。

（4）工资和福利：确定工资是否符合行业和地区的标准。

了解其他福利，如健康保险、退休金、股票选择权、奖金和其他补偿。

（5）工作环境和文化：在面试过程中，注意办公环境和员工的互动方式。

询问公司的价值观、使命和目标，以及如何实现这些目标。

考虑你是否能适应并欣赏这种文化。

（6）工作与生活的平衡：考虑工作时间、工作地点、出差的频率等因素。

询问公司对于远程工作、弹性工作时间等的规定。

（7）培训和发展机会：了解公司是否提供培训和持续教育的机会。询问是否有导师制度或其他支持新员工成长的机制。

（8）团队和直接上级：了解你将要与之合作的团队和直接上级。考虑他们的经验、背景和与你的互动方式，确定是否能与他们进行良好合作。

（9）位置和通勤：考虑工作地点是否方便，是否需要长时间通勤。考虑搬家的可能性和相关的成本。

（10）长期前景：考虑这个工作机会如何帮助你实现长期的职业目标。思考在未来几年内，这个行业和公司的发展趋势。

最后，你可以制作一张权重列表，对上述各点进行打分，帮助你更客观地评估。但记住，除了这些客观因素，你的直觉和感觉也很重要。如果你感觉某个工作机会"不对劲儿"，即使其他条件都很好，也要慎重考虑。

32 如何评估工作环境和公司文化

评估工作环境和公司文化是非常重要的，因为这会直接影响到你在工作中的满意度、工作效率和整体职业生涯。以下是一些评估工作环境和公司文化的方法。

（1）公司的使命和价值观：了解公司的使命、愿景和价值。这可以帮助你了解公司的方向、目标和它如何对待员工、客户和利益相关者。

（2）面试期间的观察：在面试过程中，观察面试官的态度、沟通风格，以及他们如何描述公司的文化。此外，注意公司的办公环境、员工之间的互动，以及工作场所的氛围。

（3）向现有或前任员工咨询：如果可能，尝试与公司的现有或前任员工交流，他们可以提供关于公司文化和工作环境的第一手信息。

（4）查看在线评价：尽管这些评价可能带有某种偏见，但它们可以为你提供一个公司文化整体印象的参考。

（5）公司的成长和发展：公司是否为员工提供职业发展和学习的机

会？这可以是培训、研讨会或提升的机会。

（6）工作生活平衡：了解公司是否鼓励工作与生活的平衡。例如，公司是否提供弹性工作时间、远程工作或其他福利？

（7）多元化和包容性：研究公司是否重视多样性和包容性。他们是否有促进不同背景、文化和经验的员工成功的项目和规定？

（8）公司的反馈文化：公司是否鼓励开放的沟通和反馈？员工是否感到他们的声音被听到并且被重视？

（9）公司的社会责任：了解公司是否参与社区服务或其他慈善活动，以及如何对待环境和社会问题。

（10）加入公司的社交活动：如果有机会，参加公司的社交活动或团队建设活动，以更加深入地了解其文化和工作环境。

（11）直接询问：在面试中，不妨直接询问有关公司文化和工作环境的问题。这既可以显示你对公司的兴趣，也可以帮助你获得更多的信息。

最后，记住每个人的需求和期望都是不同的，因此，在评估工作环境和公司文化时，要确保它们与你的价值观和目标相匹配。

33 我应该在多大程度上参考父母和亲友的职业建议

参考父母和亲友的职业建议是一个常见的情况，但也是一个需要谨慎考虑的问题。他们的建议通常基于关心和爱意，但可能并不总是与你的个人兴趣和目标完全一致。以下是一些建议，帮助你分析应该在多大程度上参考他们的建议。

（1）了解他们的出发点：了解他们建议的动机。通常，父母和亲友出于对你的关心和希望你能够成功而给出建议。

（2）考虑他们的经验：他们的经验和知识可能在某些领域非常丰富，针对这些领域的建议可能更有价值。然而，在其他领域，特别是关于新兴行业或技能，他们可能不那么熟悉。

（3）与自己的目标和兴趣对照：确保你已经清晰地定义了自己的职

业目标和兴趣，并与他们的建议进行对比。如果这些建议与你的目标不一致，需要进行深入的思考。

（4）寻求多方面的建议：除了父母和亲友的建议，也可以咨询职业顾问、导师或同行，以获得更广泛和多样化的观点。

（5）避免受到过多的压力：尽管来自家人的期望可能会产生压力，但你应该为自己的职业生涯作出决策，而不是基于他人的期望。

（6）与他们沟通：如果你觉得他们的建议与你的想法不符，坦诚地与他们沟通你的看法和决策的原因。他们可能会更加理解并支持你的选择。

（7）保持开放的态度：即使你不同意他们的建议，也要尊重并感谢他们的关心。同时，保持开放的心态，因为他们可能会提供一些你没有考虑到的观点。

（8）最终决策权在你：不论收到多少建议，最终的决策都应该基于你自己的判断和对未来的愿景。

总之，当参考父母和亲友的职业建议时，要权衡各种意见，确保这些建议与你的职业目标和兴趣相一致，同时也要保持与他们的良好沟通。

34　如何调整自己的态度和期待以适应职场环境

调整自己的态度和期待以适应职场环境是一个不断进行的过程。职场和学校环境有很大的区别，尤其是在沟通方式、工作节奏和团队合作方式上。以下是一些建议，帮助你更好地适应职场。

（1）开放心态：职场和学术环境有时存在显著的差异。接受这一事实，并对新事物持开放态度，愿意学习和适应。

（2）设定合理期望：刚开始工作时，你可能不会立刻负责重大项目或扮演核心角色。给自己时间逐步了解并熟悉工作内容和公司文化。

（3）积极沟通：当你遇到不明白或不确定的事情时，主动寻求答案，与同事、上司进行沟通。这不仅能帮助你更快地适应新环境，还能展现你的主动性和团队合作精神。

（4）寻求反馈：定期与上司或导师沟通，询问自己的表现，寻求反馈，这有助于你了解自己在哪些地方需要改进。

（5）持续学习：职场是一个快速发展、不断变化的环境。投资于自己，不断学习新的技能和知识，使自己始终保持竞争力。

（6）调整心态，学会放手：有时，你可能会遇到与你的想法或工作风格不同的人。在这种情况下，学会调整自己的期待，理解不同的人有不同的工作方法，而且这并不意味着他们的方法是错误的。

（7）保持耐心和冷静：面对压力和挑战时，保持冷静，寻找解决方案，而不是陷入焦虑。

（8）建立人际关系：建立和同事的关系，不仅可以帮助你更好地了解工作环境，还可以为你在职场上提供支持和帮助。

（9）维护工作与生活的平衡：工作重要，但别忘了给自己一些休息和放松的时间，以养精蓄锐，保持工作热情。

（10）重视自己的情感和健康：如果你感到过度的压力或不快乐，不要害怕寻求帮助，无论是和上司、同事沟通，还是寻求专业的心理咨询。

适应职场环境需要时间，但通过积极的态度、开放的心态和持续的学习，你可以更快地适应并在职场上取得成功。

35 如何看待职场中的竞争

职场竞争是不可避免的，它存在于几乎所有的行业和领域。对于竞争的看法和应对方式，会直接影响到你的职业发展和心态健康。以下是一些建议，可以帮助你更积极地看待并应对职场中的竞争。

（1）正面看待竞争：理解竞争不仅仅是为了超过他人。它也是一个激励你不断进步、挑战自己的机会。正面的竞争可以提高整体工作效率，促使团队和个人追求卓越。

（2）关注自己的成长：而不是过多地与他人比较。每个人的职业道路和成长速度都是不同的，过分地关注他人可能会使你感到沮丧或焦虑。

（3）与同事建立良好的关系：而不是将他们视为敌人。良性竞争可以建立在互相尊重和协作的基础上，这样可以促进团队合作，提高整体成果。

（4）诚实、公正地竞争：避免参与不健康、不正当的竞争手段，如诽谤、陷害他人等。长此以往，这些行为会损害你的声誉和人际关系。

（5）持续学习和自我提升：保持对新技能和知识的渴望，这不仅可以提高你在竞争中的地位，还可以帮助你适应不断变化的工作环境。

（6）寻求反馈：了解自己的优点和需要改进的地方，这可以帮助你明确发展方向，更好地与他人竞争。

（7）学会应对失败：竞争意味着有时你会是赢家，有时则不是。学会从失败中吸取教训，避免重蹈覆辙。

（8）设定明确目标：知道自己想要什么，然后为之努力。这样，你不会在竞争中迷失方向，可以更加明确和有效地追求目标。

（9）保持平衡的心态：不要让竞争成为生活的全部。保持工作与生活的平衡，给自己时间放松和充电。

（10）寻求指导和支持：如果你感到在职场竞争中压力过大，可以寻求导师或同事的建议和支持，或者考虑求助于职业咨询师。

总之，竞争是职场的一部分，关键在于如何看待和应对。以正确的态度和策略参与竞争，你不仅可以在职场上取得成功，还可以保持健康的心态和高质量的人际关系。

36 如何看待工作与个人价值观的冲突

当工作与个人价值观产生冲突时，可能会导致心理压力大、对工作不满和职业不满足感。在处理这种冲突时，以下建议可能对你有所帮助。

（1）明确你的价值观：你需要清楚地知道自己的价值观是什么。这可以通过自我反思、咨询或进行相关的心理测试来确定。

（2）分析冲突的原因：分析冲突的具体原因是什么。是公司的文化、工作内容，还是与某个特定的同事或上司之间的关系？

（3）与上级或人力资源部门沟通：分享你的感受，看是否可以找到解决冲突的方法。有时候，对方可能并没有意识到这个问题，而一旦知道，他们可能会提供帮助或进行调整。

（4）考虑是否可以作出妥协：有些情况下，你可能可以找到一个方法来平衡你的价值观和工作要求。但这需要你真正去思考这种妥协是否可以接受，以及长期来看是否可行。

（5）寻找支持：与信任的朋友、家人或导师讨论你的感受，他们可能会提供不同的观点和建议。有时，有一个倾诉的渠道也会有所帮助。

（6）考虑寻找新的工作机会：如果你发现这种冲突无法解决，并且对你产生了持续的负面影响，那么是时候考虑寻找一个与你的价值观更为匹配的工作了。

（7）增强自己的心理韧性：学习应对策略，帮助自己在面对压力和冲突时保持冷静和有控制感。

（8）持续自我发展：随着时间的推移，你的价值观、目标和需要可能会发生变化。定期进行自我评估，并根据需要调整你的职业道路。

总的来说，如何应对工作与个人价值观的冲突是一个需要深思熟虑的问题。重要的是你要确保自己的幸福和满足感，而不应为了工作而牺牲自己的信仰和价值观。

37 如何应对职业生涯中的不公平待遇

面对职业生涯中的不公平待遇，先要保持冷静和理智。下面是一些建议，帮助你有效应对这种情况。

（1）确保了解全局：在作出反应之前，确保你了解所有的事实和背景信息。有时，情境可能不像你认为的那样。通过与相关人员交流，你可以得到更全面的了解。

（2）寻求第三方意见：与信任的同事、导师或家人朋友讨论你的处境，他们可能为你提供不同的观点或策略建议。

（3）与上级或人力资源部门沟通：如果你确定自己遭受了不公平的待遇，你应该在合适的时机与你的上级或人力资源部门进行沟通，明确和具体地陈述你的观点和理由。

（4）保持专业态度：即使面对不公平的待遇，也要确保自己在工作中表现出专业和高效的态度。你的专业表现可能会改变他人的看法。

（5）了解公司制度和相关法律：了解你所在地的劳动法律和公司的相关制度，这样你可以知道自己的权利和应得的待遇。

（6）记录和保存证据：如果你认为自己受到了不公平的待遇，可以记录相关的事情，并保存任何可能的证据，如电子邮件、会议记录或与其他同事的交流记录。

（7）寻求外部帮助：如果情况严重到需要法律干涉，你可能需要寻求律师的帮助。此外，许多地区都有工会或其他组织，可以为你提供帮助和建议。

（8）考虑转换工作环境：如果你发现当前的工作环境持续不公或有害，考虑是否有其他的工作机会或公司可以为你提供更好的环境和待遇。

（9）持续个人发展：通过继续学习和增强自己的技能，你可以提高自己在职场上的价值和竞争力，从而减少因能力被低估而遭受的不公平待遇。

（10）寻求心理支持：职场的不公平待遇可能导致心理压力。考虑寻求心理咨询师或心理医生的帮助，以帮助你应对这种压力。

面对职业生涯中的不公平待遇，最重要的是，不要被这种待遇定义自己的价值。保持自信，了解自己的能力和价值，并不断为自己的权利发声。

38 在职业规划中，如何权衡短期利益与长期发展

在职业规划中，短期利益和长期发展之间的权衡是一个核心问题。作决策时，需要综合考虑以下因素来找到最佳平衡点。

（1）明确你的核心目标：你的长期职业目标是什么。你希望在5年、10年后达到什么职位？有了明确的长期目标，你就能更好地评估短期决

策与这些目标之间的关系。

（2）识别短期机会的真实价值：短期机会（如高薪的职位、快速晋升等）可能非常诱人，但你需要确定这些机会是否会帮助你实现长期目标，或是否会分散你的注意力和资源。

（3）了解行业和市场趋势：有时，某些行业和技能在短期内非常热门，但可能不具备长期的持续性。了解你所在行业的长期前景和市场动态，可以帮助你作出更有远见的决策。

（4）投资于自己的学习和发展：即使某项工作为你带来了丰厚的短期回报，你也需要考虑个人的长期成长。持续学习和培养关键技能，以确保自己在职业生涯中保持竞争力。

（5）考虑生活和工作的平衡：短期的工作机会可能需要你付出更多的时间和精力，这可能会影响你的健康、家庭和社交生活。确保你的决策不仅基于经济因素，还考虑到了生活的其他方面。

（6）咨询他人的建议：与导师、同事、行业专家或职业规划顾问交流，听取他们的意见和建议，这可以帮助你从不同的角度看待问题，作出更全面的决策。

（7）灵活调整策略：职业生涯是一个持续的过程，随着时间的推移，你的目标和价值观可能会发生变化。时常回顾并调整你的决策，确保它们仍然符合你的长期目标。

最后，权衡短期利益和长期发展的关键在于，你需要认真思考、作出明智的决策，并为自己的选择负责。每个人的职业生涯和人生目标都是独特的，因此最终的决策应该基于你的个人情况和价值观。

39　怎样才能提高领导才能和管理技能

（1）主动学习：阅读关于领导力和管理的书籍、文章。考虑参加在线课程、工作坊或培训班，这些都可以帮助你获取新的知识和技能。

（2）领导实践：不需要等到成为经理或领导者才开始实践。即使你是团队中的一员,也可以担任领导者的角色,比如协助团队解决问题或协调团队活动。

(3)寻求反馈:定期从同事、下属或上级那里获取关于你管理和领导方式的反馈。这将帮助你了解自己的长处和需要改进的地方。

(4)寻找导师或教练:寻找一个经验丰富的导师,他/她可以为你提供宝贵的建议、指导和支持。

(5)提高沟通能力:有效的领导需要出色的沟通能力。练习倾听、提问、解释和说服,这些都是作为一名领导者必备的沟通技巧。

(6)培养情绪智慧:了解和管理自己的情绪,以及识别和回应他人的情绪,对于建立健康的工作关系至关重要。

(7)参与团队项目:参与或领导团队项目能够为你提供宝贵的实践机会,使你了解团队动态,更加有效地领导团队。

(8)设定明确的目标:为自己设定明确、可衡量的目标,并时常检查进度。这将帮助你保持动力并集中注意力。

(9)建立网络:与其他领导者建立联系、分享经验,学习他们的领导和管理方法。

(10)持续反思:思考你的领导和管理风格,这将帮助你认识到自己的弱点,并找到改进的方法。

(11)培养道德和伦理观念:明确自己的价值观和道德标准,并确保在领导和管理中始终如一地遵循。

(12)迎接挑战:将面临的困难和挑战视为学习和成长的机会。

结合学习、实践和反思,你可以逐渐发展和完善自己的领导才能和管理技能。

40　如何在职业规划中平衡个人成长与对社会的贡献

(1)自我反思:思考你的职业目标和价值观。问自己:我希望在职业生涯中达到什么目标?我如何定义个人成长和对社会的贡献?

（2）设定目标：将你的职业目标分为短期目标和长期目标，确保其中包括旨在增进个人成长和为社会作出贡献的目标。

（3）选择有意义的工作：寻找能同时满足你的职业成长和对社会贡献的机会。这可能是在非营利组织、社会企业或其他致力于积极社会变革的公司。

（4）持续学习：不断地学习和更新你的技能，这不仅能促进个人成长，还能帮助你为社会作出更大的贡献。

（5）参与社区活动：加入志愿者活动或其他社区服务项目。这样可以直接为社会作出贡献，同时也有助于个人的成长和职业网络的拓展。

（6）终身学习：鼓励自己持续关注行业发展和社会趋势，确保你的职业发展路径与时俱进。

（7）建立网络：与志同道合的人建立联系，他们可以为你提供资源、建议和机会，帮助你在职业生涯中实现个人与社会的双重目标。

（8）时间管理：确保你为个人成长和对社会的贡献分配合适的时间，保持生活和工作的平衡。

（9）经常评估：定期检查自己的职业发展路径，确保你在个人成长和对社会的贡献之间保持良好的平衡。

（10）寻求导师指导：一个经验丰富的导师可以为你提供宝贵的指导，帮助你在职业规划中找到个人和社会之间的平衡。

每个人对于个人成长和对社会的贡献的定义都是不同的，重要的是找到一种方式，让这两者在你的职业生涯中和谐共存。

41 如何利用实习经验来指导职业决策

（1）自我反思：你喜欢实习中的哪些工作？不喜欢哪些工作？在哪些任务或项目中你觉得自己表现得最为出色？你希望将来的工作环境是怎样的？

（2）技能和兴趣定位：根据实习中所学，确定你的核心技能和兴趣点。

考虑你希望在未来的工作中使用哪些技能或进一步发展哪些兴趣？

（3）行业和职业了解：判断你是否喜欢实习所在的行业或部门。

考虑你是否可以在此行业或其他行业找到更匹配你兴趣和技能的工作？

（4）网络建设：利用实习期间建立的人际关系，为未来求职打下基础。

向同事、上级或其他实习生询问他们的职业经验和建议。

（5）收集反馈：定期向上级或导师寻求反馈，了解你的表现和改进空间。

考虑哪些建议可以用来指导你的职业决策。

（6）职业规划：结合实习经验，设定短期和长期的职业目标。

考虑下一步是否需要进一步的教育、培训或其他实习经验。

（7）利用实习资源：许多公司为实习生提供职业发展的培训和资源，如工作坊、研讨会等。积极参与可以帮助你作出更明智的职业选择。

（8）总结实习经验：实习结束后，写下你的经验、所学技能、成就和感受。这可以帮助你在面试或制作简历时有更具体的内容，并为你的职业决策提供参考。

利用实习经验来指导职业决策是一个持续的过程，不是一次性的任务。随着时间的推移，你可能会发现自己的兴趣和目标在不断变化。无论如何，实习经验为你提供了宝贵的第一手资料，帮助你了解自己，并为未来的职业生涯作出更明智的决策。

42 如何根据自己的职业目标选择合适的继续教育和培训

选择合适的继续教育和培训是职业发展的重要一步。以下是根据职业目标选择继续教育和培训的建议。

（1）明确职业目标：你需要清晰地知道自己的长期和短期职业目标是什么。是希望获得某个特定职位、进入某个新行业，还是提高现有职位的专业水平？

（2）了解所需技能和资质：调查你的目标职业或行业需要哪些技能和资质。

与已经在该领域工作的人交流，了解他们认为哪些教育和培训最有价值。

（3）评估自己的当前状态：与理想的职业目标相比，确定自己目前缺少哪些技能和知识。

（4）研究培训和教育机会：查找与你的职业目标相关的课程、证书项目、研讨会或工作坊。

考虑与专业组织或协会合作，因为他们往往会提供与行业最新动态相关的培训。

（5）考虑时间和资金：根据你的时间和经济状况，确定哪些培训或教育机会是可行的。

有些培训可能需要较长时间的承诺，而有些则可以在线或在短时间内完成。

（6）考虑教育和培训的质量：选择声誉良好的教育机构和培训提供者。

查阅课程评价，与曾经参加过的学员交流，了解他们的反馈。

（7）长期规划：继续教育应成为你职业发展的一部分，即使你已经达到了某个职业目标，也应该继续关注行业动态，了解新的技能需求。

（8）实施和评估：在完成培训或教育后，尝试将所学应用到实际工作中。定期评估自己的进展和效果，看是否需要进一步的培训或教育。

选择继续教育和培训时，不仅要根据当前的职业需求，还要考虑自己未来的发展方向。培训和教育是为了帮助你更好地实现职业目标，所以要始终以你的职业目标为指导，选择最有助于你实现这些目标的机会。

43 如何看待和处理职业生涯中的机遇与风险

在职业生涯中，机遇和风险总是相伴而行。正确评估并处理它们是职业成功的关键。以下是一些建议，帮助你看待和处理职业生涯中的机遇与风险。

（1）对自己有清晰的了解：了解自己的长处、短处、兴趣和职业目标。这会帮助你更好地评估哪些机遇适合你，哪些风险你能够承受。

（2）进行全面的研究：在抓住机遇或决策之前，确保你了解所有相关的信息。这涉及与业内专家、前辈或同行交谈，或者查阅相关资料。

（3）设定风险容忍度：了解自己对风险的容忍度。这不仅与你的个性有关，还与你当前的生活阶段、家庭、财务状况等因素有关。

（4）制订Plan B：总是准备一个预案。如果事情没有按照预期发展，你需要有一个明确的策略来调整方向。

（5）不害怕失败：记住，每一次失败都是一次宝贵的经验。失败可以为你提供教训，帮助你在未来作出更好的决策。

（6）保持灵活性：职业环境和市场需求总是在变化。保持开放的心态，并随时准备调整你的策略。

（7）定期评估：定期审查自己的职业目标和路径。确保你所追求的机遇仍与你的长期目标一致，并且风险是可接受的。

最后，机遇和风险是职业生涯的一部分。面对它们时，有策略、有准备、有勇气并保持积极的态度，这样你就能更好地为自己的未来铺路。

44 如何培养创新和解决问题的能力

培养创新和解决问题的能力对于个人和职业发展都是非常重要的。以下是一些建议，帮助你培养这两种能力。

（1）跳出舒适区：尝试新的任务、项目或挑战，这将强迫你以新的方式思考和解决问题。

（2）批判性思考：深入探讨其背后的逻辑和原因。分析信息，考虑其来源、有效性和相关性。

（3）团队合作：与来自不同背景和专业的人合作。他们可能有与你不同的观点和方法，这有助于你看到问题的不同方面。

（4）练习创意思维技巧：如头脑风暴、思维导图或六顶思考帽等方法，都可以帮助你开展创意思考。

（5）接受反馈：当你提出一个创意或解决方案时，听取他人的反馈和批评，并据此调整。

（6）培养观察能力：注意身边的事物，尝试从不同的角度看问题，这可以激发新的思路和观点。

（7）定期自我反思：花时间思考你如何思考。检查你的思考过程，看看是否存在偏见或是习惯性的思考模式。

（8）管理风险：创新和解决问题有时需要冒一些风险。学会如何评估、接受和管理这些风险，以避免过度害怕失败。

（9）练习、实践：就像其他技能一样，创新和解决问题的能力也需要通过实践来锻炼和提高。

（10）保持开放心态：跨领域学习，吸收不同领域的知识，经常会带来意想不到的联想和灵感。

最后，要有耐心。这两种能力不是一蹴而就的，需要时间、努力和持续的实践。每次失败都是一个学习机会，所以不要害怕失败，它会使你更强大。

45　如何在职业生涯中克服职业焦虑和不安

职业焦虑和不安是许多人在职业生涯中都会遇到的情绪挑战。这些情绪可能源于对未知的担忧、对失败的害怕、工作压力、与同事的关系问题等多种原因。以下是一些建议，帮助你克服职业生涯中的焦虑和不安。

（1）认识和接受自己的情感：承认和接受你的情感。尝试理解你的焦虑来源，这样可以更有针对性地处理它。

（2）制订职业目标：明确你的职业目标和方向可以减少因不确定性

引起的焦虑。

（3）保持学习和适应：定期学习新的技能和知识，保持对行业趋势的了解，这样你会感到更有掌控感。

（4）建立支持网络：与你的同事、家人和朋友分享你的担忧和焦虑，他们可能会提供另一个视角或者通过简单的倾听，帮助你缓解压力。

（5）管理工作压力：学习压力管理技巧，例如冥想、锻炼或定期休息。

（6）职业咨询：考虑咨询职业顾问或心理医生。他们可以为你提供专业的建议和技巧来处理职业生涯中的挑战。

（7）保持身体健康：有规律的锻炼、健康的饮食和充足的睡眠都可以帮助你更好地应对压力和焦虑。

（8）避免过度比较：每个人的职业路径都是独特的。避免与他人过度比较，专注于你自己的成长和发展。

（9）学会说"不"：确保你的工作负载是可管理的，不要害怕在必要时拒绝额外的任务或责任。

（10）制订长期和短期计划：计划可以帮助你看到大局，并给你一个明确的方向，减少不确定性。

（11）不断的自我反思：定期评估自己的情感、工作满意度和职业目标。自我了解是克服焦虑的关键。

（12）面对恐惧：不要拒绝做你害怕的事情。面对它们，逐渐挑战自己，这样你可以建立信心并减少相关的焦虑。

（13）保持乐观和开放心态：尝试用积极的方式看待工作中的挑战，把它们看作是成长的机会。

职业焦虑和不安是正常的，但它们不应该支配你的生活或职业选择。通过上述建议，你可以学会管理这些情绪，为自己创造更加积极和满足的职业生活。

46 如何评估一个工作的职业发展前景和晋升机会

评估一个工作的职业发展前景和晋升机会是一个重要的步骤，特别是对于那些希望长期在某个公司或行业发展的人来说。以下是一些建议和步骤来帮助你进行评估。

（1）研究公司历史：查看公司过去几年的增长情况，了解其在行业中的地位和声誉。一个规模稳定并持续增长的公司通常会为员工提供更多的晋升机会。

（2）询问公司的晋升政策：在面试或与人力资源部门交谈时，直接询问公司的晋升政策、晋升速度及通常需要多少时间才能晋升到更高的职位。

（3）了解员工流动情况：了解员工的平均任职时间、流失率和晋升速度。这些数据可以帮助你评估公司是否真的为员工提供了良好的职业发展机会。

（4）与当前或前任员工交流：与公司的员工进行交谈，了解他们的职业发展经历和感受。他们的经验可以为你提供宝贵的参考。

（5）了解培训和发展机会：一个提供频繁培训和学习机会的公司更有可能关注员工的职业发展。确保公司有制度化的培训计划和个人发展机会。

（6）考虑行业趋势：除了具体的公司，还要考虑整个行业的发展趋势。某些行业，如科技和健康护理，可能在未来有更多的职业发展机会。

（7）了解公司的业务模式和结构：大型、层次分明的公司可能有更明确的职业晋升路径。而在小公司或初创公司，你可能需要更加灵活地为自己创造晋升机会。

（8）观察公司文化和价值观：一个注重员工发展和满足员工职业期望的公司文化可能更有助于你的职业发展。

（9）考虑地理位置：如果你考虑在其他城市或国家发展，了解这些地方的职业机会和晋升速度也很重要。

（10）明确你的职业目标：确保你清楚地知道自己想要什么，这样你才能更有针对性地评估某个工作或公司是否能帮助你实现这些目标。

记住，职业发展不仅仅是晋升。对于某些人来说，它可能意味着获得更多的学习机会、更具挑战性的任务或更满意的工作内容。因此，在评估职业发展前景时，确保考虑到你个人的价值观和职业目标。

47 选择大公司还是创业公司

选择大公司还是创业公司取决于你的职业目标、工作风格、职业发展期望及对工作稳定性和风险的接受程度。以下是选择大公司和创业公司时需要考虑的因素。

（1）大公司的优点

稳定：大公司通常比创业公司更稳定，员工福利和工资也可能更好。

培训和发展：大公司通常有完善的培训体系和职业发展路径。

品牌声誉：大公司的工作经验可能更受认可。

（2）大公司的缺点

缺乏灵活性：大公司往往结构复杂，决策流程可能较慢。

官僚作风：可能会遇到更多的办公室政治，层级制度较严格。

（3）创业公司的优点

更大的责任和挑战：团队规模较小，你可能需要承担更多的工作。

更快的成长：面临的挑战更多，但也提供了更多的学习和成长机会。

工作文化和灵活性：创业公司往往文化更为开放，工作时间和地点也可能更灵活。

股权激励：很多创业公司提供股权作为激励，如果公司成长壮大，你可以获得可观的回报。

（4）创业公司的缺点

风险较高：创业公司的失败率较高，可能导致职业发展不稳定。

工作强度较大：由于资源和人手可能相对较少，你需要工作更长时间。

福利可能较差：初创公司可能无法提供与大公司相当的福利。

（5）在作出决策时，考虑以下问题

你的职业目标是什么？

你更喜欢稳定还是快速成长？

你能接受多大的职业风险？

你希望在工作中扮演什么样的角色？

怎样选择没有固定的答案，适合他人的可能不适合你。最重要的是了解自己，根据自己的需求和期望作出明智的决策。

48 如何处理面试中的难题

面试中的难题可能会考验你的思维、经验、个性或对公司的了解。处理这些问题时，要展现出你的逻辑思维、判断力和沟通技巧。以下是处理面试中难题的一些建议。

（1）冷静思考：当被问到一个难题时，先深呼吸，然后花几秒钟的时间来思考你的答案。即使你知道答案，稍微停顿一下也可以帮助你组织语言。

（2）不怕提出要求：如果你不确定问题的意思，不要害怕询问面试官，要求他们再次解释或提供更多的背景信息。

（3）使用"STAR"技巧：当回答关于你经验的问题时，使用"STAR"技巧——描述情境（Situation）、任务（Task）、行动（Action）和结果（Result）。

（4）承认不知道的事情：如果你真的不知道答案，诚实地承认它，但强调你的学习能力和解决未知问题的方法。

（5）将问题转化为机会：使用难题来展现你的经验、知识或看待事物的方式。例如，如果被问及你的失败经验，除了描述失败，更重要的是强调你从中学到了什么。

（6）练习常见的难题：虽然每次面试的问题都可能不同，但练习常见的难题可以帮助你准备好应对各种情况。

（7）保持积极的态度：即使问题很难或触及你的敏感点，也要保持冷静和专业。展现出你能够在压力下保持冷静和有条理的思维。

（8）给出具体例子：当描述你的经验或技能时，给出具体的例子可以让你的答案更有说服力。

（9）避免负面言论：即使是谈论前雇主或同事，也尽量避免说出负面的评论。

（10）准备回答个人问题：虽然在许多国家/地区，根据法律对候选人的年龄、婚姻状况、家庭状况等进行询问是不合适的，但这些问题仍然可能出现。预先考虑如何婉转地回答或转移话题是明智的。

（11）结束时向面试官询问问题：这不仅可以展现你对公司的兴趣，还可以稍微转移对之前没回答好问题的注意力。

面试是双方的了解过程，所以，即使你遇到了难题，也不要过于紧张或担忧。主要是展现出你的性格、经验和与公司的契合度。

49　我的期望薪资应该是多少

期望薪资不是一个一成不变的答案，因为它会受到多种因素的影响。以下是一些建议，帮助你确定自己的期望薪资。

（1）行业调查：查找你所在行业或特定职位的平均薪资。有很多App，如领英、脉脉、小红书等，可以提供这方面的信息。

（2）地理位置：同样的职位在不同地区的薪资可能会有很大差异。例如，生活成本高的城市可能提供更高的薪资。

（3）经验和教育：根据你的工作经验、教育背景和持有的证书来调整你的期望薪资。

（4）公司规模：大型公司可能提供更高的薪资和更多的福利，而小公司或初创公司可能提供较低的起薪但有股权或其他激励。

（5）其他福利：考虑其他非货币形式的福利，如医疗保险、年假、股票选择权、绩效奖金、退休计划等。这些福利可能会影响你的总体薪资。

（6）当前薪资：你目前的薪资是一个参考点，但不应该是唯一的决定因素。特别是当你改变职业轨迹或职责时。

（7）市场需求：某些技能和经验可能特别稀缺，并且在市场上非常受欢迎，这可能会为你带来更高的薪资。

（8）个人需求：考虑你的生活费用、未来的财务目标和其他个人情况。

（9）谈判空间：确定一个你愿意接受的最低薪资范围，并预期雇主可能会进行谈判。这样，在谈判时你就有更大的空间。

（10）职业发展：如果某个职位提供的薪资不高，但有很好的晋升机会或学习机会，可能会值得考虑。

在与潜在雇主谈判薪资时，自信但不傲慢，并准备好支持你期望薪资的证据或理由。

50　如何处理与上司的关系

与上司建立和维护良好关系是职场成功的关键。以下是一些建议，帮助你处理与上司的关系。

（1）开放沟通：与上司保持开放、诚实和透明的沟通。定期更新工作进度，确保他/她了解你的工作状况。

（2）了解期望：明确了解上司对你的期望和工作要求，这样你可以确保满足或超越这些期望。

（3）主动承担责任：当出现问题时，主动承认错误，提出解决方法，避免推卸责任。

（4）提供解决方案：当你提出问题或挑战时，最好也提供可能的解决方案，这表明你是一个解决问题的人，而不仅仅是指出问题的人。

（5）尊重和礼貌：尊重上司的决策和意见，即使你不同意。保持专业态度，避免在职场上发表负面评论。

（6）主动请教：当你遇到困难或需要帮助时，主动寻求上司的建议和指导。

（7）信任与可靠性：确保你的工作质量和完成时效，这样上司可以信任你，知道他/她可以依赖你。

（8）积极参与：参与团队活动和公司活动，表现出你对公司和团队的关心和热情。

（9）持续学习：不断提升自己的技能和知识，使自己在职场上更有价值。

（10）为上司减轻压力：考虑上司的工作负担和压力，尽量减少麻烦。

（11）诚实反馈：当上司征求意见或反馈时，提供诚实和建设性的意见。

（12）建立个人关系：了解上司的兴趣、家庭和背景，但也要避免过度亲近，保持适当的界限。

（13）保持职业性：即使在非正式的场合，也要保持职业性和尊重，避免涉及过于私人的话题。

与上司建立良好的关系需要时间和努力，但如果你投入了时间和精力，这将为你的职业生涯带来巨大的好处。

51 如何处理职业生涯中的转折点

职业生涯中的转折点可能是自愿的选择，如决定重新学习、转行或创业；也可能是外部因素导致的，如遭遇裁员、公司破产或其他不可预测的市场变化。无论转折点是如何产生的，有效地处理它们是非常关键的。以下一些建议可以帮助你处理职业生涯中的转折点。

（1）深入反思：花时间思考你真正想要的是什么。这可能涉及你的长期职业目标、工作与生活的平衡及你所重视的价值观。

（2）咨询他人：与家人、朋友、导师或职业顾问交谈，听取他们的看法。他们可能会提供一个不同的视角或提出你没有考虑到的方案。

（3）调研与学习：你如果正在考虑转行或进入一个新领域，就要确保对这个领域进行充分的调研。这可能包括读书、在线学习或参加相关的研讨会和培训。

（4）制订计划：确定一个明确的行动计划，包括短期和长期的目标。这可以帮助你保持方向，并度量你的进步。

（5）灵活应变：在面对转折点时，保持开放和灵活的心态是关键。你可能需要调整计划，或对新的机会保持开放的状态。

（6）准备经济支持：转折点可能涉及收入的变动或不稳定。确保你有足够的储备或支持，以应对这些不确定性。

（7）保持积极态度：尽管转折点可能带来不确定性和压力，但积极的态度可以帮助你更好地应对挑战。

（8）利用网络资源：连接与你有相同经历或目标的人。他们可以提供资源、建议或仅仅是一个理解你处境的聆听者。

（9）接受挑战：把转折点看作一个学习和成长的机会，而不是一个障碍。

记住，每个决策都不是最终的。如果你发现自己的选择不适合你，那么你总是可以再次评估和调整。处理职业生涯的转折点需要勇气、决策力和策略性思考。记住，每一个成功的人都会面临转折点，关键是如何有效地应对，并从中学习和成长。

52 如何看待跳槽

跳槽，即从一个公司或职位转到另一个公司或职位，是现代职业生涯中的常见现象。对于是否跳槽和如何看待跳槽，以下是一些建议和考虑因素。

（1）跳槽的正面影响

职业成长：跳槽可能为你提供更好的晋升机会和职业发展路径。

薪资和福利：跳槽可能会让你得到更高的工资或更好的福利。

学习新技能：新的工作环境可能会提供学习和发展新技能的机会。

工作与生活平衡：新的工作可能更能满足你的个人和家庭需求。

（2）跳槽的负面影响

不稳定性：频繁跳槽可能使你在简历上显得不稳定，一些雇主可能会因此对你产生疑虑。

失去长期福利：在某些公司，长期工作可能会带来额外的福利，如股票、退休计划或奖金。

文化和团队适应：每次跳槽都可能需要适应新的公司文化和团队。

（3）跳槽的考虑因素

对现有工作的满意度：即你是否对目前的工作和工作环境感到满意。

职业目标：即新的机会是否能帮助你更接近你的长期职业目标。

公司和行业的前景：即新公司和行业是否有持续增长和稳定的前景。

家庭和个人因素：即新的工作机会是否符合你的家庭和个人需求。

（4）在决定跳槽之前的建议

深入研究：对潜在的新公司或行业进行深入的研究。

与信任的人讨论：与家人、朋友或职业导师讨论你的考虑和决策。

谨慎决策：除非你完全确定，否则不要匆忙决策。

（5）跳槽后的建议

快速适应：花时间了解新公司的文化和工作方式。

建立人际关系：与新同事建立积极的关系，这对于你在新公司的成功至关重要。

总之，跳槽是一个重要的职业决策，需要综合考虑多个因素。确保你作出的决策是基于你的长期职业目标和个人需求，而不仅仅是短期利益。

53 如何看待工作和人生的意义

工作和人生的意义是一个深奥而且经常被讨论的话题。不同的人可能会有不同的看法，这取决于他们的生活经验、信仰、价值观，以及他们所处的文化和社会背景。以下是一些关于工作和人生意义的通用观点和思考。

（1）工作的意义

生计：对于许多人来说，工作是赚钱的手段，确保基本生活需求的满足。

自我实现：工作也可以是实现自我价值、追求梦想和展现才华的平台。

社会贡献：通过工作，人们可以为社会、组织或他人创造价值。

身份认同：对于一些人，他们的职业成为他们身份的重要部分。

人际关系：工作场所经常是建立和维持社交关系的地方。

（2）人生的意义

个人追求：每个人对人生的意义都有自己的解读，这可能基于他们的兴趣、激情或生命目标。

文化和宗教：许多人从他们的文化或宗教信仰中寻找人生的意义。

人际关系：对许多人来说，与家人、朋友和其他亲近的人建立深厚的关系是人生的重要组成部分。

生命的循环：成长、学习、经历不同的生活阶段和面对生活的起起落落也为人生赋予意义。

（3）工作与人生的平衡

尽管工作是人生的一部分，但它不应该完全定义或控制一个人的生活。找到工作与个人生活之间的平衡是很多人追求的目标。了解并确立自己的优先级和价值观可以帮助找到这种平衡。

（4）不断的探索

人生意义的探索是一个持续的过程。随着生活经验的增加，人们对工作和人生的意义可能会有新的认识和理解。

总的来说，思考工作和人生的意义是一个深层次的个人探索过程。这需要时间、反思和开放心态。同时，与他人分享和讨论这些话题也可以帮助我们更好地理解自己和他人对这些问题的看法。

54 如何处理职场中的性别歧视

职场性别歧视是一个全球性的问题，它可能会影响员工的职业发展、薪酬和工作满意度。对于受到性别歧视的员工，这是一个特别困难和敏感的问题。以下是一些建议，旨在帮助你应对和解决职场中的性别歧视。

（1）沟通反馈：在感受到被歧视时，尝试冷静地表达自己的感受，告诉对方他们的言行是不恰当的，并解释原因。

（2）详细记录：将所有与性别歧视相关的事件、对话和邮件进行详细记录。确保记录日期、时间、地点、涉及的人及具体的情况。这些记录可能会在以后的法律程序或与上级沟通时提供帮助。

（3）寻求支持：和值得信赖的同事或上级分享你的感受和经历，他们可能可以提供支持或建议。还可以考虑加入企业的性别平等和多元化小组寻求帮助。

（4）了解你的权利：了解本地、州或国家关于性别歧视的法律和政策。许多公司也有反歧视和骚扰政策，确保你知道并了解这些政策。

（5）提出正式投诉：如果私下沟通没有效果，应考虑向人力资源部或上级提出正式投诉。根据公司的政策和程序，以正式的方式提出投诉，并提供你之前记录的证据。

（6）考虑外部资源：联系律师或相关的工会，了解你的权利和相应的法律程序。或与非政府组织或性别平等倡导组织联系，获取支持和建议。

（7）照顾自己的心理健康：职场歧视可能会导致情绪困扰，寻求心理咨询或与心理医生沟通可能有助于你处理这些情绪。

（8）权衡利弊：面对职场歧视，你可能需要权衡利弊，考虑是否需要寻找一个更加包容和平等的工作环境，以利于自己的职业发展和心理健康。

（9）成为变革的一部分：在能力允许范围内，参与或组织关于性别平等和多元化的讨论和培训，帮助提高同事们对职场歧视的认识和理解。

面对性别歧视时，每个人的反应和策略都可能不同。最重要的是确保自己的安全和健康，并尽量采取积极的方法来处理这些问题。

55 如何提高自己的时间管理和效率

提高时间管理和效率是一个长期的过程，需要不断练习和调整。以下是一些建议，帮助你提高时间管理和效率。

（1）设定明确的目标：了解你的长期和短期目标，这可以帮助你确定优先级和分配时间。

（2）制订计划：使用日历、计划表或待办事项列表来安排你一天、一周甚至一个月的任务。为重要的任务设定截止日期。

（3）设定优先级：判断哪些任务是最重要的，哪些任务是次要的，并据此分配时间。

（4）时间块管理：将你的一天分为不同的时间块，每个时间块专注于一个特定的任务或一组相关的任务。

（5）避免多任务处理：尽量避免同时进行多个任务，因为这通常会降低效率和质量。

（6）设定限制：为每个任务设定一个时间限制，以避免过度完美主义和无休止地工作。

（7）定期休息：工作一段时间后，记得休息一下。这不仅可以帮助你放松，还可以提高你的工作效率。

（8）去除干扰：关掉手机通知、社交媒体等可能的干扰源，创建一个有助于集中精力的工作环境。

（9）学会说"不"：如果一个任务或活动与你的目标和优先事项不符，就要学会拒绝。

（10）定期评估：定期查看你的时间管理策略，看看哪些有效、哪些需要改进。

（11）使用工具：使用如番茄钟、锁屏管理等工具来帮助你管理任务和时间。

（12）分解大任务：将大任务分解成小的、可管理的部分，这样可以使它们更容易完成。

（13）避免拖延：对于容易拖延的任务，可以使用像"番茄工作法"这样的技巧来帮助你开始。

（14）设定奖励：完成任务后，给自己一些奖励，如休息一下、喝杯咖啡或做些其他任何可以激励你的事。

提高时间管理和效率是一个持续的过程，需要耐心和努力，不断地评估自己的习惯，调整策略，并确保你的工作方式与你的目标和优先事项相一致。

56 如何确定职业方向以与人工智能技术发展趋势相匹配

确定你的职业方向是否与未来的人工智能（以下简称AI）技术发展趋势相匹配，可以通过以下几个步骤来进行。

（1）了解AI技术的发展趋势和应用领域：可以通过阅读相关的文章、报告和新闻，了解AI技术当前的应用领域和未来的发展趋势。还应关注AI技术在不同行业，比如在医疗、金融、教育、制造业等领域的应用情况。

（2）评估自己的兴趣和强项：分析自己的兴趣、技能和优势，考虑它们如何与AI技术的应用或发展相关联。如果你对技术感兴趣，还可以考虑学习AI技术相关的编程语言或工具。如果你更倾向于管理或应用层面，可以考虑学习AI技术项目管理或行业特定的AI技术应用。

（3）参加相关课程和讲座：报名参加有关AI技术的课程、研讨会或网络研讨会，以获取更专业的知识和见解。这些活动也可以帮助你建立职业网络，了解行业内的最新动态。

（4）咨询专业人士：寻求在AI技术领域工作的专业人士的建议，了解他们的工作经验和对未来趋势的看法。还可以通过职业指导服务、校友网络或行业会议来接触这些专家。

（5）参与实践项目或实习：通过参与相关的实践项目或实习机会，你可以亲身体验AI技术的应用。这将有助于你更好地理解AI技术在实际工作中的应用，以及它如何影响不同的职业。

（6）持续跟踪行业发展：定期跟踪AI技术和相关行业的最新发展，了解新兴的职业机会和技能需求。还可以订阅相关的行业杂志、博客或新闻源，保持信息的更新。

通过上述步骤，你可以更全面地了解AI技术的发展趋势，评估自己的兴趣和技能如何与这些趋势相匹配，从而作出更明智的职业规划决策。

57 我学的专业未来是否可能因为AI技术的发展而变得不再重要或过时

判断你所学专业在未来是否可能因为AI技术的发展而变得不再重要或过时，需要考虑以下几个方面。

（1）专业的核心技能和知识：分析你的专业核心技能和知识是否容易被AI技术替代。例如，一些基于重复性和标准化流程的工作更容易被自动化。考虑你的专业是否涉及创造性思维、复杂人际互动或其他难以由AI技术完全替代的技能。

（2）专业的适应性和灵活性：评估你的专业是否具有适应新技术的灵活性。一些专业可能会随着技术的发展而演变，而不是完全过时。考虑专业领域内是否存在继续学习和适应新技术的机会。

（3）行业趋势和需求：调查你所在行业的趋势，了解AI技术是如何被应用的，以及这些变化如何影响行业需求。还应关注行业内的创新和变革，了解未来可能出现的新职业机会。

（4）技能的转移性：考虑你的专业技能是否具有跨行业应用的潜力。许多技能，如分析能力、解决问题的能力等，是可以在多个领域中运用的。考虑发展那些与AI技术结合的补充技能，如数据分析、用户体验设计等。

（5）持续学习和适应：无论你的专业未来如何发展，持续学习和适应新技术始终是关键。你可以考虑定期参加工作坊、在线课程或获得相关证书，以保持你的技能和知识的更新。

（6）专业指导和咨询：与行业专家、职业顾问或校友交流，获取他们对你专业未来发展的看法。或参加职业规划研讨会或行业会议，拓宽你的视野。

记住，技术的发展往往带来新的机遇，即使某些专业的某些方面可能因AI而发生变化，也总会有新的领域和专业技能需求的出现。关键在于你应始终保持适应性和学习意愿，不断更新自己的技能集。

58 如果我的专业领域受到AI技术的冲击，我该如何转型或提升自己以保持竞争力

如果你的专业领域受到AI技术的冲击，以下是一些转型或提升自己以保持竞争力的策略。

（1）学习AI和相关技术：了解AI技术的基础知识，包括机器学习、数据分析等。这可以帮助你理解AI技术如何影响你的专业领域。考虑参加相关的在线课程或研讨会，以提升对AI技术的了解。

（2）发展补充技能：根据你的专业背景，考虑发展与AI相关的补充技能。例如，如果你是市场营销方面的专家，那么学习数据分析和数字营销可能对你会很有帮助。加强你的创造性思维和问题解决技能，这些是AI难以替代的领域。

（3）跨学科学习：探索你的专业领域与AI技术结合的可能性，如在医疗、金融、教育等领域应用AI技术。考虑学习与你专业相关的其他学科知识，以拓宽你的技能和知识范围。

（4）获取实践经验：寻找机会在实际项目中应用AI技术，比如参与相关的实习、项目或研究工作，通过实际应用提升对AI技术的理解和运用能力。

（5）建立职业网络：加入专业组织或参加行业会议，与同行建立联系，了解行业的最新动态和技术发展，通过职业网络了解哪些技能在行

业中需求最大。

（6）持续教育和认证：考虑参加进修课程或获取专业证书，以提升你的资历和专业技能。许多行业组织也提供与AI技术相关的专业发展课程和认证。

（7）适应性和灵活性：保持你对新技术和行业变化的开放态度，适应变化。准备好调整你的职业路径，以适应新兴的工作机会和市场需求。

通过上述策略，你可以有效地适应AI技术对你专业领域的影响，不断提升自己的技能和知识，保持在职业竞争中的优势。

59 如何在大学期间就开始准备，使自己适应未来由AI技术主导的工作环境

在大学期间开始准备自己适应未来由AI技术主导的工作环境是一个明智的选择，以下是一些具体的策略。

（1）学习AI技术和相关领域的基础知识：选修与AI技术相关的课程，如数据科学、机器学习、计算机视觉或自然语言处理等。参加在线课程或工作坊，如通过Coursera、edX等平台学习AI技术相关的课程。

（2）参与实践项目和研究：加入校内的研究项目，特别是那些涉及AI技术的项目。利用机会参与实际的AI技术项目，如通过校内外的实习、比赛或创业项目。

（3）开发技术技能：学习编程语言（如Python），这是许多AI技术应用和研究的基础。了解和使用AI技术相关的工具和平台。

（4）加强软技能：发展批判性思维、创造力和解决问题的能力，这些技能在AI技术时代尤为重要。还要提升你的沟通和团队合作技能，这对跨学科项目非常关键。

（5）跟踪行业动态：定期阅读有关AI技术的最新新闻、文章和研究报告，了解行业发展和趋势。关注AI技术在不同行业中的应用，如金融、医疗、教育等。

（6）建立专业网络：参加AI技术和相关领域的会议、研讨会和行业聚会。或加入相关的学生组织或专业团体，与同行交流和学习。

（7）探索跨学科学习：考虑如何将AI技术应用到你的专业领域，例如，如果你学习营销，可以探索AI技术在消费者行为分析中的应用。考虑选修跨学科课程，以了解AI技术如何与其他领域结合。

通过上述方法，你可以在大学期间为适应未来AI技术主导的工作环境打下坚实的基础，无论你主修的专业是什么，你都能够在这场技术变革中找到自己的定位。

60 如何平衡学习专业知识和了解 AI 等新技术的需要

平衡学习专业知识和了解AI等新技术的需要，可以通过以下几个策略实现。

（1）整合课程学习：尝试在你的专业学习中找到与AI技术相关的内容或联系。例如，如果你学习的是金融，那么可以探索AI技术在金融分析中的应用。选修一些既能强化你专业知识又能涉猎AI技术的课程。

（2）时间管理：制订一个有效的时间管理计划，合理分配学习专业知识和探索AI技术的时间。使用时间管理工具或应用程序来帮助你跟踪和规划你的学习时间。

（3）项目和实践经验：参与跨学科的项目或实习，这些机会可以同时提供专业知识和AI技术的实践经验。利用学校项目、比赛或实习机会，你也可以实际应用所学的专业知识和AI技术。

（4）自主学习：可以利用网络资源进行自学，例如通过在线课程平台学习AI技术相关课程。阅读最新的科技新闻、专业文章和行业报告，以保持对AI技术领域的最新认识。

（5）求助于导师或顾问：可以寻求学术导师或职业顾问的建议，他们可能会提供有关如何有效整合专业学习和新技术探索的建议。加入相关的学术俱乐部或团体，与有相似兴趣的同学交流。

（6）灵活调整学习计划：根据你的学习进度和兴趣，灵活调整对专业知识和 AI 技术的学习重点。同时，保持对学习计划的定期评估和调整，以确保你能有效地学习和适应。

（7）保持好奇心和开放态度：对学习新技术持开放态度，保持对新知识的好奇心，接受不断学习的心态，这对于适应快速发展的技术环境至关重要。

通过上述策略，你可以更有效地整合专业学习和对 AI 等新技术的了解，从而在未来的职业生涯中保持竞争力和适应性。

61 在寻找实习和工作机会时，我该如何展示自己在 AI 领域的知识和技能

在寻找实习和工作机会时，有效展示自己在 AI 领域的知识和技能是至关重要的。以下一些策略可以帮助你有效地展示这些技能。

（1）准备详细的简历和求职信：在简历中突出你在 AI 领域的相关课程、项目、实习或任何特殊成就。在求职信中强调你对 AI 技术的兴趣和热情，以及你如何将这些知识应用到未来工作中。

（2）创建作品集或项目展示：如果有可能，创建一个在线作品集，展示你在 AI 技术领域完成的项目，如编程项目、数据分析报告或研究论文。其中应包含具体的项目描述、使用的技术、所取得的成果，以及任何相关的链接或演示。

（3）获取相关认证和技能标签：考虑获得 AI 技术相关领域的认证，如通过专业的在线课程或培训机构。在简历中明确标出这些认证，增加你的专业性和可信度。

（4）强调实际应用能力：在面试中准备一些案例，说明你是如何在实际项目中应用 AI 技术知识解决问题的。同时，陈述你在项目中的具体角色、所面临的挑战和你如何克服这些挑战。

（5）展示持续学习的态度：强调你对学习新 AI 技术和趋势的热情，

以及你如何保持技能的最新状态，并说明你计划如何在未来继续发展这些技能。

（6）为相关的面试题做准备：在面试之前要对相关问题做面试作答准备，包括对一些有关AI的技术问题和案例的分析。还应为讨论AI技术如何影响你所申请的行业或职位等问题提前做好答题准备。

（7）网络建立和推广：可以在专业网络和社交媒体上分享你的AI项目和学习经历。参加相关的行业会议或研讨会，建立职业联系，扩展你的专业网络。

通过上述方法，你不仅能够有效地展示你的AI技能和知识，还能表现出你对未来职业生涯的热情和坚持。这将大大增加你在职场上的吸引力和竞争力。

62 我是否需要学习编程或数据分析等技能

是否需要学习编程或数据分析等技能以适应未来的AI技术应用，取决于你的职业目标和兴趣领域。以下是一些考虑因素。

（1）职业目标：如果你打算进入技术密集型的行业或从事与AI技术直接相关的工作，如数据科学家、AI研发工程师等，学习编程和数据分析将是必要的。如果你的目标是在非技术领域工作，但希望能理解和应用AI技术，那么基础的编程知识和数据分析能力可能仍然非常有用。

（2）行业需求：即评估你所在或感兴趣的行业对AI技术的需求。许多行业，如医疗、金融、营销等，正越来越多地应用AI技术，即使是非技术岗位也可能受益于对这些技术的基本理解。

（3）个人兴趣和能力：考虑你是否对编程、数据分析或AI技术感兴趣。如果你对这些领域有强烈的兴趣，那么学习这些技能将更有动力和成就感。考虑你的学习风格和能力是否适合这些技术领域的要求。

（4）职业灵活性和适应性：在快速变化的工作环境中，具备多样化的技能集通常被视为一大优势。学习编程和数据分析可以增加你的职业灵活性和市场适应性。这些技能能帮助你更好地理解技术发展，即使你不直接从事技术工作。

（5）资源和时间投入：考虑你是否有足够的时间和资源来学习这些技能。如编程和数据分析都需要投入相当的时间和努力才能掌握。

（6）未来技能的预测：关注就业市场的趋势，了解未来哪些技能可能成为标配。即使你目前不需要这些技能，未来它可能也会成为重要资产。

总的来说，即使你不打算成为一个程序员或数据科学家，学习编程和数据分析的基础也可能对你的职业发展有益，特别是在一个越来越多依赖技术的世界里。

63 面对快速变化的技术环境，如何制订一个灵活且实用的职业发展计划

在快速变化的技术环境中制订一个灵活且实用的职业发展计划，需要综合考虑当前技术趋势、个人兴趣、职业目标，以及持续学习的必要性。以下是一些步骤和建议。

（1）了解行业趋势：跟踪技术发展，特别是对你感兴趣的行业或领域的影响。这包括了解哪些技能正在变得重要，以及未来可能出现的新职业机会。你还可以订阅行业相关的杂志、博客或新闻，参加行业会议和研讨会。

（2）自我评估：首先，评估你的兴趣、强项及职业愿景。其次，考虑你对工作的期望，如创造性、稳定性、工作与生活的平衡等。最后，确定你愿意为达成职业目标投入多少时间和资源。

（3）制订短期和长期目标：设定短期目标（如1~2年）和长期目标（如5年或更长时间），确保这些目标具体、可衡量，并与你的职业兴趣和行业趋势相符合。

（4）制订灵活的行动计划：为达成这些目标，须制订一个实际可行

的行动计划，包括所需的学习路径、技能提升、实习经验或任何其他必要步骤。同时，保持计划的灵活性，以便根据行业变化和个人情况进行调整。

（5）持续学习和技能提升：参加持续教育，无论是通过正规课程、在线学习还是职业培训。学习新技能，特别是那些在多个行业中都有需求的通用技能，如数据分析、项目管理等。

（6）建立职业网络：建立和维护专业网络，这不仅可以提供职业机会，也能帮助你了解行业动态和发展趋势。参加行业活动，与同行交流，则可以建立有价值的联系。

（7）适时评估和调整：定期评估你的职业发展进程，确认是否需要根据市场变化或个人兴趣调整计划。对遇到的挑战保持开放态度，并准备好根据情况进行调整。

（8）心理准备和适应性：对职业发展保持积极乐观的态度，同时准备好面对变化和迎接挑战。同时，提高适应性，对新技术和变化保持开放和好奇的心态。

通过上述步骤，你可以制订一个既具灵活性又实用的职业发展计划，帮助你在快速变化的技术环境中保持竞争力和适应性。

64 如何处理与 AI 相关的职业选择所带来的不确定性和焦虑

处理与 AI 技术相关的职业选择所带来的不确定性和焦虑是一个复杂的过程，但以下几个步骤可以帮助你应对这些挑战。

（1）教育和学习：持续学习是应对 AI 时代的关键。了解 AI 技术的基础知识，以及它如何影响你的行业。这不仅可以帮助你适应变化，还可以让你在职业规划中更加主动。

（2）技能提升：专注于提升那些 AI 技术难以替代的技能，如创造性思维、人际交往能力、批判性思维和问题解决能力。这些"软技能"在未来的工作市场中将非常宝贵。

（3）灵活适应：保持开放和适应性强的态度。随着AI的发展，很多行业都在发生变化，因此灵活地适应新角色和新技术是非常重要的。

（4）网络和社区：加入相关的专业网络和社区，与同行交流。这不仅能帮助您了解行业动态，还能在职业转变时提供支持和机会。

（5）心理健康管理：面对职业不确定性时，保持心理健康是至关重要的。可以尝试冥想、锻炼或咨询心理健康专家来缓解压力和焦虑。

（6）职业规划：定期评估和调整你的职业规划。考虑你的长期职业目标，以及如何利用AI技术作为达成这些目标的工具，而不是视其为障碍。

（7）实践和项目参与：如果可能，参与与AI技术相关的实践项目。这可以帮助你直接了解AI技术是如何工作的，以及它如何被应用于实际场景中。

记住，变化总是带来机遇。通过积极应对，你可以将AI带来的挑战转化为个人和职业成长的机会。

65 如何确保我所学习的技能不会在未来几年内被AI取代

确保你所学习的技能不会在未来几年内被AI取代，关键在于专注于那些即使在AI高度发展的情况下仍然重要和独特的技能。以下是一些策略。

（1）强调人类独有的技能：集中于提高那些机器难以模仿的技能，如创造性思维能力、情感智力、同理心、道德判断力和批判性思维能力。这些技能在很多职业中都至关重要，尤其是那些要求深层次人际互动和复杂决策的职业。

（2）适应性学习：培养持续学习和适应新技术的能力，不断更新你的知识库和技能组合，以适应快速变化的工作环境和技术进步。

（3）跨学科学习：结合你的核心技能来学习其他相关领域的知识。例如，如果你是一名程序员，你可能会想学习一些关于人工智能伦理的知识，这可以帮助你在AI的设计和实施中发挥重要作用。

（4）技术理解：即使你的职业重点不在技术上，了解基本的AI和机器学习原理也是有益的。这样可以帮助你更好地理解这些技术如何影响你的工作和行业。

（5）软技能：学习提高沟通、团队合作和领导能力，这些"人际"技能在工作场所始终受到重视，而且不太可能被自动化技术取代。

（6）创新和创造性：培养你的创新思维能力和解决问题的能力。无论技术如何发展，创新和创造性总是被高度重视的。

（7）行业专业知识：深入了解你所在行业的特定知识。专业知识通常需要深入理解特定领域的复杂性，这是AI短期内难以完全掌握的。

（8）灵活性和适应性：准备好适应变化，并愿意接受新的挑战。在不断变化的工作环境中，能够快速适应新情况的人将会更有优势。

总之，专注于提升你的独特人类技能，同时保持对新技术的开放态度和学习能力，这可以帮助你确保在未来的职业生涯中保持竞争力。

66 我应该在何处寻找有关AI对未来工作影响的可靠信息和资源

寻找有关AI对未来工作影响的可靠信息和资源时，以下是一些推荐的途径和资源类型。

（1）学术期刊和研究报告：访问学术数据库，如在万方、知网等网站查找关于AI及其对劳动市场影响的研究论文。查看顶尖大学和研究机构发布的研究报告，如麻省理工学院、斯坦福大学或牛津互联网研究所。

（2）专业出版物和新闻网站：阅读科技和商业新闻网站，关注AI技术的最新发展及其对工作的潜在影响。订阅相关行业的杂志和公众号。

（3）在线课程和教育资源：在线教育平台，如慕课、网易云课堂等提供了有关AI、机器学习和未来工作趋势的课程。许多顶尖大学也提供相关的公开课程和讲座。

（4）政府和国际组织报告：关注世界经济论坛（World Economic Forum）、国际劳工组织（ILO）、OECD等机构发布的报告，这些报告通常包含关于AI对全球劳动力市场的深入分析。还可以研究中央政府或地方政府发布的未来工作趋势报告。

（5）专业网络和会议：可以参加行业会议和研讨会，如AI领域的国际会议或行业特定的会议。加入专业网络和在线论坛，与行业专家和同行交流。

（6）书籍：阅读由知名专家和学者撰写的关于AI和未来工作的书籍，许多书籍还提供了对AI如何改变不同行业和职业的深刻见解。

（7）社交媒体和博客：关注AI领域的专家和思想领袖在领英、微博等社交媒体上的讨论。阅读行业领袖和专家的博客，他们经常分享对AI未来趋势的见解和预测。

记住，虽然这些资源可以提供宝贵的信息，但也要保持批判性思维，因为AI和未来工作的预测可能会因技术进步和市场变化而快速变化。

67 哪些AI相关的技能对职业发展最为关键

判断哪些AI相关的技能对你的职业发展最为关键，可以遵循以下步骤。

（1）职业目标分析：明确你的长期职业目标，思考你希望在哪个领域或角色中成长，以及AI在这些领域中的应用。考虑你的职业兴趣和强项，选择与你的兴趣和强项相匹配的AI技能会更加有效。

（2）行业需求研究：调查你所在行业或希望进入的行业对AI技能的需求，了解哪些AI技能在你的行业中最受欢迎和需求最高。关注行业趋势。通过阅读行业报告、参加专业会议和研讨会来了解未来可能的技术发展趋势。

（3）技能间隙分析：对比你当前的技能和目标职位或行业所需的技能，识别出需要发展的关键AI技能。这可能包括技术技能（如机器学习、数据分析、编程语言）和非技术技能（如AI伦理、项目管理、跨学科沟通）。

（4）教育和培训资源调查：寻找提供相关AI技能培训的在线课程、大学课程或专业研讨会。还可以考虑取得相关证书或学位，这些可能会在你的简历中增加竞争力。

（5）网络和社区参与：加入AI相关的专业网络和社区。这些网络不仅可以提供学习资源，还能让你了解行业内对特定技能的需求和看法。通过与行业专家和同行交流，了解他们认为哪些AI技能对职业发展最为关键。

（6）实践经验获取：可以通过实际项目或工作经验来应用和发展AI技能。实践经验是评估和加强技能的有效方式。考虑参与实习、志愿项目或个人项目，这些都是获取实践经验的好方法。

（7）持续评估和调整：随着职业生涯的发展和技术的进步，定期评估你的技能集合，并根据需要进行调整。保持对新技术和行业趋势的关注，以便及时更新你的技能。

通过这些步骤，你可以更有针对性地确定哪些AI相关技能对你的职业发展最为重要，并据此制订相应的学习和发展计划。

68 在未来的就业市场中，我如何证明自己比AI更有优势

在未来的就业市场中，证明你比AI更有优势，关键在于突出个人独特的技能和特质，以及如何有效地与AI技术协作。以下是一些策略。

（1）强调人类独有的"软技能"：突出你的创造性思维能力、情感智力、同理心、道德判断能力和批判性思维能力。这些是AI难以完全复制的技能。展示你在团队合作、领导力、冲突解决和人际交往方面的能力。

（2）终身学习和适应性：证明你具有持续学习和适应新技术的能力。在快速变化的工作环境中，能够快速适应并持续更新技能的人才更有价值。展示你如何学习新技能和掌握新工具，尤其是与 AI 和数字技术相关的技能。

（3）批判性思维和问题解决能力：展示你分析复杂问题、提出创新解决方案和进行批判性思维的能力。AI 可能提供数据和模式识别，但人类在解释这些数据和应用于复杂情境中更为娴熟。

（4）人机协作能力：展示你如何有效地与 AI 和自动化工具协作。这包括理解 AI 的优势和限制，以及如何将 AI 作为工作的一部分。

（5）强调人际交往和沟通能力：人际交往和沟通能力对于大多数职业来说都是核心要素，AI 在这方面的能力相对有限。展示你在跨文化沟通、团队协作和客户互动中的优势。

（6）展示你的独特经验和视角：每个人都有独特的生活经历和视角，这影响了他们解决问题和创新的方式。这种个性化是 AI 无法完全复制的。在你的工作和项目中体现你的独特视角和经验。

（7）展示你对行业的深入理解：深入理解你所在行业的特定知识和动态。虽然 AI 可以处理数据，但对行业趋势、文化的深刻理解仍然是人类的优势。

（8）道德和伦理判断：在做决策时展示你的道德和伦理考虑。AI 可能在道德和伦理方面存在局限，而这些是在商业和社会环境中非常重要的考量因素。

通过上述策略，你可以在未来的就业市场中展现自己的独特价值，证明即使在 AI 普及的时代，你的能力和特质仍然不可或缺。

69 对于非技术专业的我来说，是否有必要了解 AI 和机器学习的基本概念

对于非技术专业的人来说，了解 AI 和机器学习的基本概念确实是有

益的，即使你不打算直接在这些领域工作。以下方面因素可以说明这样做是有价值的。

（1）普遍影响：AI和机器学习正在变革各个行业，从医疗保健到金融，从教育到媒体。了解这些技术的基本原理可以帮助你更好地理解它们如何影响你的领域。

（2）提高就业竞争力：即使你的工作不直接涉及AI或机器学习，对这些领域有基本的了解也可能成为你简历上的一个优势。它表明你对当前的技术趋势有所了解并且具备适应未来变化的能力。

（3）更好地决策：随着AI在多个领域的应用日益增多，对其有基本了解的非技术专业人士更能作出明智的决策，无论是评估AI工具的潜在价值，还是理解其对业务策略的影响。

（4）沟通桥梁：作为非技术专业人士，了解AI的基础知识可以帮助你与技术团队更有效地沟通，特别是在涉及技术解决方案的项目中。

（5）伦理和社会影响：AI和机器学习的决策可能会对社会和道德产生重大影响。了解这些技术的基础知识可以帮助你在讨论和评估这些影响时发挥作用。

（6）创新和创造力：对AI的基本了解可以激发新的创意，使你能够在自己的领域内提出创新的解决方案。

（7）个人发展：学习新技术是个人和职业发展的重要组成部分，它可以帮助你保持好奇心和学习欲，这对于适应快速变化的工作环境至关重要。

综上所述，即使是非技术专业的人士，了解AI和机器学习的基本概念也是有价值的，它可以帮助你更好地理解和适应这个快速发展和不断变化的技术世界。

70 未来职业的哪些方面可能会因AI而发生根本性改变，该如何为此做准备

AI的发展将对未来的职业生涯产生深远的影响，影响的方面包括工

作性质、技能需求、工作环境、职业发展路径，以及伦理和社会责任的变化等。为了应对这些变化，你可以采取以下几种策略来做好准备。

（1）工作性质的变化

自动化和优化：很多重复性和例行性的任务可能会被AI自动化取代。了解哪些方面的工作可能受到影响，并且思考如何将你的角色定位为更加战略性和创造性的工作。

准备学习新技能：随着工作性质的改变，新的技能需求会出现。为此，你可以投资于终身学习和培训，以便适应新的技能需求。

（2）技能需求的变化

软技能：在AI越来越多地执行技术任务的时代，人类的软技能如创造力、批判性思维、情感智力和人际交往能力将变得更为重要。

AI和数字技能：即使不是技术专业人士，了解基本的AI和数字技术知识也会对你的职业生涯有所帮助。

（3）工作环境的变化

远程工作和灵活工作安排：AI和数字化工具的发展可能会使远程工作和灵活的工作安排成为常态。为此，你应适应这种工作模式，并提高在数字环境中高效工作的能力。

跨学科团队合作：你可能需要与来自不同背景的人员（包括AI系统和机器学习专家）合作，并培养跨学科合作和沟通的能力。

（4）职业发展路径的变化

职业转型和重新定位：随着某些职位因AI而消失或改变，应考虑转型到其他领域或职位，并对你的职业发展路径保持开放和灵活的态度。

持续职业规划：定期评估你的职业目标和计划，确保它们与当前市场的需求和趋势相匹配。

（5）伦理和社会责任的变化

AI伦理：了解AI伦理的基本原则，特别是如果你的工作涉及使用或管理AI系统。

社会责任：考虑你的工作如何影响社会和环境，特别是在AI带来快速变化的背景下。

准备未来的职业生涯，关键在于保持适应性、不断学习新技能，并对AI和数字化趋势保持敏感和了解。通过这样做，你可以确保无论未来职业市场如何变化，你都能保持竞争力和相关性。

71 如何跟踪并适应AI技术的快速变化，以免在未来的职业生涯中落后

跟踪并适应AI技术的快速变化是一个持续的过程，涉及多方面的努力。为了确保在未来的职业生涯中不落后，你可以采取以下策略。

（1）持续学习

参加在线课程和讲座：利用在线平台提供的课程来学习最新的AI技术和理论。

获取认证：例如学习机器学习或数据科学的课程获取相关的专业认证。

（2）关注行业动态

阅读专业出版物：定期阅读相关的书籍、期刊、博客和新闻文章。

订阅新闻简报：订阅AI与技术相关的新闻简报，以便于获取最新信息。

（3）参与专业网络和社区

加入专业组织和论坛：加入领英、知乎等平台上的AI和技术相关小组。

参加会议和研讨会：参加行业会议、研讨会和工作坊，如AI领域的年度大会。

（4）实践和实验

参与项目：尝试通过实际项目来应用你学到的AI知识，无论是工作中的项目还是个人爱好项目。

实验新工具和技术：不断尝试和评估新兴的AI工具和技术。

（5）跨学科学习

了解AI的跨领域应用：探索AI在不同领域如医疗、金融、教育等领域的应用，以扩展你的视野。

（6）提高适应性

培养适应性思维：保持开放和适应性强的态度，对新技术和变化保持好奇和接受的心态。

灵活调整职业规划：根据技术发展和行业趋势调整你的职业规划和目标。

（7）关注伦理和社会影响

学习AI伦理：了解AI技术的社会和伦理影响，这是理解AI全面影响的重要部分。

（8）建立个人品牌

分享知识和见解：通过博客、社交媒体或讲座分享你对AI领域的理解和见解，建立你作为该领域知识分子的个人品牌。

通过以上策略，你可以有效地跟踪并适应AI技术的快速变化，确保在未来的职业生涯中保持竞争力和相关性。

72 如何评价自己选择的行业在 AI 发展浪潮中的前景和风险

评估你所选择行业在AI发展浪潮中的前景和风险涉及多个方面，以下是一些关键步骤和考虑因素。

（1）行业分析

AI在行业中的应用：研究AI技术在你的行业中当前和未来可能的应用，考虑这些应用如何改善或颠覆现有的业务流程、产品服务和客户体验。

行业趋势：关注行业内的长期趋势和市场预测，特别是关于AI如何影响这些趋势的分析。

（2）风险评估

职位安全性：考虑AI和自动化技术可能对你的职位或行业内其他职位的影响。评估哪些工作可能会被自动化技术取代，以及这对你的职业发展意味着什么。

行业稳定性：评估AI引起的变化可能对整个行业的稳定性和长期生存能力产生的影响。

（3）技能需求

未来技能：确定在AI驱动的未来，哪些技能将在你的行业中变得更加重要。这可能包括技术技能、数据分析能力和软技能。

适应性学习：考虑你是否愿意并有能力适应这些变化，通过学习新技能来保持自己的竞争力。

（4）职业机会

新兴领域：探索AI技术可能在你的行业中创造的新兴领域和新职位。

创新和发展：思考AI如何为你的行业带来创新机会，并评估你如何利用这些机会推进自己的职业发展。

（5）社会和伦理影响

社会影响：考虑AI在你的行业中的应用对社会的潜在影响，包括就业、隐私和伦理问题。

可持续性：评估AI技术的应用是否促进了你的行业的可持续发展。

（6）网络和专业意见

行业网络：参与行业论坛和网络活动，听取其他专业人士对AI影响的看法和经验。

专家分析：寻找行业领袖和专家对AI未来发展的看法和建议。

（7）灵活性和适应性：评估自己适应新技术和行业变化的能力和意愿。灵活适应变化是应对AI带来挑战的关键。

通过上述步骤，你可以更全面地评估所选择行业在AI发展浪潮中的前景和风险，从而为未来的职业生涯作出更明智的决策。

73 我在大学期间应该参加哪些课外活动或项目，以提高在 AI 时代的就业竞争力

在大学期间参加课外活动或项目，以提高在AI时代的就业竞争力，

可以考虑以下几种类型的活动。

（1）技术俱乐部和工作坊：可以加入校内的编程俱乐部、数据科学小组或AI研究社团。这些俱乐部通常会举办讲座、研讨会和编程马拉松等活动。参加由企业或教育机构举办的技术工作坊，以获取实践经验并学习新技能。

（2）学术研究和项目：可以参与和AI相关的学术研究项目。许多大学教授在AI领域都有研究项目，学生可以作为研究助理参与。完成自己的独立项目，如开发一个小型AI应用或进行数据分析项目。

（3）实习和实践经验：争取在AI或相关领域的实习机会。实习经验可以为你提供宝贵的实践经验，同时帮助你建立专业网络。参与校外的夏令营或实训项目，特别是那些专注于技术和创新的项目。

（4）参加比赛和挑战：参加编程比赛或AI挑战赛，这些活动不仅能提高你的技能，还能帮助你结识志同道合的朋友和潜在的雇主。

（5）跨学科学习和项目：参与或发起跨学科项目，例如结合AI与医疗、环境科学或艺术的项目。或加入或创建学生组织，专注于探索AI在不同领域的应用。

（6）社会实践和志愿服务：加入或组织志愿活动，尤其是那些利用AI技术解决社会问题的项目，通过志愿服务来了解AI技术如何在现实世界中产生积极影响。

（7）建立个人品牌和网络：利用社交媒体和专业网络平台（如领英）分享你的项目、研究成果或对AI的见解。还可以参加相关的行业会议和研讨会，以拓展你的专业网络。

（8）终身学习和在线资源：利用在线资源参加AI相关的课程，以扩充你的知识和技能。同时，通过阅读相关书籍、博客和行业报告，关注最新的AI发展动态。

通过上述活动，你不仅可以提高技术技能，还能发展软技能，如团队合作能力、领导力和项目管理能力，这些对你未来的职业发展同样重要。

第三部分

大学生职业竞争力提升

活动手册

1 价值观

1.1 活动目的

鼓励学生明确自己的价值观，使其在面对职业选择和道德困境时能够坚持自己的原则。

1.2 活动方案

1.2.1 价值观排序游戏方案

（1）准备材料

卡片材料：选取坚固的纸或纸板作为卡片，可以是彩色的，以增加游戏的趣味性。

设计：每张卡片上都写有一个关于价值观的名词。设计形式可以简约，重点是确保文字清晰可见。

价值观选择：选择诚实、家庭、自由、安全、财富、社交、健康、知识、冒险、创新、传统、慈善、自尊、环境等有关价值观的名词，组成一套价值观卡片。

（2）游戏说明

分组：将所有学生按4~5人一组进行分组，每组学生坐在一起。

游戏目的：识别并排序你最重视的价值观。

游戏规则：给每组学生一套价值观卡片。每位学生都需要从这套卡片堆中选择他们认为最重要的5张价值观卡片，并将这些价值观卡片放在自己面前。

（3）游戏进行

学生选择完5张价值观卡片后，需要先花几分钟时间考虑这些价值观的优先顺序。然后，每位学生都需要介绍他们选择的前三个价值观是什么，并解释为什么这些价值观对他们如此重要，并分享一些与这些价值观相关的个人经历或故事。

（4）小组讨论

在小组内部，学生之间可以相互比较他们的选择，并讨论他们选择的相同之处和不同之处。学生还可以讨论当某些价值观发生冲突时，他们会如何作出决策。例如，财富与家庭之间的平衡，自由与安全之间的取舍等。

（5）全班分享

各小组挑选一名学生代表向全班分享他们小组的发现，包括小组内部成员相同的价值观选择和任何有趣的差异。

教师可以引导学生深入思考，并提出一些具有挑战性的问题，如"如果你必须舍弃其中一个价值观，你会舍弃哪一个？"或"有没有哪个价值观是你之前没有考虑过，但现在认为很重要的？"

（6）反思与总结

让学生思考这个活动为他们带来了哪些启示，以及如何将这些价值观应用到实际生活中。

教师可以简要总结，强调每个人的价值观可能会随时间变化和经验的获得而发生变化，但重要的是始终认识到这些价值观，并确保自己的决策与这些价值观相一致。

这个游戏不仅可以帮助学生认识和明确自己的价值观，还可以培养他们的沟通和交流能力，以及对他人价值观的尊重和理解。

1.2.2 角色扮演游戏方案：医疗资源的道德困境

目的：模拟真实的道德困境，培养学生在不同情境下的决策能力。

过程：为学生设计不同的角色和背景故事，让他们在特定的情境中扮演相应角色，体验情境，作出决策，如"你是一名医生，决定分配有限的医疗资源给哪个病人"等。

（1）准备材料

角色卡片：为每位学生准备一张角色卡片，上面写有角色描述、背景信息和他们在情境中的目标。

情境卡片：描述当前的道德困境，例如医院的资源有限，需要决定哪位病人优先接受治疗。

（2）角色分配

医生：必须决定如何分配医疗资源。

年轻病人：患有严重疾病，但如果得到治疗，生存概率很高。

老年病人：患有同样的疾病，但因为年纪大，即使得到治疗，生存概率也相对较低。

病人的家属：坚决认为他们的家人应该得到治疗。

医院管理员：关心医院的声誉和经济效益。

伦理顾问：为医生提供道德指导。

（3）游戏开始

分发卡片：分发角色卡片和情境卡片，确保学生理解自己的角色和当前的道德困境。

讨论：提供10～15分钟的时间，让扮演相同角色的学生讨论他们的策略和决策。

开始角色扮演：医生逐一听取每个角色的观点，然后作出决策。

（4）游戏结束后的讨论

停止角色扮演，让学生回到现实中，并讨论医生作出的决策是否正确，并说明理由。

让学生分享他们在游戏中的感受和经验，特别是与真实生活中的道德困境有关的部分。

教师可以介绍与当前情境相关的伦理理论和观点，以帮助学生更深入地思考问题。

（5）反思

学生可以写下他们从这个活动中学到的东西，以及如何吸取教训，将所学应用到实际生活中。

教师可以总结本次活动的主要观点，强调真实生活中经常会出现类似的道德困境，如何作出决策是一个需要长时间思考和实践的过程。

这个游戏可以帮助学生更深入地理解道德困境，培养他们的批判性思维和决策能力，同时也可以增强他们的同理心和团队合作能力。

1.2.3 角色扮演游戏方案：雇佣决策的道德困境

背景描述：一家公司在招聘一名新员工。有两位候选人进行最后的面试阶段。一名是刚毕业，拥有最新的技能和知识，但缺乏工作经验的大学生。另一名是一位拥有10年的相关工作经验，但技能和知识需要更新的40岁的单亲妈妈。

公司的HR经理了解到，这位单亲妈妈是因为需要照顾患有特殊疾病的孩子而离职的，并且目前她迫切需要这份工作来维持家庭。而年轻的大学毕业生则有多个职位选择。

（1）准备材料

角色卡片：为每位学生准备一张角色卡片，上面写有角色描述、背景信息和他们在情境中的目标。

（2）角色分配

HR经理：需要决定聘用哪位候选人。

年轻的大学毕业生：对自己的知识和技能充满信心。

单亲妈妈：迫切需要这份工作，拥有丰富的经验。

公司CEO：关心公司的长远发展，希望雇用最有能力的员工。

员工代表：希望新员工能够融入团队，同时考虑员工的福利。

道德顾问：为HR经理提供关于如何公平对待两位候选人的建议。

（3）游戏开始

分发卡片：分发角色卡片，确保学生理解自己的角色和当前的道德困境。

讨论：提供10~15分钟的时间，让扮演相同角色的学生讨论他们的策略和决策。

开始角色扮演：HR经理逐一听取每个角色的观点，然后作出决策。

（4）游戏结束后的讨论

停止角色扮演，让学生回到现实中，讨论HR经理作出的决策是否正确，并说明理由。

让学生分享他们在游戏中的感受和经验。

教师可以介绍与当前情境相关的伦理理论和观点，以帮助学生更深入地思考问题。

（5）反思

学生可以写下他们从这个活动中学到的东西，以及如何吸取教训，将所学应用到实际生活中。

教师可以总结本次活动的主要观点，强调真实生活经常会出现类似的道德困境，如何作出决策是一个需要长时间思考和实践的过程。

这个游戏模拟了真实的雇用情境，帮助学生理解如何在道德困境中作出决策，同时也培养了他们的同理心和决策能力。

1.2.4　角色扮演游戏方案：工厂排放的道德困境

背景描述：某个小镇的居民生活质量近年来明显提高，很大程度上归功于该小镇中心的一家大工厂为当地提供了大量的工作机会。然而，近期的环境报告显示，该工厂的废水排放超过了环保标准，可能对小镇的水源造成污染。关停工厂将意味着大量失业，但继续运营可能会损害居民的健康。

（1）准备材料

角色卡片：为每位学生准备一张角色卡片，上面写有角色描述、背景信息和他们在情境中的目标。

（2）角色分配

工厂经理：希望工厂能继续运营，为员工提供工作机会。

环保组织代表：强烈要求工厂减少污染，保护环境。

小镇镇长：面临工厂经济效益和居民健康之间的抉择。

工厂员工：需要工作来维持生计，但也担心家人的健康。

居民代表：担心水污染影响家庭健康，但也认识到工厂对小镇的经济贡献。

健康专家：提供关于水污染对人体健康影响的专业意见。

（3）游戏开始

分发卡片：分发角色卡片，确保学生理解自己的角色和当前的道德困境。

讨论：提供10~15分钟的时间，让扮演相同角色的学生讨论他们的策略和决策。

开始角色扮演：小镇镇长逐一听取每个角色的观点，然后作出决策。

（4）游戏结束后的讨论

停止角色扮演，让学生回到现实中，讨论镇长作出的决策是否正确并说明理由。

让学生分享他们在游戏中的感受和经验。

教师可以介绍与当前情境相关的伦理理论和观点，以帮助学生更深入地思考问题。

（5）反思

学生可以写下他们从这个活动中学到的东西，以及如何吸取教训，并将所学应用到实际生活中。

教师可以总结本次活动的主要观点，强调真实生活中经常会出现类似的道德困境，如何作出决策是一个需要长时间思考和实践的过程。

这个角色扮演游戏模拟了一个现实中可能出现的环保与经济发展之间的冲突，鼓励学生从多个角度看待问题，以培养他们的决策能力和道德观念。

1.2.5　角色扮演游戏方案：社交媒体数据泄露

背景描述：某著名社交媒体公司因安全疏忽导致数百万用户的私人数据泄露。泄露的数据包括用户的姓名、邮箱、电话号码、搜索历史等。该公司必须决定如何应对这一危机，而公众对此也非常关心。

（1）准备材料

角色卡片：为每位学生准备一张角色卡片，上面写有角色描述、背景信息和他们在情境中的目标。

（2）角色分配

公司CEO：在公众和股东之间寻找平衡，希望减少损害并恢复公司形象。

受害用户：非常关心个人数据的安全，并考虑是否继续使用这个平台。

安全专家：负责评估数据泄露的严重性，对于如何补救和防止未来的数据泄露提供建议。

公关经理：想要设计一个应对策略，以平息公众的愤怒。

记者：追求新闻价值，想要报道这一事件的详情。

法律顾问：分析公司可能面临的法律风险，并就应对策略提供建议。

（3）游戏开始

分发卡片：分发角色卡片，确保学生理解自己的角色和当前的道德困境。

讨论：提供10~15分钟的时间，让扮演相同角色的学生讨论他们的策略和决策。

开始角色扮演：公司CEO逐一听取每个角色的观点，然后作出决策。

（4）游戏结束后的讨论

停止角色扮演，让学生回到现实中，讨论CEO作出的决策是否正确，并说明理由。

让学生分享他们在游戏中的感受和经验。

教师可以介绍与当前情境相关的伦理理论和观点，以帮助学生更深入地思考问题。

（5）反思

学生可以写下他们从这个活动中学到的东西，以及如何吸取教训，将所学应用到实际生活中。

教师可以总结本次活动的主要观点，强调真实生活经常会出现类似的道德困境，如何作出决策是一个需要长时间思考和实践的过程。

这个角色扮演游戏模拟了现代社会中一个重要的技术伦理问题，即隐私和数据安全。通过此游戏，学生可以更好地理解数据泄露的复杂性和伦理考量，并培养他们的决策能力和道德观念。

1.2.6 角色扮演游戏方案：工厂搬迁决策

背景描述：某国际知名品牌公司考虑将其在某城市的工厂搬迁到海外，以降低生产成本。但这将导致大量本地员工失业。与此同时，海外的生产环境可能不如当前的城市严格，可能导致更多的环境污染。

（1）准备材料

角色卡片：为每位学生准备一张角色卡片，上面写有角色描述、背景信息和他们在情境中的目标。

（2）角色分配

公司高层管理者：需要权衡生产成本与公司形象、员工和社会责任之间的关系。

本地员工代表：关心员工的权益和未来。

环境活动家：担心搬迁后可能带来的环境问题。

海外生产地的当地政府官员：希望吸引外资，为当地创造就业机会。

消费者代表：关心产品的价格和公司的社会责任。

股东代表：关注公司的盈利情况和长期发展。

（3）游戏开始

分发卡片：分发角色卡片，确保学生理解自己的角色和当前的道德困境。

讨论：提供10～15分钟的时间，让扮演相同角色的学生讨论他们的策略和决策。

开始角色扮演：公司高层管理者逐一听取每个角色的观点，然后作出决策。

（4）游戏结束后的讨论

停止角色扮演，让学生回到现实中，讨论管理者作出的决策是否正确，并说明理由。

让学生分享他们在游戏中的感受和经验。

教师可以介绍与当前情境相关的伦理理论和观点，以帮助学生更深入地思考问题。

（5）反思

学生可以写下他们从这个活动中学到的东西，以及如何吸取教训，将所学应用到实际生活中。

教师可以总结本次活动的主要观点，强调真实生活经常会出现类似的道德困境，如何作出决策是一个需要长时间思考和实践的过程。

这个角色扮演游戏关注了全球化背景下的生产决策和其带来的社会和环境问题。通过此游戏，学生能够更好地理解这些复杂的伦理问题，并从中培养他们的道德观念和决策能力。

1.2.7 角色扮演游戏方案：社交媒体假新闻事件

背景描述：某城市发生了一起重大事件，社交媒体上疯传有关此事件的一段视频，但这段视频的真实性也遭到质疑。公众对此反应强烈，社交媒体公司面临是否删除该视频的决定。

（1）准备材料

角色卡片：每位学生需要一张描述其角色背景信息和在情境中的目标的角色卡片。

（2）角色分配

社交媒体公司高层：需要考虑公司的形象、法律责任及公众的期望。

普通网民：已经看到了这段视频，并对其产生了情感反应。

新闻记者：希望从各个角度获取信息，公正报道事件。

事件当事人：希望公众知道真实情况，对假新闻产生强烈反应。

法律专家：关注此事件是否违反了相关法律。

社交媒体平台的内容审核员：日常负责对平台内容进行审核，决定哪些内容应被删除或被标记。

（3）游戏开始

分发卡片：分发角色卡片，学生需确保自己了解其角色和当前的道德困境。

讨论：提供10~15分钟时间，让扮演相同角色学生讨论他们的策略和决策。

开始角色扮演：社交媒体公司高层逐一听取每个角色的观点，并在最后作出决策。

（4）游戏结束后的讨论

暂停角色扮演，让学生回到现实中，讨论公司高层的决策是否合理，并说明理由。

让学生分享在游戏中的感受。

教师可以引入相关的伦理道德观点，以帮助学生更深入地思考问题。

（5）反思

学生可以写下从这次活动中学到的内容及其在实际生活中的应用。

教师总结活动，指出在数字时代，如何辨别真实与虚假信息，以及如何作出伦理决策，是每个人都应具备的能力。

1.3 困境活动——"如果是你，你会怎么做？"

目的：这个活动将帮助学生了解和应对现实生活中的困境，培养学生的批判性思考能力和决策能力。

过程：分享一些困境的故事或新闻，让学生讨论会如何处理并说明理由。

1.3.1 困境题目：高考冲刺的疫苗问题

背景描述：小王是一名高三的学生，正处在高考前的冲刺复习阶段。他所在的城市刚好正在开展新型流感疫苗接种。疫苗的副作用可能导致1%的接种者在接种后48小时内出现轻微的发热、乏力等症状，但可以有效避免流感并减轻症状。小王的好友小李已经接种了疫苗并建议他也接种，以免在高考前得流感。但小王担心自己在关键的冲刺阶段接种疫苗而出现不良反应，影响学习。

困境：小王是应该冒着暂时受到副作用影响的风险现在接种疫苗，还是冒着在考试前可能生病的风险等高考后再接种疫苗？

活动方案：针对高考冲刺的疫苗问题"如果是你，你会怎么做？"

（1）准备

①准备材料

困境卡片：卡片上印有小王的困境描述。

讨论卡：卡片上写有一些开放性的问题，如："你认为小王应主要考虑的因素是什么？"或"你会如何权衡这些因素？"

②分组设置

将学生分为不同的小组，每组4~6人。

（2）引入

介绍活动目的和意义，简要描述困境的概念。

（3）活动过程

分享困境：教师读出或展示小王的困境卡片上的内容。

团队讨论：每个小组内部讨论小王的困境，考虑他应该如何决策。讨论卡可以引导帮助学生展开讨论。

角色扮演：选择一两名学生来扮演小王，面对其他学生提出的问题和建议，再次权衡决策。

全班分享：每个小组选派一名代表，向全班分享他们小组的决策建议，并说明理由。

（4）深入讨论

教师引导学生思考：在真实生活中，小王可能还要考虑哪些其他因素？

教师引导学生深入思考并讨论：如何在不同的困境中作出合适的决策？

（5）反思与总结

学生分享活动中的有趣观点或收获。

教师根据学生的反馈和分享，总结活动的核心要点。

（6）作业与延伸

鼓励学生回家与家人讨论这个困境，并记录家人的意见和建议。这可以进一步拓宽学生的视角，让学生了解不同年龄和背景下人们的考虑因素。

这个活动将帮助学生体验到现实生活中可能遇到的困境，并培养学生的决策能力和同理心。

1.3.2 困境题目：数字时代的隐私权

背景描述：李红是一名大学生，最近她在社交媒体上看到了一件令她震惊的事情。她的好友张伟因为一个两年前的社交媒体帖子被某公司拒绝录用。这篇帖子是张伟在高中时发出的，当时他对某一事件表达了很激进的观点。现在李红心里很矛盾，她知道自己也曾发过很多这样的帖子和照片，这也可能对她未来的求职产生影响，但她又觉得每个人都有过去，为何过去的一些冲动言论会影响现在呢？

困境：李红是应该为了未来的就业机会删除所有可能会被误解的帖子和照片，还是应该保留，因为那是真实的自己？

活动方案：针对数字时代的隐私权"如果是你，你会怎么做？"

（1）准备

①准备材料

困境卡片：卡片上印有李红的困境描述。

讨论卡：卡片上写有一些开放性的问题，如："你认为李红应主要考虑的因素是什么？"或"你会如何权衡这些因素？"

②分组设置

将学生分为不同的小组，每组4~6人。

（2）引入

介绍数字时代与隐私权的相关背景，简要描述困境的概念。

（3）活动过程

分享困境：教师读出或展示李红的困境卡片上的内容。

团队讨论：每个小组内部讨论李红的困境，考虑她应该如何决策。讨论卡可以引导帮助学生展开讨论。

角色扮演：选择一两名学生代表李红，面对其他学生提出的问题和建议，再次权衡决策。

全班分享：每个小组选派一名代表，向全班分享他们小组的决策建议，并说明理由。

（4）深入讨论

教师引导学生思考：在数字时代，隐私权有多重要？

教师引导学生深入思考并讨论：如何平衡自己的隐私权和公众形象？

（5）反思与总结

学生分享活动中的有趣观点或收获。

教师根据学生的反馈和分享，总结活动的核心要点。

（6）作业与延伸

鼓励学生回家讨论这个困境，并了解家长和其他家庭成员对数字时代的隐私权的看法。

此活动能够引导学生深入思考和讨论在数字时代隐私权与公众形象的关系，并提醒学生注意自己在社交媒体上的言论和行为。

1.3.3 困境题目：AI 与工作失业

背景描述：王亮是一名新入职的 IT 工程师，他在一家初创公司工作。该公司的主要产品是一个高级的 AI 系统，该系统可以替代大量的行政助理工作。公司认为，这将大大提高行政工作的效率，减少错误，且在长期内可以节省大量的资金。

然而，王亮的叔叔是一名行政助理，他深知很多像他叔叔这样的中年人对于 AI 技术的担忧。如果 AI 系统被广泛接受并应用，他们可能会失业，而对于他们这个年纪的人来说，重新找到工作或者转行会非常困难。

困境：王亮是应该继续为公司开发这种可能导致大量人员失业的 AI 系统，还是考虑到社会的道德责任，转而从事其他类型的工作？

活动方案：针对 AI 与工作失业"如果是你，你会怎么做？"

（1）准备

①准备材料

困境卡片：卡片上印有王亮的困境描述。

讨论卡：卡片上写有一些开放性的问题，如："你认为王亮应主要考虑的因素是什么？"或"新技术的推广与社会责任之间如何平衡？"

②分组设置

将学生分为不同的小组，每组 4~6 人。

（2）引入

介绍 AI 技术和其对工作市场的影响，简要描述困境的概念。

（3）活动过程

分享困境：教师读出或展示王亮的困境卡片上的内容。

团队讨论：每个小组内部讨论王亮的困境，考虑他应该如何决策。讨论卡可以引导帮助学生展开讨论。

角色扮演：选择一两名学生代表王亮，面对其他学生提出的问题和建议，再次权衡决策。

全班分享：每个小组选派一名代表，向全班分享他们小组的决策建议，并说明理由。

（4）深入讨论

教师引导学生思考：技术的进步和社会的道德责任之间如何平衡？

教师引导学生深入思考并讨论其他技术进步可能带来的社会问题。

（5）反思与总结

学生分享活动中的有趣观点或收获。

教师根据学生的反馈和分享，总结活动的核心要点。

（6）作业与延伸

鼓励学生探讨新技术在他们的生活中如何影响工作市场，并写下他们的见解和建议。

通过这个活动，学生将对技术进步与社会道德责任之间的紧张关系有更深入的了解，这有助于培养他们的批判性思维能力。

1.4 影视道德探讨会

1.4.1 活动目的

通过电影或文学作品中的情境和人物关系来引发学生对道德困境的思考，提高学生的批判性思维能力，培养学生的团队合作能力和沟通技巧。

1.4.2 活动准备

（1）选择具有挑战性和启发性的电影或文学作品。
（2）准备合适的观影或阅读环境及设备，如教室、投影仪、书籍等。
（3）设计讨论提纲或问题，指导学生进行思考和讨论。

1.4.3 活动流程

（1）导入：导师简要介绍活动目的和流程，简述电影或文学作品的背景。

（2）观影/阅读：学生集中观看电影或分组进行文学作品的朗读。让学生在观影或阅读过程中适时做笔记，记录自己的感想和疑问。

（3）小组讨论：将学生分成4~6人一组的不同小组，小组讨论以下问题：

①描述作品中的主要道德困境或冲突。
②如果是你，你会如何选择？
③你能从中学到什么？

鼓励学生分享自己的观点，并尊重其他同学的意见。

（4）全体分享：每组选1~2名代表，向大家分享小组的讨论成果。教师给出自己的观点，对学生的见解进行指导和补充。

（5）总结反思：教师对整个活动进行总结。学生填写活动反馈表，对活动提出建议或意见。

（6）后续活动：建议学生写观后感或读后感，对自己的观点进行整理并进一步思考。

设计相关的研讨或研究活动，例如让学生自行选择与活动主题相关的电影或文学作品，进行深入研究。

（7）注意事项

①选择的电影或文学作品应该适合学生的年龄和背景。

②在讨论环节，教师需要引导学生保持尊重和开放的态度，避免出现冲突。

③教师应该提前预览或阅读作品，为活动做好充分的准备。

④每部电影都涉及多层面的价值观和决策，可供教师或活动组织者引导学生进行深入的讨论和反思。

《十二怒汉》（*12 Angry Men*）：该电影关注陪审团的决策过程，特别是一个人如何用批判性思维和逻辑推理影响群体。

《飞越疯人院》（*One Flew Over the Cuckoo's Nest*）：该电影涉及个体与制度的斗争，以及精神健康问题，具有很高的讨论价值。

《窃听风暴》（*The Lives of Others*）：在冷战背景下，该电影探讨了权力、道德和个人选择的复杂关系。

《为奴十二年》（*12 Years a Slave*）：除了种族主义和奴隶制，该电影还涉及个体在极端不公正环境下的道德选择。

《社交网络》（*The Social Network*）：该电影不仅探讨了创业精神和个人目标，还涉及友情和商业伦理的复杂关系。

《亲爱的妈咪》（*Mommie Dearest*）：该电影探讨家庭内部的权力和控制问题，以及如何在破裂的家庭关系中维持道德观念。

《美丽心灵》（*A Beautiful Mind*）：该电影从多角度讨论了心理健康、

才华和人际关系。

《囚徒》(Prisoners)：该电影涵盖了报复、正义与合法性的微妙平衡。

《无耻混蛋》(Inglourious Basterds)：在"二战"背景下，该电影提供了关于战争、正义和复仇的不同视角。

《饮食男女》(Eat Drink Man Woman)：该电影从文化和家庭价值观的角度探讨了多代人之间的冲突和理解。

《刺客聂隐娘》(The Assassin)：该电影讲述了一个女刺客与家族、恋人和尊严之间的道德困境。

《聚焦》(Spotlight)：基于真实事件，记者团队揭露了波士顿天主教会性侵丑闻。该电影涉及新闻道德、宗教和社会责任。

《赎罪》(Atonement)：一个误解引发的悲剧，引发对真相、罪恶和赎罪的思考。

《燃烧女子的肖像》(Portrait de la jeune fille en feu)：在历史背景下，探讨了艺术、爱情和自由之间的关系。

《广告狂人》(Mad Men)：虽然这是一个电视剧系列，但它非常适合探讨20世纪60年代的职场道德、性别平等和商业伦理。

《玫瑰人生》(La Môme)：探讨了家庭、传统与现代价值观之间的冲突。

《血色将至》(There Will Be Blood)：通过一名石油大亨的生活，深入探讨了资本主义、家庭和宗教的价值观。

《冰冻之河》(Frozen River)：两名母亲为了家庭生计，冒险走私，引发了对生存、边境和种族问题的思考。

《花样年华》(In the Mood for Love)：探讨了忠诚、道德和禁忌之间的微妙关系。

《海边的曼彻斯特》(Manchester by the Sea)：通过一个人的悲伤和愧疚，引发了对责任、家庭和原谅的深入思考。

《辩护人》(The Attorney)：一个成功的律师为了捍卫正义，选择代表被政府所冤枉的学生。该电影涉及职业道德和政治冲突。

《网络谜踪》(Searching)：一名父亲在女儿失踪后，利用电子设备追踪她的踪迹。该电影涉及家庭与技术之间的道德困境。

《别告诉她》(*The Farewell*)：一个家庭为了保护祖母的情感，选择不告诉她被诊断出有绝症。该电影涉及家庭、传统与真相之间的冲突。

《八美图》(*8 femmes*)：在一幢偏远的别墅里，家族成员发现家中的男主人被杀，他们开始互相猜疑。该电影涉及家族、信任和秘密之间的关系。

《小偷家族》(*Shoplifters*)：一家人通过偷窃为生，但他们之间的关系比血缘更深。该电影涉及家庭、生存和道德的模糊边界。

《布达佩斯大饭店》(*The Grand Budapest Hotel*)：在战争前夕的欧洲，一个酒店经理和他的朋友们为了正义和真相展开一场冒险。该电影涉及忠诚、友情和牺牲。

《爱乐之城》(*La La Land*)：两个年轻人为了追求梦想，面临职业与爱情之间的选择。该电影涉及个人抱负、牺牲和现实的妥协。

《寄生虫》(*Parasite*)：一个贫困家庭决定通过欺骗方式融入一个富裕家庭的生活。该电影涉及社会等级、道德和家庭的界定。

《天堂电影院》(*Naovo Cinema Paradiso*)：一个年轻人与老电影放映员之间的友情，及其对电影和生活的热爱。该电影涉及梦想、传统和变迁。

《王牌特工：特工学院》(*Kingsman: The Secret Service*)：一个街头小混混被选拔成为一名特工，面临忠诚、家庭与职责之间的选择。

2 批判性思维

2.1 活动目的

培养学生对待信息和观点的审慎态度，让他们能够独立自主地、逻辑清晰地分析判断各种情境和观点。

2.2 活动方案

2.2.1 辩论赛

让学生选择或分配特定的话题，并让他们为自己的观点收集证据和论据。通过辩论，学生可以学习如何评判和应对对方的观点，以及如何有力地表达自己的观点。提高批判性思维能力的辩论赛话题通常涉及复杂、多面且具有争议的问题。这样的话题可以鼓励学生深入研究、分析和评估各种观点。

以下是一些不同角度的辩论话题的例子，可供参考。

（1）关于教育制度："所有学生是否应该接受统一的、标准化的教育，而不是个性化教育？"

（2）关于社交媒体："社交媒体对个人和社会的影响更多的是负面的还是正面的？"

（3）关于环境议题："为了经济发展，能否适度牺牲环境保护？"

（4）关于生命伦理："基因编辑技术在人类胚胎中的应用是否应该得到广泛的支持和鼓励？"

（5）关于工作与生活："在技术日益发达的今天，是否应该将四天工作周作为新的工作标准？"

（6）关于全球化："全球化对于发展中国家更多的是一种威胁还是机会？"

（7）关于健康与生活方式："为了公共健康，政府是否应该对高糖、高盐和高脂肪的食品征收额外税收。"

（8）关于艺术与商业："艺术品的价值应该由市场决定，还是由艺术评论家或学术机构来评判？"

（9）关于机器人与人工智能："在未来的20年内，机器人和人工智能将取代大部分的传统工作，这对社会是好事还是坏事？"

（10）关于教育制度与就业："当前的高等教育制度是否真正为学生进入职场做好了准备？"

（11）关于在线教育："在线教育是否会在未来取代传统的实体教室教育？"

（12）关于学生贷款问题："政府是否应该承担学生的学费贷款，或为学生提供无息贷款？"

（13）关于社交媒体与心理健康："社交媒体使用是否与当前大学生的心理健康问题有直接关联？"

（14）关于创业与传统就业："对于现代大学生来说，创业是否比寻找传统工作更有吸引力？"

（15）关于可持续发展与生活方式："为了应对气候变化，我们是否应该放弃某些现代化的生活方式？"

（16）关于人工智能与未来职业："大学生是否应该担忧人工智能在未来十年内取代他们的工作？"

（17）关于文化多样性与校园环境："在大学校园中，强调文化多样性是否有时会导致分化，而非团结？"

（18）关于实习机会与学术研究："大学生应该优先考虑寻找实习机会，还是参与学术研究活动？"

（19）关于健康生活方式与大学生活："大学的饮食和生活习惯是否

与学生健康问题有直接关系？"

2.2.2 案例研究

目的：提供真实或虚构的案例是一个极好的方法，能帮助学生通过具体情境培养批判性思维能力。

过程：为学生提供真实或虚构的案例，让他们分析、讨论并提出解决方案。

通过这种活动，学生可以学习到如何收集和评估信息、如何从多个角度看待问题，以及如何决策。

以下案例涉及不同的话题和领域，旨在刺激学生的思考和分析。

（1）案例1：企业决策

背景：某科技公司决定推出一款新的智能手机，但市场上已经有许多成熟的竞争对手。

情境：市场调研表明，消费者对手机电池续航、摄像头质量和价格最为关心。公司的研发团队已经开发出一种新型电池技术，但使用这种技术会增加手机的成本和提高售价。

问题：公司是否应该使用新型电池技术？如何平衡消费者的需求与生产成本？

（2）案例2：环境议题

背景：某小镇依赖当地的化工厂提供就业机会。

情境：近期，一项环境检测报告显示该化工厂排放的废水可能对当地河流生态造成长期伤害。修复这个问题需要大量的资金，并可能导致工厂关闭和失业。

问题：小镇应该如何处理这个问题？如何在经济利益和环境保护之间作出平衡？

（3）案例3：社交媒体与隐私

背景：某社交媒体平台免费为用户提供服务，但会收集用户数据来投放广告。

情境：一个用户发现该平台没有征得其同意就将其私人信息出售给

了第三方公司。

问题：在这种情况下，社交媒体平台是否做错了？用户使用免费的服务时应该牺牲多少隐私权？

（4）案例4：广告策略

背景：某玩具制造公司决定针对儿童推出一系列广告。

情境：该广告在儿童节目中播放，内容充满鲜艳的色彩、吸引人的角色和激动人心的音乐，但产品实际上并不具备广告中展示的某些特性。

问题：该广告是否误导了消费者，尤其是年幼的儿童？公司在进行广告策略决策时应考虑什么？

（5）案例5：网络安全

背景：某在线购物平台遭到黑客攻击，泄露了数百万用户的私人信息。

情境：该公司之前被告知其安全系统存在缺陷，但为了节约成本，该公司决定不立即进行系统升级。

问题：公司应承担多大的责任？企业在权衡成本压力与用户安全时，应该如何作决策？

（6）案例6：文化感知

背景：某国际品牌在新开发的市场推出广告，内容引用了当地的文化符号。

情境：广告发布后，部分当地人认为该广告对他们的文化进行了误读和曲解。

问题：品牌方应该如何回应这些批评？国际品牌在进入新市场时，应该如何确保对当地文化的尊重？

（7）案例7：人工智能伦理

背景：某公司开发出了一个基于AI的招聘系统，用于筛选简历和面试候选人。

情境：经过测试后发现，该系统倾向于选择某一性别或种族的候选人，尽管这并非开发者的初衷。

问题：该公司应该如何解决这个偏向问题？如何确保AI系统在决策过程中的透明度和公平性？

（8）案例8：食品与营养

背景：某食品公司宣称其新产品可以帮助消费者减轻体重。

情境：尽管产品确实包含某些被认为可以降低食欲的成分，但有研究显示，长期消费该产品可能有潜在的健康风险。

问题：公司在广告中应该如何传达这种复杂的信息？消费者应如何基于广告信息作出选择？

（9）案例9：虚拟现实与社交

背景：随着虚拟现实技术的进步，人们越来越多地在虚拟世界中进行社交互动。

情境：一些人认为，沉迷于虚拟现实社交会导致人们在现实生活中的交往变得孤立；而另一些人则认为，这为那些在现实生活中有社交障碍的人提供了一个有价值的替代方式。

问题：虚拟现实社交对人们的心理健康有正面还是负面的影响？如何平衡线上与线下社交的关系？

（10）案例10：城市发展与绿地

背景：某城市决定将中心地带的大片绿地改建为商业中心和住宅区。

情境：尽管这将带来经济利益和更多的住房，但许多居民担心这会导致环境问题和生活质量下降。

问题：如何在经济增长和环境保护之间找到平衡？城市应该如何考虑长远的利益？

（11）案例11：数字货币与经济

背景：随着数字货币的普及，一些国家考虑推出自己的官方数字货币。

情境：支持者认为这将提高交易效率和减少犯罪，而反对者担心这会威胁到传统银行系统和金融稳定。

问题：国家应该推出自己的数字货币吗？这对经济、公民隐私和国家安全有什么潜在的影响？

2.2.3 角色扮演

目的：角色扮演是一种出色的方式，旨在从多个角度看待问题，同时增强同情心和批判性思维。

过程：通过角色扮演，为学生提供特定的情境，让他们扮演不同的角色进行交互，学生可以从多个角度看待问题，增强同情心和批判性思维。

以下是几个专门为大学生设计的角色扮演情境。

（1）情境1：工作场所冲突

背景：在一家软件公司，开发团队和销售团队之间存在沟通问题。

角色1：开发团队负责人（觉得销售团队对产品的实际功能了解不足）。

角色2：销售团队负责人（认为开发团队不重视客户需求）。

角色3：CEO（想要解决这一冲突，并实现公司目标）。

目标：找出导致沟通问题的根本原因，并提出解决方案。

（2）情境2：社区发展议题

背景：某城市计划在一个老旧的社区建设一家大型购物中心。

角色1：城市规划者（认为这将促进经济发展）。

角色2：社区居民（担心生活质量和社区文化受到影响）。

角色3：环保活动家（担心环境破坏）。

目标：如何在经济发展与社区利益之间找到平衡？

（3）情境3：高等教育改革

背景：某大学计划改革课程设置，取消一些传统的人文学科。

角色1：大学管理员（认为应注重科技和商业课程，以提高就业率）。

角色2：人文学科教授（认为人文学科对全面教育至关重要）。

角色3：学生代表（担心课程选择受限，但也想获得好的就业机会）。

目标：如何平衡教育多样性和实现学生长期利益？

（4）情境4：公共卫生危机

背景：一场流行病暴发，政府考虑是否实施强制隔离措施。

角色1：卫生部门负责人（认为强制隔离是控制病毒传播的有效方式）。

角色2：人权律师（担心侵犯个人自由）。

角色3：普通公民（担心自己和家人的健康，但也不想被隔离）。

目标：如何在公共健康与个人自由之间找到平衡？

（5）情境5：技术产品的伦理问题

背景：某公司推出了一款能够通过分析面部表情来识别情感的App。

角色1：技术开发者（认为这是技术进步，有很多正面用途）。

角色2：隐私权倡导者（担心数据滥用、隐私泄露或误解用户情感）。

角色3：普通用户（觉得产品很酷，但有些担心自己的数据是否被合理使用）。

目标：讨论此技术的潜在好处与风险，并找出平衡点。

（6）情境6：社交媒体与自由言论

背景：某社交媒体平台开始删除被认为是"错误信息"的帖子。

角色1：社交媒体公司CEO（希望创建一个可靠和安全的信息环境）。

角色2：新闻记者（担心过度审查可能压制自由言论）。

角色3：平台用户（对假消息感到沮丧，但也不想被限制他们看什么或说什么）。

目标：如何平衡打击假消息与维护自由言论的权利？

（7）情境7：气候变化和经济利益

背景：某国的主要经济来源是石油出口，但在全球压力下被要求减少碳排放。

角色1：政府官员（尽力维护国家的经济利益）。

角色2：环保活动家（强烈要求减少碳排放以保护地球环境）。

角色3：石油工人代表（担心失业和未来发展）。

目标：如何在平衡经济增长与环保责任之间找到解决方案？

（8）情境8：教育的未来

背景：随着在线学习的发展，一些人认为传统的大学教育将会过时。

角色1：在线教育平台创始人（认为在线教育是未来教育发展的趋势）。

角色2：大学教授（认为传统的面对面学习是不可替代的）。

角色3：即将入学的高中生（面临选择传统教育方式或在线课程的决定）。

目标：探索在线学习与传统教育的优劣，以及它们在未来的角色。

（9）情境9：心理健康服务

背景：大学校园正考虑是否应该增加心理健康服务的预算。

角色1：大学财务主管（担心预算不足，需要平衡各种需求）。

角色2：心理健康倡导者或心理医生（主张增加心理健康服务，以更好地支持学生）。

角色3：受影响的学生或学生组织代表（感到心理压力更大，需要更多支持）。

目标：如何在有限的预算下提供有效的心理健康服务？

（10）情境10：人工智能与就业

背景：某企业正在考虑使用AI自动化来替代某些员工的工作。

角色1：公司CEO（主要考虑的是如何提高效率和减少成本）。

角色2：工会代表（担心员工可能失业）。

角色3：消费者或股东（希望公司健康发展，但也关心社会责任）。

目标：如何在提高效率与保证员工福利之间找到平衡？

（11）情境11：食品安全

背景：一种流行的健康食品因为安全问题被召回。

角色1：食品公司负责人（需要尽力维护品牌和公司形象）。

角色2：政府监管机构（负责保护公众利益）。

角色3：消费者（关心个人健康，但也希望能继续消费该产品）。

目标：如何确保食品安全，同时也维护企业和消费者的利益？

（12）情境12：网络安全与隐私

背景：政府想要实施更严格的网络监控，以打击犯罪。

角色1：政府安全顾问（认为更严格的网络监控有助于预防犯罪）。

角色2：律师（认为这种做法侵犯了公民权利）。

角色3：普通网民（担心个人信息的安全，但也希望社会环境更安全）。

目标：如何在确保网络安全和保护个人隐私之间找到平衡？

（13）情境13：文化遗产与现代化

背景：一个历史悠久的城市中心地区正考虑进行现代化改造。

角色1：市政府规划者（希望带来经济增长，促进城市现代化）。

角色2：文化遗产保护者（希望保护该地区的历史和文化）。

角色3：当地居民（希望改善生活条件，但也担心失去当地文化遗产）。

目标：如何在保护文化遗产和促进现代化之间找到平衡？

（14）情境14：移民政策

背景：某国正在考虑调整移民政策，有些人支持更为开放的政策，而有些人则持反对意见。

角色1：政府官员（需要平衡经济需求和国家安全）。

角色2：人权组织代表（主张为难民和移民提供更多机会）。

角色3：本国公民（关心工作机会，但也希望提供人道主义援助）。

目标：如何在平衡人道主义和国家利益中推行移民政策？

（15）情境15：电子商务与实体店

背景：随着电子商务的兴起，很多实体店面临生存困境。

角色1：电子商务平台CEO（考虑如何扩大在线业务）。

角色2：实体店店主（担心失去线下生意，需要找到生存之道）。

角色3：消费者（既享受在线购物的便利，也喜欢实体店的体验）。

目标：如何在电子商务和实体经营之间找到一个共存共荣的方法？

（16）情境16：健康生活方式与广告

背景：食品广告经常强调美味，而非营养，这导致公众健康问题存在隐患。

角色1：食品公司市场部经理（想要提高产品销售量）。

角色2：健康与营养专家（主张应该让公众获得正确的饮食信息）。

角色3：电视观众或消费者（受广告吸引，但也关心身体健康）。

目标：如何在商业广告的经济效益与公共健康宣传之间找到平衡？

（17）情境17：社交媒体影响

背景：随着"社交媒体挑战"在网络上的流行，有些挑战可能涉及危险行为。

角色1：社交媒体平台经营者（寻求吸引用户，但也要承担责任）。

角色2：教育者或家长（担心学生的安全，希望他们作出明智的选择）。

角色3：大学生或平台用户（想要跟上潮流文化，但也关心个人安全）。

目标：如何在确保平台内容的有趣性的同时保障用户安全？

（18）情境18：绿色能源与经济

背景：某市考虑投资绿色能源产业，但需要较高的初期投入。

角色1：城市规划者（希望转向可持续能源的开发利用，但有预算限制）。

角色2：环保活动家（主张从长远来考虑，认为开发绿色能源更有利）。

角色3：纳税人或市民（希望环境受到保护，但也关心短期税收和服务水平）。

目标：如何在经济发展和环境保护之间达到平衡？

（19）情境19：异地教学

背景：由于某种原因（例如疫情），某大学考虑将教学方式转向远程教学。

角色1：大学管理者（要确保学生的教育质量和身心健康）。

角色2：教师（担心不适应线上教学与面对面教学的差异，担心自己的技术准备不充分）。

角色3：学生（期待获得高质量的教育，但也会考虑到自己的家庭和学习环境的影响）。

目标：如何确保在远程教学中各方的需求都得到满足？

（20）情境20：个性化广告与隐私

背景：互联网上的广告正变得越来越个性化，但这也涉及对用户数据的使用。

角色1：广告商（希望提供更相关的广告，提高点击率）。

角色2：隐私权律师（关注用户数据的使用和保护）。

角色3：互联网用户（享受相关广告带来的便利，但也关心个人隐私）。

目标：如何在个性化广告与用户隐私之间找到一个平衡点？

通过这些多角度的情境和角色扮演，学生能更全面地理解问题，并从不同角色的视点出发进行决策。这不仅能增强批判性思维，还可以提高同情心和社会责任感。

2.2.4 思维导图活动

（1）目的：通过这种活动，学生可以学习到如何组织和链接信息，如何识别核心观点和支持细节。

（2）过程：让学生为一个特定的主题或问题创建思维导图。

（3）以下是一些可供选择的主题或问题。

气候变化的影响：学生可以从经济、社会、生态和政治等方面考虑其影响。

人工智能的道德问题：探索AI决策、失业、隐私等方面的担忧。

全球化对当地文化的影响：考虑文化同化、经济影响、旅游业的增长等方面的影响。

健康饮食的挑战与机会：探讨健康问题、食品产业的经济利益、公众意识等问题。

远程工作/学习的利弊：考虑技术需求、人际互动、生产力、心理健康等方面的影响。

社交媒体对社会的影响：探讨社交行为、隐私问题、信息泡泡等方面对社会的影响。

可持续发展的三大支柱：经济、社会和环境的平衡与挑战。

数字时代的隐私：探讨数据收集、使用，个人隐私权与技术的关系。

全球移民的动因与影响：探索战争、气候变化、经济机会等因素与移民的关系，以及它们对接受国的社会、文化和经济的影响。

当代艺术与文化身份：如何在全球化时代保留和发展本地文化和传统。

未来的交通方式：考虑电动车、自动驾驶、公共交通和可持续性等方面的变化。

终身学习的重要性：在技术不断发展的世界中，考虑如何维持个人和职业的长期发展。

健康医疗的未来：从技术、政策、经济和患者等角度探讨未来的医疗服务。

城市化的挑战与机会：探索人口增长、资源分配、环境压力等问题。

电子商务与传统零售：探讨二者的并存与竞争，以及未来的发展趋势。

青年参政议政：探讨年轻人在政治中的角色、机会与挑战，及如何为参政议政注入青春活力。

水资源的全球问题：考虑水资源的分布、使用和保护等问题。

人类与自然的关系：探讨在工业化和技术发展的背景下，人类如何与自然相处。

虚拟现实与人类日常生活：探讨虚拟现实如何影响教育、娱乐、工作和社交等各个方面。

科技对儿童发展的影响：考虑屏幕使用时间、社交技能、学习方法等因素的影响。

精神健康的普及和挑战：探讨现代生活的压力、认知和治疗方法，以及社会的觉醒。

全球食品安全与农业的未来：分析传统与现代农业技术、气候变化、食品供应链等。

宇宙探索与人类的未来：从技术、道德、经济和科学的角度考虑宇宙探索的可能性。

人工智能与工作的未来：探索AI可能取代或创造的职业，以及对教育系统的影响。

多元文化主义与全球化：探讨全球化背景下的文化交融、冲突及其对身份的影响。

可再生能源与传统能源的权衡：探讨成本、环境影响、技术进步和政策选择等因素。

生物技术的伦理挑战：探讨基因编辑、生物打印、医疗进展与伦理边界等因素。

现代家庭结构的变化：探讨社会变革、文化适应和家庭价值观等因素。

全球经济格局与新兴市场：考虑贸易、技术转移、经济发展的动力与挑战。

文化遗产的保存与现代化：探讨如何在现代社会中保护、传承历史和文化。

自我认知与社交媒体形象：探索社交媒体如何影响我们的自我观念和身份。

全球公共卫生与疾病控制：探讨跨国合作、疾病传播、健康策略等方面的问题。

旅游业的可持续性：探讨如何在保护环境和当地文化的同时促进旅游业的经济增长。

教育的未来与在线学习：探讨如何权衡传统教育与在线教育，以及如何应对未来的学习方式。

传统媒体与数字媒体的冲突和融合：探讨新闻真实性、信息过载与媒体责任等方面的问题。

全球水危机与可持续管理：探讨水资源的分配、污染控制、可持续用水方案等内容。

生物多样性的减少与生态保护：探讨人为活动的影响、保护措施及未来生态系统的建设等内容。

现代交通方式与城市规划：探讨可持续出行、交通拥堵、未来的城市蓝图等内容。

全球性与地方性的食品文化：探讨食品的全球化、地方美食的保存、食品的文化影响等内容。

经济不平等与社会正义：贫富差距、政策选择、未来的经济模型等因素。

战争、冲突与和平建设：探讨现代冲突的原因、和平建设的策略、国际合作等内容。

海洋健康与海洋资源的开发：探讨海洋污染、渔业管理、海洋生物多样性等因素。

现代家居与智能技术：探讨智能家居、数据安全、未来生活模式的影响。

个人健康与全球药品产业：探讨药品研发、医疗成本、公共与私人医疗等问题。

创业与技术创新：探讨技术驱动创业、创业机会与风险、技术创新对创业的影响等问题。

艺术在数字时代：探讨数字艺术的发展、传统艺术的转型、艺术的商业化的问题。

精神健康与现代社会压力：探讨心理健康的重要性、求助途径、预防策略。

青少年的心理健康与社交媒体：社交媒体的影响、身份建设、应对策略等问题。

2.3 历史反思

2.3.1 目的：帮助学生理解历史的复杂性，培养他们的多角度思考能力。

2.3.2 过程：让学生研究历史事件，并从不同的角度对其进行分析。

2.3.3 历史事件：广岛和长崎的原子弹爆炸（1945年）

背景描述：在第二次世界大战末期，1945年8月，美国相继在日本的广岛和长崎投下了原子弹。这两次原子弹爆炸造成了大量的伤亡，并迫使日本投降，结束了这场战争。

对该历史事件，可从以下多个角度进行分析，深入了解。

（1）军事策略角度

原子弹的投放是如何改变战局的？

当时的美国军事领导层是基于什么理由作出这一决策的？

这是结束战争的唯一方法吗？

（2）科技和伦理角度

如何从原子弹爆炸看待当时的科技进展？

科学家和工程师在开发这一武器时面临了哪些伦理挑战？

作出使用这种大规模杀伤性武器的决策，其背后的伦理考量是什么？

（3）文化和社会角度

原子弹爆炸对日本和全球的社会心理产生了什么影响？

这一事件是如何影响后来的冷战和全球核裁军运动的？

（4）经济角度

原子弹的研制和投放对美国和全球经济产生了哪些影响？

原子弹的投放如何影响了经济政策？

（5）政治和外交角度

这一事件如何改变了美国的外交策略？

全球核裁军和非扩散的政策发展是如何受此事件影响的？

…………

学生可以根据自己的兴趣选择一个或多个角度进行深入研究。通过这种多角度分析的方法，学生不仅可以更全面地了解历史事件，还可以学习如何从多个视角看待一个问题，这对于培养学生的批判性思维能力非常有帮助。

2.3.4　历史事件：南非的种族隔离政策与纳尔逊·曼德拉的斗争（1948—1994年）

背景描述：种族隔离是南非政府在1948年到1994年之间实行的种族分离政策。它导致大量的人权侵犯行为的发生，特别是对非洲裔南非人的人权侵犯。纳尔逊·曼德拉是反对种族隔离的南非领导人之一，他也因反对种族隔离被监禁了27年，1994年在南非首次多种族大选中成为南非的首位黑人总统。

对该历史事件，可从以下多个角度进行分析，深入了解。

（1）法律与制度

种族隔离政策具体包括哪些法律和规定？

这些法律如何在实际中被执行，又产生了哪些社会影响？

（2）经济与资源分配

当时的南非政府如何利用种族隔离政策在经济上压迫黑人和有色人种？

土地和资源的不平等分配对南非的长期发展产生了何种影响？

（3）抵抗与团结

在种族隔离期间，人们是如何组织反抗的？

纳尔逊·曼德拉的领导风格和策略是什么，为何他能在抗议中脱颖而出？

（4）国际影响与外交

国际社会是如何看待南非的种族隔离政策的？

国际抵制、制裁和其他形式的抗议如何影响了南非的政策选择？

（5）文化与身份

种族隔离对南非的文化和艺术有何影响？

人们是如何通过音乐、艺术和文学等形式来反映和抵抗当时的种族隔离政策的？

（6）后种族隔离时代

曼德拉领导下的南非是如何努力实现种族和解和国家团结的？

种族隔离政策所遗留下来的社会和经济问题如何得到解决？

通过对这个历史事件的研究，学生可以更好地理解种族隔离政策的影响，以及如何通过非暴力抗议和团结合作来实现社会变革。

2.3.5 历史事件：法国大革命（1789—1794年）

背景描述：法国大革命是18世纪末发生的一场具有里程碑意义的资产阶级革命。它标志着封建制度的终结和民主思想的兴起。然而，革命过程中也伴随着混乱和血腥的恐怖时期。

对该历史事件，可从以下多个角度进行分析，深入了解。

（1）社会经济背景

导致法国大革命爆发的主要经济原因和社会原因是什么？

如何描述18世纪法国的社会结构，并分析其不平等之处。

（2）启蒙运动思想的影响

哪些启蒙运动时期的思想家及其理论对革命起到了积极的推动作用？

"自由、平等、博爱"的口号如何体现启蒙运动的精神？

（3）政治变革与暴力

为什么在革命过程中，王室成为民众攻击的目标？

什么是恐怖时期，它为什么会出现，它对革命和法国历史有怎样的影响？

（4）国际影响

周边的欧洲国家如何看待法国大革命？

法国大革命如何影响了其他国家的革命和政治变革？

（5）文化和社会的变革

法国大革命如何改变了法国的文化、教育和宗教生活？

革命如何影响女性、少数族群和边缘群体的地位？

（6）革命的遗产

法国大革命对19世纪和20世纪的政治、文化和社会发展有何长远影响？

法国大革命对今天的民主制度和公民权利有何启示？

2.3.6 历史事件：锡克教的起源与第一位锡克教古鲁——南克（15世纪）

背景描述：锡克教起源于15世纪的印度，由其创始人、也是第一位古鲁——古鲁南克创建。他提出了一种超越种姓、宗教和文化差异的普遍信仰，并奠定了锡克教的基础。

对该历史事件，可从以下多个角度进行分析，深入了解。

（1）宗教背景

15世纪的印度宗教背景是怎样的？佛教、印度教和伊斯兰教之间的关系如何？

古鲁南克的思想和教导受到哪些宗教的影响？

（2）种姓制度的挑战

古鲁南克如何对印度的种姓制度提出挑战？

锡克教的出现如何影响了印度社会对种姓的看法？

（3）宗教实践与仪式

古鲁南克为锡克教建立了哪些宗教实践和仪式？

如何通过日常生活的实践来传达其教导？

（4）社区与团结

锡克教徒的社区结构是怎样的？他们是如何确保团结和支持的？

与其他宗教和社区的关系如何发展？

（5）教育与传承

古鲁南克如何确保其教导的传承和传播？

随着时间的推移，锡克教的传统和实践是如何演变的？

（6）锡克教与当代

在现代全球化背景下，锡克教如何应对挑战和变革？

锡克教与其他宗教和文化的互动又如何？

这一历史事件为学生提供了一个了解南亚宗教和文化的视角，同时也引导学生思考信仰、社区和传统在一个快速变化的世界中的地位。

2.3.7 历史事件：柏林会议（1884—1885年）

背景描述：柏林会议在1884—1885年间召开，是由欧洲大国召开的一个国际会议，旨在对非洲的领土进行划分，确定各自的殖民势力范围，从而避免各方因争夺非洲资源和领土而产生冲突。

对该历史事件，可从以下多个角度进行分析，深入了解。

（1）欧洲势力的争夺

柏林会议之前，哪些欧洲国家在非洲有所扩张？

柏林会议是如何避免这些势力之间的冲突的？

（2）非洲地理与资源

哪些非洲资源吸引了欧洲大国的注意？

非洲的地理特点对欧洲势力的扩展有何影响？

（3）会议的决议与后果

会议的主要决议是什么？

这些决议对非洲的边界和政治地理有何长远影响？

（4）非洲的反应

在柏林会议期间和之后，非洲各地区、国家和部落如何回应欧洲的殖民活动？

有哪些知名的抵抗和反抗活动？

（5）文化与社会影响

欧洲殖民统治对非洲文化、宗教和社会结构有何影响？

传统与现代文化、宗教信仰如何融合或发生冲突？

（6）殖民主义的遗产

柏林会议和其后的欧洲殖民统治对现代非洲有何长远影响？

今天的非洲如何看待其殖民历史？

通过研究柏林会议，学生可以更加深入地了解19世纪末的国际政治、殖民主义的动机和方法，以及殖民主义对非洲历史和文化的深远影响。

2.3.8 历史事件：拜占庭帝国的陷落（1453年）

背景描述：1453年，拜占庭帝国的首都君士坦丁堡被奥斯曼土耳其帝国的穆罕默德二世率军攻占，这标志着中世纪的结束和新时代的开始。这一事件也导致东罗马帝国的终结，同时奠定了奥斯曼帝国在欧洲、亚洲和非洲的统治地位。

对该历史事件，可从以下多个角度进行分析，深入了解。

（1）君士坦丁堡的战略重要性

君士坦丁堡地理位置的战略价值是什么？

它在古代和中世纪的贸易和政治中起到了什么作用？

（2）拜占庭帝国的衰落

在1453年之前，哪些因素导致了拜占庭帝国的衰落？

宗教分裂（东正教与天主教之间的分歧）对帝国有何影响？

（3）奥斯曼帝国的崛起

奥斯曼帝国是如何从一个小国崛起到一个大帝国的？

它对拜占庭的征服有何重要性？

（4）陷落的影响

君士坦丁堡的陷落对欧洲的文化和知识有何影响？

这一事件如何加速了文艺复兴的发展？

（5）新的交通路线的探索

君士坦丁堡的陷落如何促使欧洲国家探索新的贸易路线？

这与随后的大航海时代有何关联？

（6）现代影响

今天的伊斯坦布尔如何继承和展现了这两大帝国的文化遗产？

在现代政治和文化中，如何看待这一转折点？

这一历史事件不仅揭示了两个强大帝国之间的权力争夺，还揭示了地理、宗教、文化和政治之间的互动，对学生来说是一个深入了解历史交汇点的宝贵案例。

2.3.9 历史事件：工业革命（18—19世纪）

背景描述：从18世纪中叶开始，英国最先经历了一系列技术、经济和社会的变革，被称为工业革命。这一革命后来蔓延至整个欧洲、北美和其他地区，标志着从农业社会转型到工业社会的关键时期。

对该历史事件，可从以下多个角度进行分析，深入了解。

（1）技术创新

什么技术和发明推动了工业革命？

这些技术如何影响今天的生产和消费方式？

（2）社会与文化的变革

工业革命对社会结构和日常生活产生了哪些影响？

城市化的发展如何重新定义了家庭、工作和休闲？

（3）经济变革

工业化如何影响经济结构和贸易关系？

现代全球化经济中，可以找到哪些工业革命的遗留？

（4）环境问题

大规模的工业生产对环境造成了哪些长期影响？

我们如何从工业革命中学到对现代环境问题的教训？

（5）政治权力的转变

工业化如何导致新的政治思想和制度的出现？

民族主义、资本主义和社会主义如何与工业化的发展相互关联？

（6）与现代技术革命的关联

工业革命与21世纪的数字革命有哪些相似之处？

在面对技术带来的挑战时，我们可以从工业革命中学到什么？

工业革命不仅改变了人类的经济、社会和文化格局，而且为今天的技术和社会变革提供了前景。对这一历史时期的研究可以帮助学生更好地了解现代世界的根源和挑战，以及如何从历史中汲取经验。

2.3.10　历史事件：第一次世界大战（1914—1918年）

背景描述： 第一次世界大战是20世纪初涉及全球多个主要大国的大规模冲突。这场战争不仅导致了数百万人的死亡，而且彻底改变了国际政治、经济和文化格局。

对该历史事件，可从以下多个角度进行分析，深入了解。

（1）战争的起因

何种政治、经济和社会因素导致了这场冲突？

民族主义、帝国主义和军备竞赛如何加剧了这场战争的爆发？

（2）文化与思想的转变

战争如何改变了人们对进步、荣誉和英雄主义的看法？

现代艺术和文学中，如何反映了对战争的看法和情感？

（3）经济与技术的影响

战争如何加速了技术的进步？

这些技术进步对现代社会有哪些影响？

（4）国际政治的转变

1919年的《凡尔赛条约》如何重新划分了国际权力格局？

新兴的民族国家如何对现代全球化趋势产生影响？

（5）身份和民族主义

第一次世界大战如何影响了各国人民的身份认同？

民族主义的崛起与现代国家建设和冲突有何关系？

（6）与现代问题的关联

第一次世界大战与现代的地缘政治冲突有何相似之处？

对第一次世界大战的反思如何帮助我们理解和应对现代的社会和政治挑战？

第一次世界大战是世界现代史的一个关键转折点，可以为学生提供一个独特的视角，用以研究大规模冲突、技术进步、文化变革和国际关系的复杂互动，以及这些互动是如何影响今天的世界的。

2.3.11 历史事件：冷战（1947—1991年）

背景描述：第二次世界大战结束后，两个超级大国——美国和苏联，进入了长达数十年的政治、军事和意识形态对立状态，被称为"冷战"。这个时期定义了后战争的全球政治格局，产生了大量与现代议题相关的事件和变化。

对该历史事件，可从以下多个角度进行分析，深入了解。

（1）意识形态对立

资本主义和共产主义之间的意识形态对立如何影响两国的外交政策？

如今，当我们面对全球化和经济不平等时，可以从冷战时期学到什么？

（2）科技竞赛与太空竞赛

冷战如何加速了技术进步？

这些技术发展如何为现代数字革命和全球互联网奠定基础？

（3）代理战争与全球影响

从朝鲜战争到越南战争，冷战如何在全球范围内产生冲突？

今天的中东、非洲和拉丁美洲的冲突中，我们如何看到冷战的影子？

（4）文化和传播

冷战如何影响全球文化的传播，尤其是音乐、电影和文学？

如今的文化软实力和全球娱乐产业与冷战时期有何相似和不同？

（5）解冻与结束

何种因素导致了冷战的结束？

冷战后的"新世界秩序"如何影响21世纪的全球政治？

（6）现代影响

当前的国际关系中，如何看待冷战遗留的历史问题？

在处理现代的地缘政治冲突、技术发展和文化传播时，我们可以从冷战中吸取哪些经验和教训？

冷战不仅是一个历史时期，它也为我们提供了一个理解今天全球问题的框架，从意识形态对立到技术创新，再到文化传播和全球政治的变化。

3 文化敏感性

3.1 活动目的

对文化敏感性的探讨、研究,有助于学生了解和尊重不同的文化、信仰和习俗。在全球化的商业环境中,文化敏感性和跨文化沟通能力是必不可少的。

探讨文化的敏感性时,可以从多个角度对文化进行分类,以便更全面地了解和尊重不同文化的多样性和复杂性。以下是一些常用的分类方式:

3.1.1 按地理位置分类:根据文化所在的地理位置进行分类,如亚洲文化、非洲文化、欧洲文化等。还可以进一步细分为国家或地区文化,如印度文化、巴西文化等。

3.1.2 按历史和传统分类:如将文化分为古代文化和现代文化,或长期存在的传统文化与新兴文化等。

3.1.3 按宗教和信仰分类:可将文化分为基于宗教信仰的文化,如伊斯兰文化、基督教文化等;以及非宗教文化或世俗文化。

3.1.4 按语言和交流分类:可将文化分为以语言为基础的文化群体,如英语文化圈、汉语文化圈等;以及非语言交流的文化特点,如肢体语言、象征和礼仪等。

3.1.5 按艺术和表现分类:可分为艺术、音乐、舞蹈、文学、戏剧、电影等表现形式的文化。

3.1.6 按社会结构和组织分类:可分为集体主义文化与个人主义文化;等级制度、家族制度等社会组织形式的文化。

3.1.7 按生活方式和习俗分类：可分为饮食文化、服饰文化、节日庆典、生活习惯等。

3.2 活动方案

3.2.1 文化冲突与融合

分析跨文化沟通中常见的误解和冲突。

探讨多元文化环境中如何达到和谐共存。

3.2.2 语言障碍

（1）直译问题：一些词语或短语在直译时可能会失去原有的文化含义或产生误解。例如，英语中的"break a leg"（祝好运）直译到其他语言可能不被理解。

（2）非语言交流误解：肢体语言和面部表情在不同文化中有不同的含义。比如，在一些文化中直视对方的眼睛是尊重的表现，而在其他文化中可能被视为挑衅或不礼貌。

3.2.3 价值观和信念的差异

（1）时间观念的差异：在一些文化中，如德国和日本，时间观念非常严格，而在其他文化中，如拉丁美洲和中东地区，时间观念较为宽松。

（2）权威观念的差异：在一些亚洲文化中，对长辈或上级的尊重是非常重要的，而在西方文化中，平等和直率的交流更为常见。

3.2.4 问候礼节

在一些文化中，握手是常见的问候方式，而在其他文化中可能更倾向于鞠躬或接吻。

（1）握手

西方文化（如美国、加拿大、欧洲国家）：握手是常见的正式问候方式，通常表示友好和尊重。

非洲和中东的一些地区：握手也是一种常见的问候方式，有时伴随着手臂或肩膀的轻拍。

（2）鞠躬

日本：鞠躬是一种非常重要的问候礼节，不同的弯腰角度和持续时间可以表达不同程度的尊重和感谢。

韩国和中国：虽然握手在商业环境中也很常见，但在更正式或传统的场合，鞠躬是表示尊重的方式。

（3）接吻

拉丁美洲（如阿根廷、巴西）和南欧（如意大利、西班牙）：面颊亲吻是常见的问候方式，通常发生在好朋友、家庭成员之间，有时初次见面的人之间也有此问候礼节。

法国：面颊亲吻的次数和方式因地区而异，这是一种亲密且友好的问候方式。

（4）其他问候方式

印度：合十礼，两手合在胸前，轻轻鞠躬，是常见的问候方式，特别是在更传统的场合。

泰国：合掌礼，双手合十，指尖靠近下巴或额头，伴随着轻微的鞠躬，是表示尊重的问候方式。

3.2.5 礼物文化

在一些文化中，送礼是常见的社交习惯，但在不同文化中，关于何时送礼、送什么礼物、如何接受礼物都有不同的规矩。

日本：送礼是日本文化中非常重要的一部分，尤其在特定节日，如新年、结婚纪念日或生日时。礼物通常要求包装精美，显示出对对方尊重和关心。接受礼物时，通常不会当面打开，以表示谦逊。

中国：送礼是表达尊重和礼貌的一种方式，特别是在春节、中秋节等传统节日。避免送一些文化上可能有负面含义的礼物，如带有"四"（与"死"谐音）的物品。赠送礼物时通常应双手递送，表示尊重。

中东地区：送礼在商业和私人场合都很常见。应避免送含酒精的礼物，因为在许多中东国家酒精是禁忌。在伊斯兰教的神圣月份斋月期间送礼非常普遍。

美国和加拿大：送礼常见于生日、圣诞节和婚礼等场合。礼物选择通常比较个性化，反映了送礼者对接受者的了解。打开礼物通常是在赠送者面前进行，以表达感激。

印度：送礼在婚礼、生日和宗教节日等场合非常普遍。金钱是一个常见的礼物选择，尤其是在婚礼上。避免送与牛肉相关的任何礼物，因为牛在印度文化中是神圣的。

俄罗斯：送礼是在特殊场合表达尊重和友谊的方式。重要的是要确保礼物是有质感和考虑周到的。送花时应选择奇数，因为偶数花束通常用于葬礼。

韩国：在特殊节日，如春节和中秋节送礼非常常见。送礼时通常避免使用红色和黑色的包装纸，因为这些颜色在韩国文化中可能有特别的含义。给长辈送礼时，常常选择实用性的礼物，如保健品或特产食品。

意大利：送礼通常在圣诞节、复活节和生日等特殊场合。如果被邀请到家中，带上一瓶酒或一束花是惯例。在正式场合，精心包装的礼物更能显示出对主人的尊重和礼貌。

巴西：在生日或家庭聚会等私人场合送礼很普遍。巴西人喜欢色彩鲜艳、设计新颖的礼物。在商务场合，应避免赠送过于昂贵或个人化的礼物。

法国：在被邀请到家中时，通常会带上一些小礼物，如巧克力、酒或花束。礼物通常不在公共场合打开，以保持礼貌和谦逊。在商业环境中，送礼通常更为谨慎和正式。

澳大利亚：礼物通常在生日、圣诞节和婚礼等特殊场合送出。澳大利亚人欣赏实用和有趣的礼物。在宾至如归的文化中，带东西（如食物或饮料）参加聚会是常见的礼节。

泰国：泰国人重视礼物的精神意义多于其物质价值。在正式场合或商务会面时，送礼是很常见的。礼物不应立即在赠送者面前打开，以示礼貌。

越南：在越南文化中，送礼是表达尊重和友谊的重要方式。在节日、生日或访问某人时带礼物很常见。简单而有意义的礼物，如鲜花或食物，通常最受欢迎。

马来西亚：马来西亚是一个多元文化的国家，送礼习俗可能因不同的种族和宗教背景而有所不同。在商务和社交场合，小礼物可以作为友好的象征。需要注意的是，不同的宗教群体可能有特定的禁忌，例如穆斯林忌讳含酒精的礼物。

印度尼西亚：礼物在印尼文化中是表达尊重和友好的方式。在访问家庭或特殊场合时，带上小礼物是常见的。赠送礼物应该用双手递送，以示尊重。

菲律宾：在菲律宾，送礼是表达关心和尊重的一种方式。礼物通常在生日、圣诞节和婚礼等特殊场合赠送。礼物不需要太昂贵，重要的是赠送的心意。

新加坡：新加坡是一个多元文化的国家，送礼习俗可能因不同的文化背景而有所差异。在商务场合，适当赠送礼物可以促进关系的建立。

3.2.6 工作方式和决策过程

（1）团队合作与独立工作

在一些文化中，团队合作和集体决策被高度重视，而在其他文化中则更倾向于个人主义和独立工作。

团队合作和集体决策重视的文化如下。

日本：在日本的工作环境中，团队合作和集体和谐非常重要。决策过程往往是集体的，强调群体共识。

中国：中国文化高度重视集体主义，团队和家庭的利益常常置于个人之上。在商业环境中，团队合作和集体决策是常见的。

韩国：韩国企业文化强调团队精神和集体协作，重视团队成员之间的和谐与协作。

个人主义和独立工作偏好的文化如下。

美国：美国文化倾向于强调个人主义和自我表现。在职场上，独立性、个人成就和创新被高度重视。

英国：英国也倾向于个人主义，鼓励个人责任和独立工作。尽管团队合作也很重要，但个人成就和独立思考同样受到重视。

澳大利亚：在澳大利亚，独立性和个人主义在工作文化中占有重要地位。虽然团队合作仍然重要，但个人的自主性和创新能力也受到鼓励。

（2）决策过程

在一些文化中，决策是自上而下的，而在其他文化中，决策可能更民主和协商。

自上而下的决策文化如下。

中国：在许多中国企业中，决策过程往往是自上而下的。高层管理者作出关键决策，下属则遵循这些指示。

俄罗斯：俄罗斯的商业文化通常倾向于强权管理风格，决策通常由高层管理者或领导者作出。

韩国：韩国企业中也常见自上而下的决策模式，其中领导者在决策过程中扮演核心角色。

民主协商的决策文化如下。

瑞典：瑞典的工作文化强调平等和团队参与。决策过程往往是民主和协商的，员工参与度高。

荷兰：荷兰企业通常采用更为平等和包容的决策方式，鼓励员工参与和表达自己的观点。

加拿大：在加拿大，许多企业采用民主和包容的管理风格，鼓励团队成员在决策过程中发表意见和参与讨论。

3.2.7　对冲突的处理方式

在一些文化中，直接表达不满或冲突是常见的；而在其他文化中，人们可能更倾向于间接表达，以避免直接冲突。

（1）直接表达冲突的文化

美国：在美国文化中，直接和坦率地表达观点和不满是常见的。美国人倾向于直接解决问题，以明确和直接的方式沟通。

德国：德国文化也鼓励直接和清晰的沟通方式。在发生冲突时，德国人通常会直截了当地表达他们的意见和不满。

以色列：在以色列文化中，直接和开放的沟通被视为有效的冲突处理方式。直率被视为诚实和透明的表现。

（2）间接表达冲突的文化

日本：在日本文化中，人们倾向于间接地表达不满或冲突，以维护和谐和面子。间接的沟通方式有助于避免直接的对抗。

印度：在印度，直接表达冲突可能被视为不礼貌。因此，人们常常采用更圆滑和间接的方式来表达分歧。

韩国：韩国文化中也倾向于通过间接和微妙的方式表达不满，以保持社交和谐和尊重他人。

中国：在中国文化中，人们通常采取更细微和间接的方式来表达不满，以避免直接冲突，并维持双方的面子。

阿拉伯国家：在许多阿拉伯文化中，直接表达冲突可能被视为不礼貌。因此，人们可能会采用更委婉的方式来沟通，以处理不满或分歧。

马来西亚：由于其多元文化的背景，马来西亚的沟通风格往往更倾向于间接和谨慎，特别是在公共和正式的场合。

3.3 国际美食盛宴——社交常识

3.3.1 日本寿司

寿司是日本的传统食物，有着丰富的历史和深厚的文化背景。以下是关于寿司的一些文化背景介绍。

（1）历史沿革：最早的寿司与现代寿司截然不同，因为它主要强调的是发酵鱼肉，而非米饭。到了日本平安时代，寿司开始采用醋来调味，并且与米饭一起食用。

（2）米饭的重要性：对日本人来说，米饭不仅仅是食物，也是一个文化象征。寿司米饭经常会加入一些醋、糖和盐，使其带有特定的口感和味道，成为寿司的核心组成部分。

（3）季节性与新鲜性：日本的寿司高度强调食材的新鲜性。许多寿司店每天清晨都会到当地的鱼市选购最新鲜的鱼类。此外，根据季节的不同，寿司的种类和口感也会有所不同，以反映大自然的变化。

（4）艺术性与仪式感：寿司制作不仅仅是一种手艺，还被视为一种艺术。经验丰富的寿司师傅会精心挑选、切割并摆放食材，确保每一块寿司都是一件小型的艺术品。同时，到寿司店用餐也是一种独特的体验，从师傅现场制作寿司，到客人一口一口地品尝，都充满了仪式感。

（5）种类繁多：尽管外界常常以生鱼片和醋味米饭来代表寿司，但实际上，寿司有多种形式，（如鱼片或其他食材压在小块米饭上）、"卷物"（常见的卷寿司，包括内卷和外卷）、"刺身"（仅仅是切片的生鱼或其他海鲜，不包括米饭）等。

（6）社交与分享：尽管寿司经常被认为是高档食物，但它也常常在家庭聚会和朋友间的聚餐中出现，作为一种社交和分享的工具。

（7）寿司不仅是一道美味的食物，它也反映了日本的传统、审美和对于食物新鲜性和质量的执着追求。

（8）制作方法：将醋调味过的米饭与各种新鲜的鱼片、海鲜和蔬菜结合，再用海草卷起。

3.3.2　法国鹅肝

鹅肝在法国被誉为"美食之王"，是法国料理中的一大珍馐。以下是关于鹅肝的文化背景介绍。

（1）历史沿革：鹅肝的历史可以追溯到古埃及时代，当时的埃及人已经开始饲养鸭和鹅，并利用其肝脏制作美食。古罗马时期，这一传统被带到欧洲。但在中世纪，法国才真正开始大规模地生产和消费鹅肝。

（2）食用习惯：鹅肝在法国通常作为开胃菜或主菜食用。它可以做成鹅肝酱、煎鹅肝或鹅肝慕斯。与之搭配的通常有甜白葡萄酒，如苏玳葡萄酒，或是其他各种酒类。

（3）文化地位：鹅肝在法国不仅仅是一道菜，它在法国文化中也占有重要地位。尤其在节日和特殊场合，如圣诞节和新年，鹅肝是必不可少的菜肴。

（4）法律保护：由于鹅肝在法国文化中的重要地位，2005年，法国政府在法律中明确规定了鹅肝是法国的文化和美食遗产的一部分。

（5）争议：虽然鹅肝被许多人认为是一种美味，但其生产方法在国际上引起了很大的争议。鹅肝的生产涉及一种被称为"强迫饲养"的方法。这是一种让鸭或鹅过度摄食，使其肝脏迅速膨胀的方法。这种做法在历史上一直受到争议，因为它涉及动物福利问题。许多动物保护组织和个人认为，"强迫饲养"是对动物的一种虐待，因此在一些国家和地区，鹅肝的生产和销售都受到了限制或禁止。鹅肝代表了法国美食文化的一部分，融合了历史、传统和现代争议，使其成为国际上广受讨论的美食话题。

（6）制作方法：鹅肝通常通过慢煎或烤制的方式烹饪，并与各种调味料一同呈现。

3.3.3 墨西哥卷饼

墨西哥卷饼，通常又被称为"玉米饼"或"玉米煎饼"等，在墨西哥有着深厚的文化背景和重要地位。以下是墨西哥卷饼的文化背景介绍。

（1）历史沿革：玉米在墨西哥有着数千年的历史。玛雅文明和阿兹特克文明视玉米为生命的来源。据悉，墨西哥土著人已经生产和食用玉米饼超过10000年。玉米饼最初是手工制作的，用石磨磨碎玉米后，制成面团，然后在热石头或陶瓦上烘烤。

（2）文化意义：在阿兹特克文明中，玉米被视为神圣的食物，与宗教仪式紧密相连。玉米饼在日常饮食中也扮演着重要角色，成为墨西哥菜肴的主要组成部分。

（3）多样性：玉米饼可以用来制作各种不同的墨西哥菜肴。例如，玉米卷饼是将玉米饼折叠并加入各种配料，如肉、奶酪、生菜和酱汁；玉米大卷饼则是一种大饼，里面包裹着各种配料；油炸玉米粉饼是在两片玉米饼之间加入奶酪后烘烤或煎炸而成的。

（4）社交活动：制作和分享墨西哥卷饼是墨西哥家庭和社区的日常活动。在墨西哥，家庭成员会聚集在厨房制作和享受这一传统美食，增强家庭成员之间的凝聚力。

（5）玉米的地位：墨西哥是玉米的故乡，玉米在当地不仅仅是一种主食，更是文化、宗教和历史的一部分。墨西哥卷饼的广泛流行正是对这一点的最佳证明。

（6）全球化的影响：随着墨西哥文化的传播，墨西哥卷饼也受到全球食客的喜爱。现在，世界各地都有墨西哥餐厅和快餐店，它们为不同文化的人们提供了真正的墨西哥风味。

（7）制作方法：使用玉米饼作为基底，上面放上各种肉类、蔬菜和调味品。

3.3.4 意大利比萨饼

意大利比萨饼在全球都享有盛名，但它的起源和文化背景深深扎根于意大利的文化和历史传统中。以下是意大利比萨饼的文化背景介绍。

（1）起源：尽管许多古代文明都有用面团制作的食品，但现代意义上的比萨饼起源于意大利的那不勒斯。18世纪或更早时，那不勒斯的穷人开始制作并食用比萨饼作为廉价的食物。

（2）玛格丽特比萨饼：这种简单的，用鲜奶油乳酪、西红柿和罗勒制成的比萨饼据说是为了纪念意大利王后玛格丽特而命名的。食材也象征着意大利的三色旗：红色（西红柿）、白色（奶酪）和绿色（罗勒）。

（3）地方特色：意大利的每个地区都有其特色比萨饼。例如，罗马的比萨饼更薄，而那不勒斯的比萨饼边缘较厚且松软。

（4）文化传统：在意大利，制作比萨饼被视为一种艺术和手工技艺，受到高度尊重。那不勒斯甚至有一个致力于保护传统比萨饼制作技艺的协会，称为"那不勒斯正宗比萨协会"（Associazione Verace Pizza

Napoletana，AVPN）。

（5）全球化的影响：意大利移民将比萨饼带到了世界各地，尤其是美国。因此，比萨饼逐渐融入不同的文化，产生了各种不同的风格和口味，如纽约风格、芝加哥风格等。

（6）社交食品：比萨饼通常是一种社交食品，适合与家人和朋友分享。在意大利，比萨饼通常是整块直接吃，而不是切成片后食用。而在其他许多国家，比萨常常被切成片供人们享用。

（7）比萨饼和音乐：在那不勒斯，比萨饼与当地的音乐文化，尤其是流行情歌密不可分。那不勒斯的比萨饼店常常成为社交和音乐活动的中心。

总之，意大利比萨饼不仅是一种食物，它在意大利文化、历史和社会中都占有特殊的地位。尽管它已经变得全球化，但它的意大利文化之根仍然清晰可见。

（8）制作方法：在面团底部涂抹番茄酱，撒上奶酪、各种肉类、蔬菜等配料，然后烤制。

3.3.5 饺子

饺子是一种受到广泛欢迎的传统食品，其文化背景丰富而深厚。以下是饺子的文化背景简述。

（1）起源：据传，饺子的历史可以追溯到汉代，由医学家张仲景创制。当时为了帮助饱受寒冷冻疮之苦的民众，他制作了一种包有药材的面食来对抗严寒，这种食物逐渐演变为今天的饺子。

（2）象征意义：饺子的形状类似古代的金银元宝，因此，许多中国人相信在春节时吃饺子会带来好运和财富。

（3）家庭聚会：饺子制作常常是一种家庭活动，尤其在春节和冬至。家人们会一起和面、擀皮、包饺子，这个过程增进了家庭成员之间的亲情和团结。

（4）地方特色：中国各地都有制作饺子的传统，但馅料和调料有所不同。例如，山东饺子的皮薄馅嫩，而广东的水饺则多用海鲜作为馅料。

（5）不同的食用方法：饺子可以煮、蒸或者煎。北方尤其在冬天喜欢吃水饺，而南方则偏好蒸饺。

（6）特殊活动中的饺子：在某些特殊的日子里，例如"冬至"和"除夕"，吃饺子是中国北方人民的传统习惯。除夕夜，许多家庭会在饺子馅中放一个硬币，据说谁吃到那个饺子，新的一年中会特别幸运。

（7）饺子与中国哲学：饺子是"阴阳"哲学的一个小小体现。饺子的外皮代表"阴"，而内在的馅料则代表"阳"。当两者结合在一起，它们形成了一个和谐的整体。

（8）名称与寓意：在一些地方，饺子还被称为"交子"或"娇耳"，意味着岁岁平安、人人安康。

饺子在中国文化中占有特殊的地位。它不仅仅是一种食物，更是承载了历史、文化传统和家庭情感的一个符号。

（9）制作方法：将切碎的肉、蔬菜及调味料等搅拌成馅料，包入面皮中，然后煮或蒸熟。

3.3.6 印度咖喱

印度咖喱是印度饮食的核心组成部分，它的味道和特点受到了多种文化、历史和地理因素的影响。以下是印度咖喱的文化背景介绍。

（1）宗教与食品：印度是一个多宗教的国家，其中印度教和佛教最为重要。许多印度教徒和佛教徒选择吃素，这导致印度菜肴中有大量的素食咖喱。同时，清真食品也在穆斯林社区中很受欢迎，因此也产生了多种肉类咖喱。

（2）香料之国：印度一直是世界上香料的主要生产地和贸易中心。各种香料，如姜、蒜、红辣椒、八角、小茴香和孜然，都是印度咖喱的关键成分。

（3）地理差异：印度各地的气候和地形差异大，有热带雨林，也有沙漠，这也导致各地咖喱的特点各异。例如，西岸的果阿邦和马哈拉施特拉邦的咖喱中经常使用椰奶，而北部地区的咖喱则更偏重肉类和乳制品。

（4）历史影响：摩揭陀帝国的兴起、英国的殖民统治和其他时期的历史都对印度饮食的发展演变产生了影响。例如，马苏尔曼入侵者引入了香料和新的烹饪技术，而英国殖民者则引入了土豆和西红柿。

（5）社交与咖喱：在印度，聚餐常常是一种社交活动。在家庭聚餐和各种节日庆祝活动中，咖喱是必不可少的。

阿育吠陀：阿育吠陀是印度的传统医学体系，它强调食物与健康之间的平衡。印度咖喱中的许多香料，如生姜和黄姜，都被视为有益健康的食品。

（6）全球影响：由于印度的移民在全球各地建立社区，印度咖喱也随之传播到世界各地，受到各种文化的欢迎和改良。

总之，印度咖喱不仅是一道食品，它更融合了多种文化、宗教和地理因素，是印度文化和历史的象征。

（7）制作方法：将肉类和蔬菜与各种香料煮制，常伴着米饭或印度烤饼食用。

3.3.7 西班牙的塔帕斯

塔帕斯是西班牙的一种传统小吃，与西班牙的文化、历史和生活方式紧密相连。以下是塔帕斯的文化背景介绍。

（1）起源：关于塔帕斯的起源有多种传说。其中一个流行的版本是，塔帕斯最早是用来覆盖酒杯的面包或火腿片，用于防止尘土或昆虫进入酒杯内。"Tapa"这个词在西班牙语中的意思就是"覆盖"。

（2）社交活动：在西班牙，人们在下班后经常到酒吧放松身心，并享用塔帕斯。这种习惯使得享用塔帕斯成为一种社交活动，人们可以在这个过程中与朋友和家人共度美好时光。

（3）多样性：尽管塔帕斯本质上是一种小吃，但它包含了无数的变种，从简单的橄榄和奶酪到复杂的海鲜和炖肉，应有尽有。

（4）餐饮习惯：与许多国家相比，西班牙人的晚餐时间比较晚。塔帕斯提供了一个在正餐之前填饱肚子的好方法。

（5）地理差异：西班牙各个地区都有自己的特色塔帕斯。例如，安达卢西亚地区因其海洋资源丰富而以海鲜类的塔帕斯著称，而加利西亚则以其辣椒为其独具特色的塔帕斯。

（6）经济因素：在经济困难时期，塔帕斯提供了一种经济实惠的就餐方式。在某些酒吧，当顾客购买饮料时，塔帕斯甚至是免费的。

（7）国际影响：随着旅游业的发展和西班牙餐饮的国际影响力的增强，塔帕斯在全球范围内已很受欢迎。

总的来说，塔帕斯不仅仅是一种食品，它也代表了西班牙人的生活方式和文化，是人们进行交往、分享欢乐的特定形式。

制作方法：可以有多种，例如炸鱼、火腿、橄榄和奶酪等。

3.3.8 韩国泡菜

韩国泡菜，是韩国的传统发酵食品，它不仅在韩国的饮食文化中占据核心地位，而且与韩国的历史、社会和文化紧密相连。以下是泡菜的文化背景介绍。

（1）历史深远：最初的泡菜并不加辣，而是仅仅为了保存蔬菜而腌制。随着时间的推移，人们开始加入不同的调料和材料，形成了今天的多种泡菜风格。

（2）冬季储存：由于韩国冬天寒冷、夏天炎热，早期的韩国居民需要找到一种方法在冬季保存夏秋季节的农产品。因此，腌制泡菜这一传统应运而生，即在冬季来临之前制作大量泡菜并保存在地下或特制的陶罐中。

（3）家族和社区活动：制作泡菜通常是一个家族或社区的活动，尤其是在深秋时节。这是加强家族和社区联系的重要方式。

（4）多样性：虽然大多数人熟悉的泡菜是用白菜做的，但实际上韩国有上百种泡菜，材料从萝卜到黄瓜、从辣椒到鱼酱，应有尽有。

（5）健康益处：泡菜含有丰富的益生菌、维生素和矿物质。许多研究表明，它对人体的消化系统、免疫系统等方面的健康都有好处。

（6）文化象征：泡菜不仅仅是食物，它也是韩国文化、传统和国家骄傲的象征。韩国人无论走到哪里，泡菜都是饭桌上不可或缺的一部分。

简而言之，泡菜是韩国文化的一个重要组成部分，反映了韩国人民的历史、传统和生活方式。

（7）全球影响：随着韩流文化的全球传播，泡菜也被更多的人了解和喜爱。它不仅在韩国餐馆中出现，还成为全球许多厨师和食客尝试和探索的对象。

（8）制作方法：主要以大白菜和萝卜为基础，添加盐、红辣椒、蒜、姜等调料，然后进行发酵。

3.3.9 泰国冬阴功汤

冬阴功汤是泰国最著名和最受欢迎的汤之一，它是泰国料理的代表，同时也体现了泰国文化的特色和风味。以下是关于冬阴功汤的文化背景介绍。

（1）味觉的平衡：冬阴功汤完美地体现了泰国料理中追求的五种基本味觉的平衡：酸、甜、辣、咸和苦。它使用了泰国料理中常见的食材，如鱼露、柠檬草、青柠和辣椒，这些都为冬阴功汤提供了层次丰富的味道。

（2）简单与自然：泰国文化强调与自然的和谐共存，这一点在冬阴功汤中也得到了体现。汤中使用的大部分食材都是新鲜的，并且制作过程相对简单，保留了食材的天然风味。

（3）草药的价值：许多用于制作冬阴功汤的食材，如柠檬草、卡夫叶和高良姜，在泰国都被视为草药。这些食材不仅提供了美味，还有益于健康。

（4）社区与分享：在泰国，饮食是社交的一种重要途径，而冬阴功汤通常会被放在大碗中供多人分享，这反映了泰国文化中的共享与团结精神。

（5）地域性：尽管冬阴功汤在泰国各地都很受欢迎，但不同地区的制作方法和口味可能会有所不同，这体现了泰国各地文化和饮食传统的独特性。

（6）全球影响：由于独特的口感和味道，冬阴功汤不仅在泰国受到喜爱，还在全球范围内受到了欢迎。它经常出现在泰国餐馆的菜单上，成为很多外国游客和食客体验泰国文化和料理的一个窗口。

总的来说，冬阴功汤不仅仅是一道美味的汤，它也是泰国文化和传统的一个重要代表，充分展现了泰国饮食追求味觉平衡、简单自然和草药益处的特点。

（7）制作方法：使用鲜虾、香茅、青柠叶、鱼露、辣椒和椰奶煮制。

3.3.10 希腊烤肉串——西西里岛的传说

希腊烤肉串，通常被称为"souvlaki"，也译作"索瓦兰吉"，是希腊料理中最受欢迎和知名的街头食品之一。以下是关于希腊烤肉串的文化背景介绍。

（1）古老的传统：希腊烤肉串的历史可以追溯到古希腊时期。古代的希腊人在火上烤肉已经有了很长的历史，这一习惯持续至今，并在希腊餐桌上仍然受到欢迎。

（2）街头食品文化：在现代，希腊烤肉串通常被视为快餐，尤其受到年轻人的喜爱。希腊各地的街头和市场都能找到供应希腊烤肉串的小摊或小店。

（3）与节日的联系：在希腊，人们常常在节日、庆典或家庭聚会时烤肉。希腊烤肉串作为一种简单易做的烤肉食品，常常成为这些场合的首选。

（4）简单与自然：希腊料理注重食材的新鲜和天然。希腊烤肉串通常只需要简单的调味，如橄榄油、柠檬汁、盐和牛至，即可凸显肉的鲜美。

（5）与其他料理的结合：希腊烤肉串常常与其他希腊传统食品搭配，如tzatziki酱（由酸奶、黄瓜、大蒜、橄榄油和柠檬汁制成）和希腊沙拉。

（6）地域差异：尽管希腊烤肉串在整个希腊都很受欢迎，但不同地区可能有其特有的制作方法和口味。例如，某些地区可能会选择其他种类的肉，如猪肉或鸡肉，而不是羊肉。

总体而言，希腊烤肉串不仅是希腊的一道美食，更是希腊文化和历史的象征，反映了希腊人对食物的热爱和对传统的尊重。

（7）制作方法：将羊肉切块，用橄榄油、柠檬汁、大蒜和香草腌制，然后串在木棍上烤制。

3.3.11 越南春卷

越南春卷，在许多国家也被称为越南式生春卷或水饺，是越南的传统小吃。以下是关于越南春卷的文化背景介绍。

（1）历史与起源：越南春卷的起源可以追溯到古代越南。虽然它现在在全国受到欢迎，但它主要起源于越南南部地区，尤其是美奈地区。

（2）名称的意义：在越南语中，"Gỏi"指"沙拉"，而"cuốn"指"卷"或"包裹"。所以，"Gỏi cuốn"也被直译为"沙拉卷"。

（3）食材与制作：越南春卷通常由一张透明的米纸做成，里面包含猪肉、虾、生菜、香菜、薄荷、春葱、米粉等。每种食材都为春卷提供了独特的口感和风味。制作越南春卷需要技巧，尤其是在包裹时要确保其既紧实又能保持成分的完整性。

（4）象征意义：越南春卷在越南家庭和社交场合中都非常受欢迎，通常被视为健康的食物选择。透明的米纸包裹着丰富多彩的内馅，这反映了越南饮食文化中强调的平衡与和谐。

（5）与酱汁的搭配：这些春卷通常与特制的酱汁一起食用，如基于花生的酱汁或带有辣椒和大蒜的鱼酱。

（6）与节气的关系：越南春卷是在越南的许多传统节日和家庭聚会中享用的食物，反映了这个国家的季节性和农耕传统。

（7）全球流行：受历史和文化影响，尤其是全球化背景下受与其他国家的交互的影响，越南春卷已经在全球范围内受到了欢迎，成为国际美食。

总之，越南春卷不仅仅是一道食物，它还代表了越南的文化、历史传统，以及人们对食材、口味和手艺的尊重。

（8）制作方法：使用透明的米纸包裹新鲜蔬菜、草药、猪肉或虾，经常搭配鱼露或花生酱作为蘸酱。

3.3.12　摩洛哥的塔吉锅

塔吉锅是北非，尤其是摩洛哥的传统炖菜，同时也是炖制这些菜肴的特殊锥形盖子的陶瓷或陶土锅的名称。以下是关于塔吉锅的文化背景介绍。

（1）历史与起源：塔吉锅的起源可以追溯到几千年前的古摩洛哥。它是贝都因游牧民族和北非土著民族的传统烹饪工具。

（2）特殊设计：塔吉锅的特殊设计是其最显著的特点。它由一个圆形、扁平的底部和一个锥形的盖子组成。这种设计使热气在烹饪过程中循环，使食物在低温下长时间炖煮，从而更好地保留食材的香气和营养。

（3）烹饪方法：在塔吉锅中，肉、鸡、鱼、蔬菜、果仁、香料和干果等食材经过慢慢炖煮，使得食物的味道充分混合。

（4）象征意义：塔吉锅是摩洛哥家庭和社交生活中不可或缺的一部分。它不仅仅是一种烹饪工具，还是摩洛哥文化、传统和饮食习惯的象征。

（5）节日与聚会：塔吉锅经常在节日、婚礼和其他重要场合中出现。它经常在家庭和朋友之间分享，使餐桌成为团结和欢乐的中心。

（6）香料的使用：摩洛哥菜以其独特的香料混合物而著称，塔吉锅也不例外，使用的香料包括胡椒、藏红花、姜、肉豆蔻、肉桂和库斯库斯等。

（7）国际影响：由于摩洛哥的历史文化和旅游业的发展，塔吉锅在世界各地都有一定的知名度和影响力，成为摩洛哥饮食的代表。

总的来说，塔吉锅是摩洛哥文化的重要组成部分，它反映了这个国家的历史文化传统和人们对食材、口味的尊重。

（8）制作方法：在塔吉锅中慢炖肉类和蔬菜，加入香料和干果，如杏仁、樱桃干和桂皮。

3.4 了解观影文化

电影作为一种强大的视觉和情感媒介，能够生动地展现不同文化的特点和价值观。这些电影不仅能够帮助学生了解多元文化，还能增强学生的全球视野和职业竞争力。

3.4.1 《肖申克的救赎》（*The Shawshank Redemption*）

这部电影通过讲述美国监狱系统的故事，探讨了自由、希望和人性的力量。

（1）背景介绍

在观影前，向学生介绍电影的文化背景和历史环境。讨论电影中可能出现的文化元素和社会问题，以便学生在观看时有所准备。

《肖申克的救赎》是一部1994年上映的美国电影，由弗兰克·德拉邦特执导，改编自斯蒂芬·金的短篇小说《丽塔·海华斯和肖申克的救赎》。该片的文化背景和历史环境具有以下特点。

时代背景：故事发生在20世纪40年代到60年代的美国，这是一个社会和政治变革的时期。电影通过主人公的经历反映了这一时期的美国社会环境。

监狱系统：电影主要在肖申克监狱内部展开，这所虚构的监狱象征着当时美国监狱系统的苛刻和腐败。在20世纪中叶，美国的监狱系统面临着重大的挑战，包括过度拥挤、不人道的对待和系统性的腐败问题。

种族和社会问题：电影中也展示了种族关系的复杂性。这个时期的美国正经历着民权运动，种族歧视和社会不平等问题日益凸显。

美国梦和希望主题：电影中的主要主题之一是美国梦的追求和希望的力量。主人公安迪和雷德的故事展示了即使在最黑暗和压抑的环境中，人们仍然能够通过坚韧和希望找到自由。

法律和正义：电影中对法律和正义的探讨反映了当时美国社会对法律公正性的质疑。主人公安迪的冤屈和最终的自由，揭示了法律体系的不完善和个人正义的追求。

《肖申克的救赎》不仅是一部优秀的电影作品，它还深刻地反映了特定历史时期的美国文化和社会问题，对观众产生了深远的影响。通过这部电影，观众可以更好地理解和思考20世纪中叶美国社会的复杂性和多样性。

（2）引导式观看

提供观影指导或问题，鼓励学生在观看过程中思考特定的文化元素和主题。让学生注意电影中的文化差异和共性，思考这些差异背后的原因。

（3）文化元素和社会问题及背后的原因

《肖申克的救赎》不仅是一部深受欢迎的电影，还蕴含了许多重要的文化元素和社会问题，这些都深刻反映了电影背后的社会背景和文化环境。以下是一些关键方面。

监狱文化：电影中的肖申克监狱是个封闭的微观社会，展现了美国20世纪中叶监狱系统的苛刻现实。监狱文化包括了严格的等级制度、腐败的管理、暴力和不公正的待遇。

社会不平等和歧视：电影反映了当时社会的种族歧视和经济不平等。黑人和白人囚犯之间的互动揭示了种族紧张关系，而贫富差距也体现在监狱内部。

法律与正义：电影中的法律体系和正义概念是重要的主题。安迪的冤屈案件反映了司法系统的漏洞和不公，而他最终的逃脱则象征了对正义的追求和人性的胜利。

希望与人性：电影的核心主题是希望。即使在绝望的环境中，主人公保持着对自由和更好生活的向往。这反映了人对自由和尊严的基本追求，以及人性中不屈不挠的一面。

友谊与忠诚：安迪和雷德之间的友谊体现了在艰苦环境下人与人之间的联结和相互支持。这种深厚的友谊反映了人在困境中对彼此理解和支持的需求。

腐败与滥用权力：电影描绘了监狱内部的权力滥用和腐败现象。监狱管理层的腐败反映了当时社会中权力机构的道德败坏。

这些元素和问题不仅是电影情节的组成部分，也是电影深具影响力和持久魅力的原因。通过展现这些问题和冲突，《肖申克的救赎》引发了观众对正义、人性和社会价值的深刻思考。

（4）讨论电影中的文化元素如何影响人物的行为和故事情节

《肖申克的救赎》中的文化元素在很大程度上塑造了人物的行为和推动了故事情节的发展。以下是一些关键方面。

监狱文化的影响：在肖申克监狱这个封闭且严酷的环境中，监狱文化对人物行为产生了显著影响。例如，监狱中的暴力和霸凌促使安迪和其他囚犯采取自卫和适应的策略。监狱中的等级制度和腐败也影响了角色之间的互动和决策。

社会和法律体系的不公：安迪的冤屈入狱反映了外部社会的不公正和法律体系的缺陷。这不仅是影片情节的催化剂，也是安迪求生存并最终设法逃脱的主要动力。

希望和抵抗的主题：即使在绝望的环境中，安迪保持着对生活的积极态度和不断追求自由的希望。这种希望不仅支撑着他个人的抗争，也激励了周围的人，如雷德，从而影响了整个故事的走向。

人际关系和友谊：在电影中，友谊成为人物行为的重要动力。安迪和雷德之间的友谊，以及安迪与其他囚犯的关系，展现了人性中的善良和互助。这些关系帮助他们在艰难环境中找到安慰和力量。

权力滥用和反抗：电影中监狱官员的权力滥用和腐败行为影响了囚犯的生活和心态。安迪利用自己的知识和智慧，不仅为自己争取了一些特权，最终还揭露了监狱的腐败，这一行为直接推动了故事的高潮和结局。

通过这些文化元素，《肖申克的救赎》构建了一个丰富的叙事世界，其中人物的行为和故事情节紧密相连，深刻揭示了人性、希望和正义的主题。

（5）跨文化比较

鼓励学生比较电影中展示的文化与他们自己文化之间的异同，并讨论不同文化之间的误解和刻板印象，并探讨如何克服。

将《肖申克的救赎》中展示的文化与中国文化进行比较，可以发现一些明显的异同点。这种比较有助于深入了解不同文化背景下的价值观、社会结构和人际关系。

对待权威的态度：在《肖申克的救赎》中，对权威的挑战和反抗是一个重要主题。安迪反抗不公正的制度，并最终打破束缚。

相比之下，中国在文化传统上更重视对权威和师长的尊重，这在中国的家庭、学校教育和社会结构中都有所体现。

个人主义与集体主义：电影反映了西方文化中的个人主义精神，特别是通过安迪的角色，强调个人的独立思考和自由追求。

中国文化则更倾向于集体主义，强调个人与集体的和谐相处，集体利益高于个人利益。

对待不公和冲突的方式：在电影中，安迪通过智慧和策略来对抗不公正和腐败，这体现了个人直面冲突和积极解决问题的方式。

在中国文化中，人们可能更倾向于通过和谐的方式处理冲突，避免直接对抗，寻求通过协商、中间人调解或法律途径来解决问题。

自由与希望的主题：该电影中，对自由的追求和对希望的坚守是核心主题，反映了西方文化中对个人自由的重视。

而在中国文化中，人们虽然也重视自由和希望，但可能更多地会将其与集体利益、家庭责任和社会和谐相联系。

法律与正义：电影展现了对法律公正性的追求，即使在司法系统存在缺陷时也不放弃争取正义。

在中国文化中，法律和正义同样重要，但同时也强调道德规范和社会规范在维护社会秩序中的作用。

总的来说，《肖申克的救赎》中展示的文化与中国文化在对待个人与集体、权威、冲突处理、自由追求等方面存在显著差异，这些差异反映了不同历史背景、社会结构和价值观念对两种文化的影响。通过比较和理解这些差异，可以增进对不同文化的认识和尊重。

（6）创造性作业和项目

鼓励学生进行小组项目，深入研究电影中的特定文化主题。

3.4.2 《疯狂的石头》（Crazy Stone）

这部中国电影以轻松幽默的方式展现了现代中国社会的多面性。

（1）背景介绍

《疯狂的石头》是一部于2006年上映的中国电影，由宁浩执导。这部电影以其独特的幽默感、黑色幽默和对现代中国社会的讽刺著称。以下是其文化背景和历史环境的概述。

经济转型时期：电影反映了21世纪初中国经济快速发展和转型的时期。这一时期，中国经历了从计划经济向市场经济的转变，伴随着巨大的社会和经济变化。

社会矛盾和阶层差异：影片中展示了社会阶层之间的矛盾和冲突，反映了经济发展过程中出现的贫富差距和社会不平等问题。电影通过描绘不同社会阶层人物的生活，讽刺了当时的社会现象。

传统与现代的冲突：电影中的人物和情节体现了传统价值观和现代生活方式之间的冲突。一方面，人们追求现代化和物质利益；另一方面，传统的道德和社会规范仍然在人们的行为中占有一席之地。

城市化进程：影片展示了中国快速城市化的背景，城市化进程中出现的各种社会问题，如住房问题、就业压力和环境污染，都在影片中有所体现。

幽默和讽刺手法：《疯狂的石头》运用幽默和讽刺的手法，反映了当时中国社会的一些普遍问题，如腐败、贪婪和道德困境。电影的风格和主题代表了当时中国电影的一个新趋势，即更加开放和批判性地探讨社会问题。

总的来说，《疯狂的石头》不仅是一部娱乐性强的喜剧片，也是对当时中国社会变革和文化冲突的深刻反思。通过一系列荒诞而有趣的情节和人物，电影展示了一个多面的、处于快速变化中的中国社会图景。

(2)《疯狂的石头》这部电影出现的文化元素和社会问题及背后的原因

《疯狂的石头》这部电影通过一系列荒诞而幽默的情节，展现了当时中国社会的多个文化元素和社会问题，以及这些问题背后的原因。

地方文化与方言：电影中的角色使用地方方言（如重庆方言），展示了中国地域文化的多样性。方言不仅为电影增添了地域色彩，也体现了中国丰富的语言和文化多样性。

中国式幽默：通过对日常生活场景的夸张描绘和对话的巧妙编排，电影展示了独特的中国式幽默，这种幽默既反映了普通人的生活状态，也体现了中国传统文化中的机智和讽刺。

经济转型带来的影响：电影反映了中国经济快速发展和转型期间出现的社会变迁。在追求经济利益的过程中，一些传统价值观和道德标准受到挑战。

社会不平等和贫富差距：影片中的人物来自不同的社会阶层，展现了经济发展带来的贫富差距。这种差距不仅体现在物质条件上，也反映在人物的行为和心态上。

腐败和法律漏洞：影片中涉及的腐败和非法交易反映了当时社会中存在的法律和道德漏洞。这些问题暴露了快速发展背景下的管理缺陷和社会监督不足。

个人与社会的关系：电影中的人物面临的道德抉择和个人挑战反映了个人在社会变迁中的困境，包括对财富的追求与个人道德的冲突。

快速的社会和经济变化：中国在进入21世纪后经历了迅速的经济增长和社会变革，这些变化带来了新的机遇和挑战。

传统与现代的碰撞：随着经济的发展和全球化的影响，传统的价值观和生活方式受到现代文化和市场经济的冲击。

社会结构的变动：经济发展引起的社会结构变化导致了不同群体之间的经济和社会差距，同时也产生了新的社会问题。

《疯狂的石头》通过讲述一个充满幽默和讽刺的故事，巧妙地揭示了这些复杂的社会问题和文化现象，成为了解当时中国社会的一个窗口。

（3）讨论《疯狂的石头》电影中的文化元素如何影响人物的行为和故事情节

《疯狂的石头》中的文化元素对人物行为和故事情节有着显著的影响。这部电影通过其独特的叙事方式和角色塑造，展现了中国社会的各种文化特征及其对人物行为的影响。

地方文化与方言的影响：电影中广泛使用的地方方言不仅增强了角色的真实性，也反映了中国各地区文化的多样性。方言的使用使角色更具地域特色，同时也影响了他们的行为和思维方式。

经济转型对人物行为的影响：在经济快速发展和转型的背景下，电影中的人物面临着经济压力和机遇。这种背景促使他们追求快速致富，从而导致了一系列欺诈和追逐财富的情节。

社会阶层差异：电影中不同社会阶层的人物展示了不同的生活方式和价值观。这种阶层差异影响了他们的行为模式，如富裕人物与穷人在面对财富时所展现的不同态度和行动。

道德困境和选择：影片中的角色在道德和利益之间经常面临抉择。这些道德困境不仅推动了故事的发展，也反映了当时社会中普遍存在的价值观冲突。

幽默和讽刺手法：电影的幽默和讽刺元素反映了中国社会对某些现象的态度。这种幽默和讽刺不仅是故事叙述的一部分，也影响了人物的行为，例如他们在解决问题时常展现出的机智和创造力。

传统与现代的碰撞：电影中既有传统的家庭观念和人际关系，也有现代生活的快节奏和物质追求。这种传统与现代的碰撞在人物的行为选择和故事发展中扮演了重要角色。

总的来说，《疯狂的石头》通过展现中国社会的不同文化元素，塑造了一系列丰富多彩的角色，并以此推动了充满转折和惊喜的故事情节。

（4）比较《疯狂的石头》电影中展示的文化与西方文化之间的异同

《疯狂的石头》这部电影体现了中国文化的多个方面，并与西方文化存在一些显著的异同点。通过比较，我们可以更深入地了解这两种文化体系的独特性和相互影响。

对现代化的反思：无论是《疯狂的石头》还是许多西方电影，都在一定程度上探讨了现代化进程中的社会问题，如经济发展带来的贫富差距、道德困境等。

黑色幽默和讽刺：电影中运用的黑色幽默和讽刺元素在西方电影中也很常见，这种手法被用来批判社会现象和人性的弱点。

文化背景和社会结构：《疯狂的石头》深受中国特定的社会结构和文化背景影响，如地方方言的使用、对家庭和社会关系的描绘等，这些在西方电影中不常见。在处理家庭和社会关系时，中国电影可能更强调集体和谐与家族义务，而西方电影可能更侧重于个人主义和个人自由。

社会主题和价值观：《疯狂的石头》反映的社会主题，如对经济转型的反思、社会阶层差异等，具有鲜明的中国特色。而西方电影可能更多聚焦于个人英雄主义、民主和自由等主题。

在价值观的展现上，中国电影可能更多地体现传统的道德观念和社会规范，而西方电影则可能更强调个人选择和道德相对主义。

幽默和讽刺的表达方式：《疯狂的石头》中的幽默和讽刺风格深受中国文化的影响，表达方式可能更含蓄、间接。相比之下，西方电影中的幽默和讽刺往往更直接和鲜明。

对待法律和权威的态度：电影中对法律和权威的态度反映了中国社会对这些话题的复杂看法，这与西方社会中更为直接的批判或质疑方式有所不同。

总体来说，《疯狂的石头》与西方电影在表达手法、主题探讨和文化价值观方面存在明显差异，这些差异反映了中西方不同的社会结构、历史背景和文化传统。通过比较，我们不仅能够欣赏到各自文化的独特魅力，还能够增进对不同文化背景下人类共同经历的理解。

3.4.3 《出租车司机》(*Taxi Driver*)

一部反映20世纪70年代纽约市景观和社会问题的经典影片，探讨了孤独和城市生活的复杂性。

（1）背景介绍

《出租车司机》是一部1976年上映的美国电影，由马丁·斯科塞斯（Martin Scorsese）执导，罗伯特·德尼罗（Robert De Niro）主演。这部电影的文化背景和历史环境非常独特，它反映了20世纪70年代中期美国社会的某些关键方面。

越战后的美国社会：《出租车司机》的主角特拉维斯是一位越南战争的退伍军人。这个背景对理解他的心理状态和行为至关重要。20世纪70年代的美国正在处理越战留下的深刻社会、政治伤痕。许多退伍军人面临心理创伤、重新融入社会的困难，以及公众对越战的负面看法。

纽约市的衰败：电影中的纽约市被描绘为一个充满犯罪、腐败和道德沦丧的地方。20世纪70年代的纽约确实面临严重的经济和社会问题，包括高犯罪率、毒品泛滥和财政危机。这种背景为特拉维斯的心理变化和他对"清洗"这座城市的愿望提供了土壤。

政治氛围：电影中有一个政治竞选的剧情线，反映了美国民众对当时的政治不满和激烈的社会变革。20世纪70年代的美国政治被越战、民权运动、女权运动和水门丑闻等事件深刻影响。

心理孤立与外来者主题：特拉维斯的角色代表了都市人的孤独和疏离感。这种感觉在当时的美国社会中尤为突出，尤其是在快速变化和社会动荡的背景下。

暴力和道德模糊：电影中的暴力和道德模糊反映了当时社会的不安和混乱。这也是对美国电影中传统英雄形象的一种挑战，特拉维斯的行为既有英雄主义的成分，也有深刻的道德问题。

总的来说，《出租车司机》不仅是一部电影艺术作品，也是对20世纪70年代中期美国社会状况的深刻反映。通过特拉维斯这个角色，电影展示了一个经历过战争、在动荡时期寻找方向和意义的人的心理轨迹。

（2）《出租车司机》这部电影出现的文化元素和社会问题及背后的原因

战后创伤和退伍军人的困境：特拉维斯是一位越南战争的退伍军人，他的角色代表了许多战后遭受心理创伤和社会适应困难的美国退伍军人。这反映了20世纪70年代美国社会对越战退伍军人的忽视和误解，以及对心理健康问题的普遍忽视。

城市衰败和犯罪：电影中的纽约市充斥着犯罪、暴力和道德沦丧的景象。这反映了20世纪70年代真实的纽约市，当时由于经济衰退、财政危机和社会政策失误，城市陷入了高犯罪率和普遍的社会不安。

政治不满和激进主义：电影中的政治竞选背景揭示了当时美国社会对政治体系的不满和怀疑。这种不满源于越战、水门事件及政府对社会问题的处理不力。

性工作和道德问题：电影中对性工作者的描绘反映了当时对性工作和性道德的复杂看法。这也体现了20世纪70年代性解放运动和传统道德观念之间的冲突。

孤独和社会疏离：特拉维斯的孤独和对周围世界的疏离感是电影的核心主题之一。这反映了现代都市生活中人们面临的孤立无援和心理健康问题。

暴力和自我救赎：特拉维斯试图通过暴力行为来实现自我救赎和社会正义，这反映了当时社会对暴力的复杂态度，以及人们对个人英雄主义和自我牺牲的幻想。

总体来说，《出租车司机》通过特拉维斯这个角色，展示了一个在动荡时期寻找个人身份和社会正义的人的心理轨迹。这部电影不仅是对个人心理状态的深刻探讨，也是对20世纪70年代美国社会问题的广泛反映。

（3）讨论《出租车司机》电影中的文化元素如何影响人物的行为和故事情节

《出租车司机》这部电影中的文化元素对人物的行为和故事情节产生了深远的影响。以下是一些关键的文化元素及其影响。

战后创伤与退伍军人的困境：特拉维斯作为越南战争的退伍军人，他的心理创伤和对社会的不适应是推动故事发展的关键因素。他的孤独、失眠，以及对周围世界的疏离感，部分源于他作为退伍军人的身份和战后的心理状态。这种背景促使他采取极端行动，试图以自己的方式恢复秩序和正义。

城市衰败与社会犯罪：电影中充斥着对20世纪70年代纽约市衰败和犯罪的描绘。这种环境影响了特拉维斯的心态和行为。他对城市的厌恶和对犯罪的憎恶逐渐转化为一种救世主心理，促使他采取暴力行动。

政治和道德的模糊：电影中的政治背景和对性工作的描绘展示了当时社会的道德模糊和政治不满。特拉维斯对政治人物的刺杀企图和对未成年性工作者的救赎愿望，反映了他对现有社会秩序的不满和对更高道德标准的追求。

孤独和社会疏离：特拉维斯的孤独和疏离感是他行为的主要驱动力。这种心理状态是当时都市生活的一个缩影，反映了现代社会中个体的孤立和心理健康问题。

暴力和自我救赎的幻想：特拉维斯将暴力视为一种自我救赎和社会净化的手段。这种观念部分源于当时社会对暴力的容忍和对个人英雄主义的幻想。

总之，这些文化元素不仅塑造了特拉维斯这个复杂的角色，也推动了整个故事的发展。通过他的眼睛，观众得以窥见20世纪70年代美国社会的一些深层问题，包括战后创伤、城市衰败、政治不满、道德模糊、孤独和社会疏离，以及暴力和救赎的主题。这些元素共同构成了一部深刻的社会评论作品。

（4）比较《出租车司机》电影中展示的文化与中国文化之间的异同

比较《出租车司机》中展示的美国文化与中国文化，我们可以从几个不同的角度来看待它们之间的异同。

社会和心理问题的处理：在《出租车司机》中，特拉维斯的孤独、疏离和心理问题是电影的核心。这种对个人心理状态的深入探讨在美国电影中较为常见。

相比之下，中国文化传统上更注重集体和社会的和谐，个人问题往往在更大的社会和家庭背景下被理解和处理。中国电影中对个人心理状态的探讨可能不如西方电影那样直接或深入。

城市生活的描绘：《出租车司机》对纽约充满了犯罪和道德沦丧的描绘，这反映了20世纪70年代特定时期美国的社会现实。

而在中国，城市生活的描绘可能更多地集中在快速的现代化、传统与现代的冲突，以及社会变迁带来的挑战上。

政治背景：电影中的政治背景体现了美国20世纪70年代的政治不满和激进主义。这种对政治的直接批评在美国文化中相对常见。

在中国，由于不同的政治体制和文化环境，电影中对政治的表达可能更为含蓄，或者聚焦于不同的主题。

暴力和自我救赎：《出租车司机》中特拉维斯通过暴力行为寻求自我救赎的主题，在西方文化中反映了对个人英雄主义和暴力解决问题方式的复杂看法。

相比之下，中国文化和电影可能更强调集体主义、和谐解决冲突的方法，以及道德和社会责任感。

文化价值观和道德观念：《出租车司机》展示了一种对美国社会道德沦丧和解构的批评视角。

而中国文化和电影中，可能更多地强调传统道德价值、家庭关系和社会责任。

总的来说，虽然《出租车司机》中展示的文化与中国文化在处理社会和心理问题、城市生活的描绘、政治背景、暴力和自我救赎的主题，以及文化价值观和道德观念等方面存在显著差异，但二者都在各自的文化和社会背景下探讨了人类共通的主题，如个人与社会的关系、道德和伦理的挑战，以及个人身份的寻找等。

3.4.4 《追风筝的人》（*The Kite Runner*）

这部根据同名小说改编的电影，深入展现了阿富汗的历史背景和文化。

（1）背景介绍

《追风筝的人》是一部根据卡勒德·胡赛尼（Khaled Hosseini）同名小说改编的电影，于2007年上映。这部电影的文化背景和历史环境非常丰富，涵盖了阿富汗近半个世纪的历史变迁。

阿富汗的政治和社会背景：故事开始于20世纪70年代的阿富汗，那是一个相对和平和稳定的时期。阿富汗当时还是一个君主国，社会上存在着不同民族和社会阶层之间的紧张关系，尤其是普什图人（Pashtuns）和哈扎拉人（Hazara）之间的关系。这种紧张关系在故事中通过主人公阿米尔（属于社会上层的普什图人）和他的仆人哈桑（属于较低阶层的哈扎拉人）的关系中得到体现。

难民经历和身份认同：电影也探讨了阿米尔在美国的生活，反映了许多阿富汗难民的经历。他们在适应新文化的同时，也面临着对过去的回忆和身份认同的挣扎。

塔利班统治：故事的后半部分发生在20世纪90年代末，当时阿富汗被塔利班控制。塔利班的极端主义政策和对人权的践踏在电影中得到了展现，特别是对女性和少数民族的压迫。

个人救赎和家族关系：在这些宏大的历史背景下，电影讲述了一个关于背叛、愧疚、救赎和家族关系的深刻故事。阿米尔为了救赎自己过去的错误，回到了被战争撕裂的阿富汗。

总体来说，《追风筝的人》不仅是一个个人故事，也是阿富汗近代史的一个缩影。它展示了这个国家在政治动荡、战争和极端主义中的苦难，以及普通人在这些巨大变革中的生活和挑战。

（2）《追风筝的人》出现的文化元素和社会问题及背后的原因

文化元素：电影展示了阿富汗社会中不同民族和社会阶层之间的关系，特别是普什图人和哈扎拉人之间的紧张关系。这种紧张关系源于历史上的种族歧视和社会不平等。普什图人在社会和政治上占据主导地位，而哈扎拉人则常常被边缘化和歧视。

塔利班统治下的社会压迫：电影后半部分展示了塔利班对阿富汗的统治，以及其极端的宗教和政治政策。塔利班的统治导致了对女性和少数民族的严重压迫，以及对基本人权的践踏。塔利班基于其对伊斯兰教法的极端解释实施严格的社会控制。

难民的身份认同和适应问题：电影中的主人公阿米尔在美国的生活反映了许多阿富汗难民的经历。难民在适应新文化的同时，面临着对过去的回忆和身份认同的挣扎。政治冲突和战争迫使许多阿富汗人离开家园，他们在新国家中寻求安全和新生活。

个人救赎和道德选择：电影探讨了背叛、愧疚和救赎的主题。这反映了个人在极端困难的社会环境中面临的道德和心理挑战。故事中的人物在复杂的社会和政治背景下作出了不同的选择，这些选择反映了他们的个人价值观和所面临的社会压力。

总体来说，《追风筝的人》通过个人故事深入探讨了阿富汗社会的复杂性和多样性，以及个人在其中所面临的道德和心理挑战。这部电影不仅是对阿富汗历史的一个缩影，也是对人性、社会正义和个人责任的深刻反思。

3.4.5 《印度合伙人》（Pad Man）

《印度合伙人》是一部基于真实故事的印度电影，讲述了一位男性创新者如何克服社会障碍，为女性生理卫生带来革命。

（1）背景介绍

《印度合伙人》是一部2018年上映的印度电影，由R. 巴尔基执导，阿克谢·库玛尔主演。这部电影的文化背景和历史环境深刻地根植于印度的社会和文化现实中，特别是关于女性卫生和社会创新的话题。

女性卫生问题：电影的核心议题是印度乃至许多发展中国家面临的女性卫生问题。在印度，由于文化禁忌、社会忽视和经济贫困，许多女性在月经期间无法获得适当的卫生用品。这不仅影响了她们的健康，还限制了她们在教育和工作中的机会。

社会和文化禁忌：电影展示了围绕女性月经和卫生用品的社会和文化禁忌。在许多印度社区，月经被视为不洁或羞耻的事情，这导致了对相关话题的沉默和忽视。

创新和企业家精神：电影的主人公，基于真实人物阿鲁纳恰拉姆·穆鲁根南特姆的故事，他是一个创新者和企业家。他致力于开发一种廉价、有效的卫生巾制造机，以提高女性对卫生用品的可及性。这反映了印度社会中日益增长的创新意识和解决社会问题的企业家精神。

经济和社会发展：电影还触及了印度经济和社会发展的更广泛议

题。随着印度经济的增长和社会的变革，越来越多的社会创新项目被提出，旨在解决长期存在的社会问题，如贫困、健康和性别不平等。

性别平等和女性赋权：《印度合伙人》通过强调女性卫生的重要性，间接地提出了性别平等和女性赋权的议题。电影展示了通过改善女性的卫生条件，可以提升她们的生活质量，并为她们在教育和职业上提供更多机会。

总体来说，《印度合伙人》不仅是一部关于个人创新和坚持的电影，也是对印度乃至全球范围内女性卫生问题的深刻探讨。通过展示这一社会问题及其解决方案，电影揭示了印度社会的变化和发展，以及对性别平等和社会正义的追求。

（2）《印度合伙人》出现的文化元素和社会问题及背后的原因

女性卫生的忽视：在印度，尤其是农村地区，女性月经和卫生问题被视为禁忌，很少被公开讨论。这种文化禁忌导致女性卫生被广泛忽视，许多女性无法获得基本的卫生用品，影响她们的健康和社会参与。这种情况源于长期的社会和文化传统，以及对女性健康问题的普遍忽视。

经济障碍和可及性问题：卫生用品在印度许多地区不仅因文化原因而被忽视，也因为经济原因而难以普及。贫困和缺乏教育意味着许多女性和家庭无法负担卫生用品的成本。经济贫困和不平等的社会结构限制了女性获得基本卫生用品的能力。

性别不平等和歧视：印度社会中存在着根深蒂固的性别不平等和对女性的歧视。这种不平等和歧视体现在对女性基本健康需求的忽视上。传统的性别角色和社会结构导致女性在许多方面的需求和权利被边缘化。

创新和社会企业家精神：电影中的主人公代表了新兴的社会企业家精神，他们试图通过创新解决社会问题。需要更多这样的创新来解决印度乃至全球的社会问题。随着教育和全球化的推进，越来越多的人开始关注并解决长期存在的社会问题。

社会观念和变革：电影展示了社会观念和传统的挑战，以及推动这些观念变革的必要性。改变根深蒂固的社会和文化观念是一个巨大的挑战。社会和文化变革需要时间，它依赖于教育、意识提升和社会领袖的引导。

总体来说,《印度合伙人》通过展示印度女性卫生问题及其解决方案,揭示了深层的社会和文化问题,包括性别不平等、经济障碍、社会禁忌和创新的必要性。这部电影不仅是对一个特定社会问题的探讨,也是对印度社会更广泛变革的反映。

(3)讨论《印度合伙人》电影中的文化元素如何影响人物的行为和故事情节

《印度合伙人》这部电影中的文化元素对人物的行为和故事情节产生了显著的影响。

女性卫生的社会禁忌:电影中的主人公拉克希米观察到他的妻子在月经期间使用不卫生的布料,这激发了他改善女性卫生条件的决心。在印度,月经被视为不洁和羞耻的事情,这种文化禁忌对拉克希米的行为产生了直接影响。拉克希米试图打破这一禁忌,他的行为在社区中引起了轩然大波,甚至导致他被家人和村民排斥。

性别角色和期望:在电影中,拉克希米的行为挑战了传统的性别角色和期望。在印度传统文化中,男性不应涉及女性的私事,如月经卫生。拉克希米的坚持不仅改变了他个人的生活,也逐渐影响了他周围人的观念,尤其是他的妻子和其他女性。

经济障碍和创新:卫生巾在印度许多地区价格昂贵,不易获得,这促使拉克希米发明廉价的卫生巾制造机。拉克希米的创新之旅充满挑战,他不仅要克服技术难题,还要面对社会的偏见和经济的限制。

社会变革和企业家精神:拉克希米的故事是一个关于社会企业家精神的例子。他不仅寻求解决一个社会问题,也在努力创造经济价值。电影展示了拉克希米如何从一个被社会边缘化的发明家变成一个受到国家认可的创新者。

教育和意识提升:电影中的拉克希米通过教育和提升意识来改变人们对女性卫生的看法。拉克希米的努力逐渐改变了他所在社区的观念,使更多人意识到女性卫生的重要性。

总体来说,《印度合伙人》通过其丰富的文化元素展现了一个普通人如何通过创新和坚持不懈改变社会观念和实践,促进社会变革。这部电影不仅讲述了一个关于个人奋斗的故事，也反映了印度社会在性别平等、经济发展和社会创新方面的深刻变化。

（4）比较《印度合伙人》电影中展示的文化与中国文化之间的异同

对女性卫生的态度：在《印度合伙人》中，女性月经和卫生问题被视为禁忌，很少被公开讨论。这种文化禁忌导致女性卫生被广泛忽视。中国也有关于女性月经的文化禁忌，但这些禁忌在城市地区逐渐减少。随着教育和社会开放的提高，公众对女性卫生问题的认识和讨论变得更加开放。

性别角色和期望：《印度合伙人》展示了印度社会中对性别角色的传统看法，男性不应涉及女性的私事。中国传统社会也有明确的性别角色分工，但近年来这些观念正在逐渐变化，特别是在年青一代身上和城市地区。

创新和社会企业家精神：电影中的主人公代表了印度新兴的社会企业家精神，通过创新解决社会问题。中国近年来也大力推动创新和创业，鼓励解决社会问题的创新思维，尤其是在科技和环境保护领域。

经济发展与社会问题：电影中反映了印度在经济发展过程中遇到的社会问题，如贫困和性别不平等。中国在经济快速发展的同时，也面临着不同的社会问题，如城乡差距、环境污染和人口老龄化。

总体来说，尽管《印度合伙人》中展示的印度文化与中国文化在处理女性卫生、性别角色、社会创新和变革等方面存在一定的差异，但二者都在各自的社会和文化背景下探讨了改善社会福祉、推动性别平等和鼓励社会创新的重要性。

3.4.6 《黑豹》(Black Panther)

这部超级英雄电影展现了非洲虚构国家瓦坎达的文化和技术，探讨了全球化和传统的平衡。

（1）背景介绍

《黑豹》是一部于2018年上映的美国超级英雄电影，由漫威影业制作，瑞恩·库格勒执导。这部电影的文化背景和历史环境非常独特，它结合了现代超级英雄电影的元素和对非洲文化的深刻探讨。

虚构国家瓦坎达：《黑豹》的故事发生在一个名为瓦坎达的虚构的非洲国家。瓦坎达被描绘为一个科技极其发达的国家，拥有世界上最先进的技术和大量的振金（一种虚构的超级金属）。这个设定反映了一种非洲乌托邦的想象，与现实中非洲国家的经济和技术现状形成鲜明对比。

非洲文化的展现：电影中大量使用了非洲的文化元素，包括服饰、语言、音乐和传统仪式。这些元素的融入不仅增强了故事的真实感，也向全球观众展示了丰富多彩的非洲文化。

种族问题和黑人身份：《黑豹》作为漫威电影宇宙中第一部以非洲裔超级英雄为主角的电影，其文化意义重大。它探讨了黑人身份、非洲与非洲裔美国人的关系，以及种族问题。这些主题在全球范围内引起了广泛的共鸣，特别是在强调多元文化和种族平等的当下社会环境中。

殖民主义和全球化：电影中瓦坎达的隐秘和孤立政策部分反映了对历史殖民主义的回应。瓦坎达选择隐藏自己的真实面貌，以避免外部势力的干涉和剥削，这在一定程度上象征着非洲对其资源和文化的保护。

现代政治和道德议题：《黑豹》还涉及了一些现代政治和道德议题，如领导权力的合法性、国家与全球责任，以及科技与伦理的关系。

总体来说，《黑豹》不仅是一部商业成功的超级英雄电影，也是对非洲文化、种族身份和现代政治议题的深刻探讨。通过将非洲文化和现代超级英雄叙事结合起来，这部电影在全球范围内产生了重要的文化影响。

（2）《黑豹》这部电影出现的文化元素和社会问题及背后的原因

非洲文化的仪式与展示：电影中大量使用了非洲的文化元素，如传统服饰、语言（包括使用科萨语）、音乐和艺术。这些元素的融入展示了非洲文化的多样性和丰富性。这种展示是对长期以来非洲文化在主流媒体中被边缘化和刻板化的一种回应，意在提升对非洲文化的可见性和多样性的认识。

种族身份和黑人赋权：电影探讨了黑人身份、非洲与非洲裔美国人的关系，以及种族问题。这些主题在全球范围内引起了广泛的共鸣。这反映了当前全球范围内对种族平等和多元文化的关注，以及对黑人历史和文化的重新评价。

殖民主义的影响和全球化：瓦坎达的隐秘和孤立政策象征着非洲对其资源和文化的保护，反映了对历史殖民主义和外部剥削的回应。这与非洲国家在历史上遭受的殖民主义和资源掠夺有关，同时也与全球化时代中资源保护和文化认同的问题相关。

现代政治和道德议题：电影涉及了领导权力的合法性、国家与全球责任，以及科技与伦理的关系等现代政治和道德议题。这些议题反映了当前全球化世界中普遍存在的挑战，如何平衡国家利益与全球责任，以及科技发展与伦理道德的界限。

女性角色的强大与独立：电影中的女性角色，如奥科耶和娜吉雅，被展现为强大、独立和复杂的人物。这种表现是对传统性别角色的挑战，旨在提升女性在电影中的代表性和多样性。

总体来说，《黑豹》通过其丰富的文化元素和社会问题的探讨，不仅成为一部商业上成功的超级英雄电影，也成了一部在文化和社会层面上具有重要意义的作品。它反映了当前对种族、文化、政治和性别议题的全球性关注和讨论。

（3）讨论《黑豹》电影中的文化元素如何影响人物的行为和故事情节

《黑豹》这部电影中的文化元素对人物的行为和故事情节产生了深远的影响。

瓦坎达的乌托邦设定：瓦坎达作为一个科技先进、未被殖民的非洲乌托邦，为人物行为和故事情节提供了独特的背景。这个设定使得瓦坎达成为一个理想化的非洲国家，展现了非洲潜在的繁荣和进步。瓦坎达的隐秘性和科技先进性是故事的关键驱动力，影响了角色之间的冲突和合作，尤其是在处理外部威胁和决定是否向世界开放时。

非洲文化的仪式：电影中对非洲文化的庆祝仪式，包括服饰、语言、音乐和仪式，增强了角色的深度和故事的真实感。这些文化元素帮助塑造了瓦坎达的社会结构和价值观。文化元素如部落的服饰和传统仪式，不仅展现了瓦坎达的多样性，也在电影重要场景中发挥了作用，如王位继承仪式。

种族身份和历史：电影探讨了黑人身份和历史，特别是非洲与非洲裔美国人的关系。这些主题影响了角色的动机和行为，尤其是主要反派角色埃里克·基尔蒙格。基尔蒙格的行为和动机深受他作为非洲裔美国人的历史和经历的影响，他对瓦坎达的态度和行动反映了对非洲历史和殖民主义的深刻认识。

女性角色的强大与独立：电影中的女性角色，如奥科耶、娜吉雅和苏睿，展现了力量、智慧和独立性。这些特质影响了她们的行为和决策。这些强大的女性角色在故事中扮演了关键角色，不仅在战斗中展现了勇气，也在政治和科技领域展现了影响力。

科技与传统的平衡：瓦坎达的科技发展与其传统文化的融合是电影中的一个重要主题。这种平衡影响了角色对科技和传统的看法，以及他们如何利用这些资源。科技和传统的结合不仅体现在瓦坎达的日常生活中，也是黑豹超能力和装备的来源。这种平衡在决定如何应对外部世界的问题时也扮演了重要角色。

总体来说，《黑豹》中的文化元素不仅为电影增添了丰富的背景和深度，也直接影响了角色的行为、动机和故事的发展。通过这些元素，电影成功地将一个超级英雄故事与深刻的文化和社会议题相结合。

（4）比较《黑豹》电影中展示的文化与中国文化之间的异同

比较《黑豹》中展示的文化与中国文化，我们可以从几个不同的角度来看待它们之间的异同。

文化和历史的深度。《黑豹》中的文化：电影展示了非洲文化的深度，包括传统服饰、语言、音乐和仪式。这些元素体现了非洲文化的丰富性和多样性。中国文化：中国拥有悠久的历史和深厚的文化传统，包括传统服饰（如旗袍、汉服）、语言、音乐和各种仪式。这些元素在中国电影和文化产品中也常常被展现。

科技与传统的融合。《黑豹》中的文化：瓦坎达是一个科技先进同时又深深植根于传统的国家，展现了科技与传统的和谐共存。中国文化：中国在迅速现代化的同时，也在努力保持与传统的联系。在中国的一些电影和文化作品中，也可以看到科技和传统的结合。

社会和政治议题。《黑豹》中的文化：电影探讨了种族身份、历史和殖民主义的影响，以及女性角色的强大与独立。中国文化：中国电影和文化作品可能更多地关注社会和家庭关系、经济发展，以及传统价值观。政治议题通常以不同的方式处理，反映了中国的社会和政治环境。

英雄主义的表现。《黑豹》中的文化：黑豹作为一个超级英雄，代表了力量、勇气和正义。他的形象结合了现代超级英雄的特点和非洲文化的元素。中国文化：中国的英雄形象（如武侠小说中的英雄）通常强调武艺、智慧和道德。这些英雄形象深受中国传统文化和价值观的影响。

对女性角色的描绘。《黑豹》中的文化：电影中的女性角色被描绘为强大、独立和复杂的人物。中国文化：传统上，中国文化中的女性角色可能更多地被描绘为温柔、顺从的形象。然而，现代中国文化作品中，女性角色的描绘也越来越多样化和深入。

总体来说，《黑豹》中展示的文化与中国文化在展现文化和历史深度、科技与传统的融合、社会和政治议题的处理、英雄主义的表现，以及对女性角色的描绘等方面既有相似之处，也有明显的差异。这些差异反映了两种文化在历史背景、社会结构和价值观念上的不同。

3.4.7 《寄生虫》(Parasite)

这部韩国影片深刻地揭示了社会阶级差异和家庭动态，赢得了广泛的国际赞誉。

（1）背景介绍

《寄生虫》是一部由韩国导演奉俊昊执导的电影，于2019年上映。这部电影在国际上获得了巨大的成功和认可，包括赢得了2020年奥斯卡最佳影片奖。《寄生虫》的文化背景和历史环境深刻地根植于当代韩国社会，特别是关于阶级差异和经济不平等的问题。

韩国的经济不平等：《寄生虫》反映了韩国社会中日益加剧的贫富差距和阶级分化。韩国经历了快速的经济发展，但这一过程中产生了显著的经济不平等，导致社会阶层之间的紧张关系加剧。

住房问题：电影中的两个家庭分别居住在极端不同的住房条件下，这象征着他们社会经济地位的差异。贫困家庭居住在地下室公寓，面临洪水和虫害等问题，而富裕家庭则住在宽敞、设计精良的现代别墅中。这种对比突出了住房条件在韩国社会中的阶级分化。

教育竞争：电影中提到了对高等教育的追求，这反映了韩国社会中对教育的高度重视和激烈的教育竞争。教育被视为改变社会地位的重要途径，但同时也加剧了社会压力和不平等。

社会流动性的缺乏：《寄生虫》探讨了社会流动性的缺乏，即使是努力工作和拥有才能的人也难以改变他们的社会经济地位。这反映了现代韩国社会中对"成功"的追求和实现这一目标的困难。

文化冲突和全球化：电影中还展现了韩国社会的文化冲突和全球化的影响，如对西方生活方式的模仿和崇拜，以及这些因素如何影响人们的价值观和行为。

总体来说，《寄生虫》不仅是一部关于个人和家庭故事的电影，也是对当代韩国社会经济问题的深刻反映。通过展示两个家庭的生活和相互作用，电影揭示了韩国社会中的阶级差异、经济不平等和社会流动性的问题。

（2）《寄生虫》这部电影出现的文化元素和社会问题及背后的原因

阶级差异和经济不平等。电影中鲜明地展现了韩国社会中的阶级差异和经济不平等。两个家庭的生活条件和社会地位的对比，突出了贫富差距和社会分层。背后原因：韩国经历了快速的经济发展，但这一过程中产生了显著的贫富差距。经济增长并未均等地惠及所有社会阶层，反而导致了日益加剧的社会不平等。

住房问题。电影中对两个家庭住房条件的对比，反映了韩国尤其是首尔的住房问题。住在地下室的贫困家庭和住在豪宅的富裕家庭形成鲜明对比。背后原因：在韩国，特别是在首尔等大城市，住房价格高昂，导致低收入家庭面临严重的住房困难。

教育竞争。电影中体现了对高等教育的追求和教育竞争的激烈。教育被视为社会流动的关键途径。背后原因：韩国社会高度重视教育，认为教育是提升社会地位的主要方式。这导致了激烈的教育竞争和对学历的过分重视。

社会流动性的缺乏。电影展现了即使是努力工作的人也难以改变其社会经济地位的现实。背后原因：这反映了现代韩国社会中社会流动性的缺乏，以及经济和社会结构中固化的不平等。

文化冲突和全球化。电影中展现了韩国社会的文化冲突，如对西方生活方式的模仿和崇拜。背后原因：这反映了全球化对韩国社会的影响，以及在传统和现代、本土和外来文化之间的张力。

道德和伦理的模糊。电影中的角色面临道德和伦理上的挑战，特别是在追求更好生活的过程中。背后原因：这揭示了在极端的社会经济压力下，个人可能会放弃道德原则，这反映了社会不平等对人性的影响。

总体来说，《寄生虫》通过其丰富的文化元素和社会问题的探讨，不仅是一部关于个人和家庭故事的电影，也是对当代韩国社会经济问题的深刻反映。通过展示两个家庭的生活和相互作用，电影揭示了韩国社会中的阶级差异、经济不平等和社会流动性的问题。

（3）讨论《寄生虫》电影中的文化元素如何影响人物的行为和故事情节

《寄生虫》这部电影中的文化元素对人物的行为和故事情节产生了显著的影响。以下是一些关键的文化元素及其影响。

阶级差异和经济不平等。电影中的两个家庭代表了韩国社会中的阶级差异。这种差异不仅体现在他们的生活方式和居住环境上，也深刻影响了他们的行为和动机。贫困家庭的成员为了改善生活条件，采取了欺骗和操纵的手段，而富裕家庭则展现出对下层阶级的无知和漠视。阶级差异是推动整个故事发展的核心动力。贫困家庭成员的渗透和最终的冲突，都是由他们试图改变自己处境的绝望所驱动。

住房问题。电影中贫困家庭居住在狭小的半地下公寓，这不仅是他们经济状况的象征，也影响了他们的心态和行为。他们对富裕家庭宽敞、明亮的住所充满了渴望。住房条件的对比成为故事中阶级差异的直观表现，也是贫困家庭成员决定"寄生"于富裕家庭的重要原因之一。

教育竞争。电影中体现了韩国社会对教育的重视。贫困家庭的儿子利用伪造的大学文凭成为富裕家庭女儿的家教，显示了教育在社会流动中的重要性。教育成为贫困家庭成员进入富裕家庭的途径之一，也是他们试图提升自己社会地位的手段。

社会流动性的缺乏。电影揭示了即使是勤奋和有能力的人，也难以摆脱贫困的困境。这种社会现实影响了人物的心态，使他们采取了极端的行为。贫困家庭的挣扎和失败反映了社会流动性的缺乏，这是导致最终悲剧的关键因素。

文化冲突和全球化。电影中展现了韩国社会的文化冲突，如对西方生活方式的模仿和崇拜。这种冲突影响了人物的价值观和行为选择。富裕家庭对西方文化的崇拜和贫困家庭对改善生活的渴望，共同推动了故事的发展和冲突的升级。

总体来说，《寄生虫》中的文化元素不仅为电影增添了深刻的社会背景，也直接影响了角色的行为、动机和故事的发展。通过这些元素，电影成功地将一个家庭故事与深刻的社会和文化议题相结合。

（4）比较《寄生虫》电影中展示的文化与中国文化之间的异同

比较《寄生虫》中展示的韩国文化与中国文化，我们可以从几个不同的角度来看待它们之间的异同。

住房问题。韩国文化：《寄生虫》中的住房问题反映了韩国特别是首尔的住房紧张和房价高昂的现象。中国文化：中国的一线城市，如北京、上海和深圳，也面临着类似的住房问题，包括房价上涨和住房条件不平等等现象。

教育竞争。韩国文化：电影中展示了韩国社会对教育的高度重视，以及教育作为社会流动途径的重要性。中国文化：中国同样存在对教育的高度重视，尤其是对高等教育的追求。高考被视为很多人改变命运的关键途径，导致了激烈的教育竞争。

文化冲突和全球化。韩国文化：电影中体现了韩国社会的文化冲突，包括对西方文化的模仿和崇拜。中国文化：中国社会也经历了文化冲突和全球化的影响，表现为传统文化与现代化、西方文化之间的张力。

家庭结构和价值观。韩国文化：《寄生虫》中的家庭结构和动态反映了韩国社会的某些特点，如家庭成员间的紧密联系和相互依赖。中国文化：中国家庭同样强调家庭成员间的紧密联系，尤其是在传统价值观和孝道上。

总体来说，《寄生虫》中展示的韩国文化与中国文化在住房、教育竞争、社会流动性、文化冲突和家庭结构等方面存在一定的相似性，这反映了两国在经历快速现代化和全球化过程中面临的共同挑战。同时，每个国家的具体表现和文化细节也有其独特性，这些差异源于各自独特的历史、社会结构和文化传统。

3.4.7 《被嫌弃的松子的一生》（Memories of Matsuko）

（1）背景介绍

《被嫌弃的松子的一生》是一部2006年上映的日本电影，由中岛哲也执导。这部电影通过讲述主人公川尻松子波澜壮阔而悲惨的一生，展现了日本社会的多个方面，尤其是对女性角色和社会边缘人群的探讨。

日本社会对女性的期望：电影中松子的生活反映了日本社会对女性的传统期望。松子在年轻时被期望成为一名贤妻良母，但她的人生却因各种事件偏离了这一轨迹。这反映了日本社会中对女性角色的传统观念及偏离这些角色可能带来的社会压力。

家庭关系的复杂性：电影中松子与家人的关系充满了矛盾和挑战，特别是与她父亲和弟弟的关系。这反映了日本家庭中代际关系的复杂性，以及家庭成员之间可能存在的隔阂和误解。

社会边缘人群的生活：松子的一生经历了从一名教师到被社会边缘化的人的转变。她的故事揭示了日本社会中那些被忽视和边缘化的人们的生活现状，以及社会对这些人群的态度。

日本的经济和社会变迁：虽然电影主要聚焦于个人故事，但松子的一生也反映了日本从战后重建到经济泡沫和泡沫破裂后社会的变化。这些背景为理解松子的生活提供了更广阔的社会经济环境。

流行文化的影响：电影的视觉风格和叙事方式受到日本流行文化的强烈影响，包括动漫和流行音乐。这种风格的运用反映了日本流行文化在当代社会中的广泛影响力。

总体来说,《被嫌弃的松子的一生》不仅是一部关于个人命运的电影,也是对日本社会和文化的深刻反思。通过松子的故事,电影探讨了女性角色、家庭关系、社会边缘化及经济和社会变迁等多个主题。

(2)《被嫌弃的松子的一生》这部电影出现的文化元素和社会问题及背后的原因

女性角色和社会期望。文化元素和社会问题:电影中松子的一生反映了日本社会对女性的传统期望,如成为贤妻良母。松子的人生轨迹偏离了这些期望,导致她遭受了社会的排斥和歧视。背后原因:这种现象源于日本社会的性别规范和传统价值观,这些规范和价值观对女性的行为和角色有着严格的期望。

家庭关系的矛盾。文化元素和社会问题:松子与家庭成员的关系充满了矛盾,尤其是与她父亲和弟弟。这反映了日本家庭中可能存在的代际冲突和沟通障碍。背后原因:这些矛盾和冲突可能源于日本社会中的传统家庭结构和代际之间的不同价值观念。

社会边缘化和孤立。文化元素和社会问题:松子的生活经历了从一名尊敬的教师到被社会边缘化的人的转变。她的故事揭示了日本社会中那些被忽视和边缘化的人群的生活现状。背后原因:这种边缘化可能与日本社会的快速变化、经济压力及对非传统生活方式的不容忍有关。

经济和社会变迁。文化元素和社会问题:电影通过松子的一生反映了日本从战后重建到经济泡沫和泡沫破裂后的社会变化。背后原因:这些变迁影响了社会结构和个人生活,导致了社会不平等和个人挣扎。

流行文化的影响。文化元素和社会问题:电影的视觉风格和叙事方式受到日本流行文化的影响,包括动漫和流行音乐的元素。背后原因:这种风格的运用反映了日本流行文化在当代社会中的广泛影响力,以及它在表达社会议题和个人情感方面的能力。

总体来说,《被嫌弃的松子的一生》通过其丰富的文化元素和社会问题的探讨,不仅是一部关于个人命运的电影,也是对日本社会和文化的深刻反思。通过松子的故事,电影探讨了女性角色、家庭关系、社会边缘化及经济和社会变迁等多个主题。

（3）讨论《被嫌弃的松子的一生》电影中的文化元素如何影响人物的行为和故事情节

《被嫌弃的松子的一生》这部电影中的文化元素对人物的行为和故事情节产生了深刻的影响。以下是一些关键的文化元素及其影响。

对女性角色的社会期望。影响：日本社会对女性的传统期望深刻影响了松子的人生选择和行为。她在年轻时被期望遵循传统的女性角色，如成为一名贤妻良母。当她的生活轨迹偏离这些期望时，她遭遇了社会的不理解和排斥。故事情节：松子在追求爱情和个人幸福的过程中，反复遭遇挫折和失败，这是由于她无法完全适应或反抗社会对她的期望。

家庭关系的复杂性。影响：松子与家人的复杂关系，尤其是与她父亲和弟弟的矛盾，展现了日本家庭中可能存在的代际冲突和沟通障碍。故事情节：家庭关系的紧张和疏离对松子的心理状态和生活选择产生了重要影响，导致她感到孤独和不被理解。

社会边缘化的体验。影响：松子从一名教师逐渐变成社会边缘人物，这反映了日本社会中对非传统生活方式的不容忍和对边缘群体的忽视。故事情节：松子的社会地位下降和她在社会边缘的生活经历是电影情节发展的核心，展现了她如何在逆境中寻找爱和认同。

经济和社会变迁。影响：电影通过松子的一生反映了日本经济和社会的变迁，这些变化影响了她的生活条件和社会地位。故事情节：从战后的重建到经济泡沫的破裂，这些背景为理解松子的生活提供了更广阔的社会经济环境。

流行文化的影响。影响：电影的视觉风格和叙事方式受到日本流行文化的影响，这种风格的运用为松子的故事增添了戏剧性和情感强度。故事情节：流行文化元素，如音乐和动画，被用来表达松子的情感和内心世界，以及她对生活的态度和梦想。

总体来说，《被嫌弃的松子的一生》中的文化元素不仅为电影增添了深刻的社会背景，也直接影响了角色的行为、动机和故事的发展。通过这些元素，电影成功地将一个个人故事与更广泛的社会和文化议题相结合。

（4）比较《被嫌弃的松子的一生》电影中展示的文化与中国文化之间的异同

对女性角色的社会期望。日本文化：电影中松子的一生反映了日本社会对女性的传统期望，如成为贤妻良母。当她的生活轨迹偏离这些期望时，她遭遇了社会的不理解和排斥。中国文化：中国社会也有类似的传统期望对女性角色的影响，尤其是在传统家庭价值观方面。然而，随着社会的现代化和女性地位的提升，这些期望正在逐渐变化。

家庭关系的复杂性。日本文化：电影中展现的家庭关系的矛盾和挑战，反映了日本家庭中可能存在的代际冲突和沟通障碍。中国文化：中国家庭同样存在代际关系的复杂性，尤其是在传统与现代价值观念的冲突中。

社会边缘化和孤立。日本文化：松子的故事揭示了日本社会中对非传统生活方式的不容忍和对边缘群体的忽视。中国文化：中国社会也面临着类似的问题，尤其是在快速城市化和经济发展的背景下，社会边缘群体和孤立现象同样显著。

经济和社会变迁。日本文化：电影反映了日本从战后重建到经济泡沫的社会变迁。中国文化：中国经历了不同的历史过程，但同样面临着经济快速发展带来的社会变化和挑战，如城乡差距和社会流动性问题。

流行文化的影响。日本文化：电影的风格受到日本流行文化的影响，体现了日本流行文化的创造性和多样性。中国文化：中国的流行文化也在快速发展，尤其是在网络文化和年青一代中，展现了不同的特色和创新。

总体来说，《被嫌弃的松子的一生》中展示的日本文化与中国文化在对女性角色的社会期望、家庭关系的复杂性、社会边缘化问题、经济和社会变迁及流行文化的影响等方面存在一定的相似性，这反映了两国在经历现代化和社会变革过程中面临的共同挑战。同时，每个国家的具体表现和文化细节也有其独特性，这些差异源于各自独特的历史、社会结构和文化传统。

（5）如何克服文化差异带来的冲突

增加文化意识和教育：通过教育和培训提升对不同文化的认识。学习历史、宗教、风俗习惯，理解文化差异的根源。

鼓励多元文化交流：通过旅行、学习语言、参加文化交流活动等方式直接体验不同的文化。

开放思维和批判性思考：培养开放和包容的思维，对自己的偏见和刻板印象进行批判性反思。

倾听和尊重：在跨文化交流中学会倾听，尊重他人的观点和感受，避免快速下结论或评判。

反思和自我提升：了解和反思自己的文化背景如何影响了对其他文化的看法，努力成为更有同理心和理解力的人。

寻求共同点：在认识文化差异的同时，也寻找不同文化之间的共同点和相似之处。

通过这些方法，可以逐渐减少文化间的误解和刻板印象，促进不同背景人群之间的理解和尊重。这对于建立一个更加和谐、多元和包容的社会环境至关重要。

4 团队协作

4.1 活动目的

培训学生如何在团队中有效沟通、合作,确保团队目标的实现。

4.2 活动方案

4.2.1 团队协作活动:桥梁建设

(1)所需材料

纸板、纸筒、胶带、绳子、剪刀等制作材料,计时器。

(2)活动步骤

分组:将学生分为4~6人一组。

任务介绍:每个团队的任务都是使用提供的材料在限定的时间内,以30分钟为例,手工制造一座桥梁。桥梁必须足够坚固,能够承受一个小物体(例如一个乒乓球)从一端到另一端的重量。

规划阶段:团队成员进行10分钟的讨论,形成桥梁设计方案和建造策略。在这个阶段,每个团队成员需要明确各自的角色和责任。

建设阶段:在接下来的20分钟里,每个团队开始建造他们的桥梁。

测试阶段:到达规定时间后,每个团队将测试他们的桥梁是否能够承受乒乓球的重量。

反思与分享:每个团队分享他们的设计思路、遇到的挑战及如何解决这些挑战。其他团队可以提问和评论。

总结:导师或教师总结活动中每个团队的表现,强调有效沟通和合作的重要性，并给出建议和反馈。

（3）活动效果

学生将体验到在团队中分工、沟通和合作的重要性。

通过实际操作，学生将了解到每个团队成员的作用和价值。

反思与分享环节将帮助学生认识到他们在沟通和合作中的优点和不足，并学习如何在未来的团队活动中加以改进。

这个活动不仅能够培养学生在团队中有效沟通和合作的能力，还能够提高他们的创造力和解决问题的能力。

4.2.2 团队协作活动：沙漠求生

（1）所需材料

求生物品卡片，如水、食物、指南针、太阳帽、急救包等。

（2）活动步骤

背景设定：告诉学生他们的飞机在沙漠中迫降，需要在72小时内找到一个安全地点。他们只能携带有限的物品。

个人选择：给每个学生一套求生物品卡片，让他们在5分钟内选择认为最重要的5样物品。

团队讨论：将学生分为4~6人一组，让他们在10分钟内讨论并达成共识，选择团队认为最重要的5样物品。

分享与辩论：每个团队分享他们的选择，并解释原因。其他团队可以提问和评论。

导师反馈：导师或教师提供一个"专家"的选择并解释原因，然后与各团队的选择进行比较，讨论不同的选择背后的策略和思考方式。

总结：导师或教师总结每个团队在沟通和合作方面的表现，强调有效沟通和合作的重要性，并给出建议和反馈。

（3）活动效果

学生将体验到在紧张的情境中进行决策的挑战，以及团队中不同意见的碰撞和融合。

通过与"专家"的选择进行比较，学生可以了解到不同的策略和思考方式。

这个活动模拟了真实的紧急情境,要求学生在有限的时间和信息下进行决策,非常适合培训学生的团队沟通能力和合作能力。

4.2.3 团队协作活动:文化建筑设计大赛

(1)所需材料

彩纸、剪刀、胶水、彩笔、木棒等制作材料。

投影仪或大屏幕用于展示。

(2)活动步骤

主题介绍:每个团队需要设计并制作一个代表某个国家或地区文化的建筑模型。

团队分组与选择:将学生分为4~6人一组,每个团队随机选择或被分配一个国家或地区的建筑模型。

研究与规划:团队成员进行研究,了解所选国家或地区的文化和建筑特点。然后,他们需要规划如何制作模型,并确定每个成员的任务。

制作阶段:团队使用提供的材料制作他们的建筑模型。

展示与评价:每个团队向其他团队展示他们的作品,并解释其文化内涵。其他团队和导师可以提问和评论。

投票与奖励:所有参与者投票选出最佳设计团队(不能投给自己的团队)。获得最多票数的团队将获得奖励。

总结:导师或教师总结活动中每个团队的表现,强调有效沟通和合作的重要性,并给出反馈和建议。

(3)活动效果

学生将体验到跨文化的团队合作,了解到沟通和理解的重要性。

通过实际的设计和制作,学生可以更好地了解如何在团队中进行分工和合作。

这个活动结合了文化研究、创意设计和团队合作,非常适合培训学生的团队沟通和合作能力。

4.2.4 团队协作活动：团队料理大赛

（1）所需材料

厨房用具（锅、刀、砧板等），各种食材，计时器。

（2）活动步骤

任务介绍：每个团队的任务都是在限定的时间内，以45分钟为例，准备一道主菜和一道甜品。

团队分组与选择：将学生分为4~6人一组。每个团队随机选择或被分配一种特定的食材，这种食材必须是他们料理的主要原料。

规划与分工：团队成员进行10分钟的讨论，规划他们的菜单和制作流程。在这个阶段，每个团队成员都需要确定各自的角色和任务。

烹饪阶段：团队开始准备食材，烹饪并完成他们的料理。

评价与分享：每个团队将他们的料理呈现给评审团（可以是其他团队的成员或教师）。每个团队派代表解释他们的创意和制作过程，然后由评审团进行品尝。

投票与奖励：评审团投票选出最佳料理。获得最多票数的团队将获得奖励。

总结：导师或教师总结活动中每个团队的表现，强调有效沟通和合作的重要性，并给出反馈和建议。

（3）活动效果

学生将体验到在压力下的团队合作，了解到沟通和分工的重要性。

通过实际的烹饪活动，学生可以更好地了解如何在团队中进行合作和创新。

这个活动结合了烹饪、创意和团队合作，非常适合培训学生的团队沟通和合作能力。

4.2.5 团队协作活动：岛屿求生

（1）所需材料

一大块布或塑料布（代表岛屿）。

各种"资源"卡片（如食物、水、工具、避难所等），"障碍"卡片

（如飓风、野兽攻击、疾病等）。

（2）活动步骤

背景设定：学生们被困在一个荒岛上，需要合作以确保生存并寻找逃离岛屿的方法。

团队分组：将学生分为4~6人一组。

资源分配：每个团队随机获得一些"资源"卡片，这些资源是他们初到岛屿时的初始物资。

生存策略：每个团队需要在10分钟内讨论并确定他们的生存策略，如如何使用资源、如何分工等。

障碍出现：团队讨论结束后，教师随机分配给每个团队"障碍"卡片，每个团队需要重新调整策略以应对这些障碍。

策略实施：每个团队按照他们的策略进行模拟活动，如建造避难所、寻找食物等。

分享与评价：每个团队分享他们的策略和经验，其他团队和教师可以提供反馈和建议。

总结：导师或教师总结活动中每个团队的表现，强调有效沟通和合作的重要性，并给出反馈和建议。

（3）活动效果

学生将体验到在紧急情况下的团队合作，了解到沟通、分工和策略调整的重要性。

通过模拟真实的求生场景，学生可以更好地了解如何在团队中合作和应对突发情况。

这个活动结合了策略规划、模拟实践和团队合作，非常适合培训学生的团队沟通和合作能力。希望这个活动能够满足你的需求！

4.2.6　团队协作活动：新闻报道团队

（1）所需材料

摄像机或手机，微型话筒，笔记本和笔。

（2）活动步骤

任务介绍：每个团队的任务都是选择一个话题，然后进行采访、撰写和录制，最后制作一条3~5分钟的新闻报道视频。

团队分组：将学生分为4~6人一组。

角色分配：每个团队需要分配角色，如记者、摄像师、编辑、采访对象等。

话题选择与研究：每个团队选择一个话题，如学校活动、当地新闻事件或其他感兴趣的话题，然后进行初步的研究和准备。

采访与录制：每个团队外出进行采访与录制，收集信息和素材。

编辑与完成：回到基地后，每个团队开始编辑各自的新闻报道，确保内容准确、有趣。

播放与评价：所有团队的新闻报道将被播放给所有参与者观看。然后每个团队分享他们的经验和收获，其他团队和教师可以提供反馈和建议。

总结：导师或教师总结活动中每个团队的表现，强调有效沟通和合作的重要性，并给出反馈和建议。

（3）活动效果

学生将体验到新闻报道从选题到播出的全过程，了解到团队合作的重要性。

通过实际的采访和编辑活动，学生可以更好地了解如何在团队中分工、沟通和合作。

这个活动结合了新闻报道、实地采访和团队合作，非常适合培训学生的团队沟通和合作能力。

4.2.7 团队协作活动：商业策划大赛

（1）所需材料

投影仪和屏幕，笔记本、白板和标记笔，计时器。

（2）活动步骤

任务介绍：每个团队的任务是为一个虚构的新产品或服务制作一个完整的商业策划方案。

团队分组：将学生分为4~6人一组。

产品/服务选择：每个团队随机选择或自创一个新的产品或服务。

策划阶段：团队成员开始讨论并制作他们的商业策划方案，包括市场分析、营销策略、预算计划等。

演示阶段：每个团队将有15分钟的时间向评审团和其他团队展示他们的商业策划方案。

评价与反馈：评审团和其他团队可以提供反馈和建议。最后，评审团将基于策划的创意性、实用性和完整性为每个团队打分。

总结与奖励：导师或教师总结活动中每个团队的表现，强调有效沟通和合作的重要性，并给出反馈和建议。获得最高分的团队可以获得奖励。

（3）活动效果

学生将体验到商业环境中的团队合作，了解到沟通、分工和策划的重要性。

通过实际的策划和演示活动，学生可以更好地了解如何在团队中进行合作和提出创意。

评价与反馈环节将帮助学生认识到他们在沟通和合作中的优点和不足，并学习如何在未来的团队活动中加以改进。

这个活动结合了商业策划、公开演讲和团队合作，非常适合培训学生的团队沟通和合作能力。

4.2.8　团队协作活动：文化交流嘉年华

（1）所需材料

展示板、海报纸和标记笔，各种文化的道具、服装和食物，音响设备。

（2）活动步骤

任务介绍：每个团队的任务都是选择一个国家的文化，并为其制作一个展台，展示该国文化的特色、历史、食物、音乐等。

团队分组：将学生分为4~6人一组。

选择文化：每个团队选择一个他们感兴趣的国家的文化作为主题。

研究与准备：团队成员开始研究他们选择的文化，并准备展台所需的材料、食物、音乐等。

展台设置：每个团队在指定的地点设置展台。

文化展示：活动开始时，各团队轮流向其他团队和观众展示其文化展台，包括简短的演讲、音乐、舞蹈表演等。

评价与反馈：其他团队成员及教师可以为每个展台打分，打分标准应基于展台的创意性、信息的准确性和展示的吸引力。

总结与奖励：导师或教师总结活动中每个团队的表现，强调有效沟通和合作的重要性，并给出反馈和建议。得分最高的团队可以获得奖励。

（3）活动效果

学生将体验到文化研究的乐趣，了解到沟通、分工和策略规划的重要性。

通过实际的展示和互动，学生可以更好地了解和尊重不同的文化。

评价与反馈环节将帮助学生认识到他们在沟通和合作中的优点和不足，并学习如何在未来的团队活动中加以改进。

这个活动结合了文化研究、公开演讲和团队合作，非常适合锻炼学生的团队沟通和合作能力。

5 社交技能

5.1 活动目的

通过模拟、实践和反馈，让学生了解并掌握与他人有效交往的技巧。

5.2 活动方案

5.2.1 社交场景模拟

（1）所需材料

角色扮演卡片（描述各种社交场景和角色）。

反馈表格或评分卡。

录像设备（可选，用于记录模拟过程以供回放和分析）。

（2）活动步骤

任务介绍：解释活动的目的和流程，强调这是一个学习和实践的机会，不需要担心犯错误。

场景与角色分配：根据角色扮演卡片，为每个学生分配一个社交场景和角色，如"在聚会上与陌生人交谈""在工作场合处理冲突"等。

模拟开始：学生按照分配的场景和角色进行模拟。其他学生观察并做笔记。

录像回放（如果使用录像设备）：回放模拟的视频，让学生观察自己的表现。

小组讨论：学生在小组内分享他们的经验、所观察到的优点和需要改进的地方。

全体反馈：导师或教师为每个模拟场景提供反馈，强调社交技巧的要点，并给出建议。

总结与分享：学生分享他们从活动中学到的东西，以及他们打算如何在真实生活中应用这些技巧。

（3）活动效果

学生将有机会在安全的环境中模拟真实的社交场景，体验和实践社交技巧。

通过观察、反馈和讨论，学生可以更深入地了解自己在社交中的优点和不足。

学生将学会如何在不同的社交场景中更有效地与他人交往。

这个活动结合了角色扮演、观察、反馈和讨论，非常适合培训学生的社交技能。

5.2.2 社交技能评判要点

（1）倾听能力

是否能够给予对方充分的注意力。

是否能够不打断对方，让他们完成自己的话。

是否能够通过身体语言（如点头、眼神交流）表示理解。

（2）口头沟通能力

是否能够清晰、简洁地表达自己的观点。

是否能够使用合适的语言和语调与他人交流。

是否避免使用冒犯或不恰当的语言。

（3）非语言沟通能力

是否能够通过身体语言传达积极的态度。

是否能够识别并正确解读他人的非语言信号。

（4）情绪管理能力

是否能够在压力或冲突情境下保持冷静。

是否能够识别并控制自己的情绪，避免过度反应。

（5）建立关系的能力

是否能够与不同背景、性格的人建立良好关系。

是否能够展现出真诚和关心他人的态度。

（6）团队合作能力

是否能够与团队成员有效合作，共同完成任务。

是否能够尊重团队中的每一个成员，接受和考虑他们的意见。

（7）解决冲突的能力

是否能够识别和处理人际关系中的冲突。

是否能够采用建设性的方式解决问题，而不是逃避或攻击。

（8）适应性

是否能够适应不同的社交环境和场合。

是否能够在不熟悉的环境中与他人有效交往。

（9）尊重他人

是否能够尊重他人的观点和感受。

是否能够避免评判或批评他人。

（10）自我意识

是否了解自己的社交技能的长处和短处。

是否能够根据反馈调整自己的行为。

（11）与人建立信任的能力

是否能够通过言行一致、诚实可靠来赢得他人的信任。

是否能够保守他人的秘密，不随意传播他人的信息。

（12）同理心

是否能够站在他人的角度理解其感受和需求。

是否能够对他人的困境表示关心和支持。

（13）明确界限

是否能够明确自己的界限，避免过度干涉他人。

是否能够尊重他人的界限，不进行不适当的行为。

（14）积极的态度

是否能够在社交场合展现出积极、乐观的态度。

是否能够鼓励和支持他人。

（15）反馈技巧

是否能够给予他人建设性的反馈，而不是批评。

是否能够接受他人的反馈，并据此调整自己的行为。

（16）文化敏感性

是否能够理解和尊重不同文化和背景的人。

是否能够避免文化偏见和刻板印象。

（17）时间管理能力

是否能够准时参加社交活动。

是否能够合理安排时间，确保与他人的互动有足够的时间和空间。

（18）主动性

是否能够主动与他人建立联系，而不是等待他人来主动联系。

是否能够主动寻求帮助或提供帮助。

（19）批判性思维

是否能够在社交互动中批判性地思考问题，而不是盲目接受他人的观点。

是否能够对信息进行筛选，避免传播不实信息。

（20）问题解决能力

是否能够在社交互动中遇到问题时，迅速并有效地找到解决方案。

是否能够与他人共同合作，解决复杂的社交问题。

5.2.3 社交场景研究

（1）场景：聚会中的初次见面

角色A：一个新搬到这个城市的人，对这里的一切都很陌生。

角色B：一个在这个城市生活了很久的人，对这里的文化、活动和地点都很熟悉。

任务：角色A试图了解这个新城市，而角色B提供帮助和建议。

（2）场景：工作场合的冲突解决

角色A：一个项目经理，认为项目应该按照他的方式进行。

角色B：一个团队成员，有不同的看法和建议。

任务：两人尝试通过沟通解决分歧，找到一个双方都可以接受的解决方案。

（3）场景：在咖啡馆的偶遇

角色A：一个正在读书的学生。

角色B：一个对角色A手中的书感兴趣的陌生人。

任务：角色B尝试与角色A开始一个关于那本书的对话。

（4）场景：家庭聚会中的代沟交流

角色A：一个年轻的大学生，热衷于现代科技和流行文化。

角色B：一个年长的亲戚，对现代事物不太了解。

任务：两人尝试找到共同的话题，加深彼此的了解。

（5）场景：商务洽谈

角色A：一个希望推销自己产品的销售代表。

角色B：一个对该产品感兴趣但还有疑虑的潜在客户。

任务：角色A尝试说服角色B购买产品，而角色B提出问题和疑虑。

（6）场景：图书馆的偶遇

角色A：一名大学新生，对大学生活感到好奇但有些迷茫，希望能更好地适应大学生活和学习。

角色B：一名在校大学生，已经在大学生活了几年，对大学的资源、活动和学习技巧非常熟悉。

任务：角色A希望了解如何有效利用大学资源和提高学习效率，而角色B提供相关的建议和经验分享。

（7）场景：图书馆学习

背景：在图书馆的安静环境中，两位学生因为一个学习问题产生了交流。

角色A——小红：正在为即将到来的化学考试复习，遇到了一个难题。

角色B——小明：化学成绩很好，偶然看到小红的问题并提出帮助。

（8）场景：朋友聚会

背景：一群朋友久未见面，在一家餐厅聚会。

角色A——小梅：刚从国外留学回来，带了很多有趣的经验和故事。

角色B——小楠：最近在工作上遇到了一些挑战，希望从朋友那里得到一些建议。

（9）场景：公交车上的偶遇

背景：在拥挤的公交车上，两位乘客因为一个小插曲而开始交谈。

角色A——小玉：一个上班族，她的手提包不小心撞到了旁边的乘客。

角色B——小刚：一个大学生，被小玉的包撞到，但并不介意。

（10）场景：公司培训

背景：公司组织了一个培训活动，员工们分组进行讨论。

角色A——小燕：一个有经验的部门经理，对公司业务非常熟悉。

角色B——小鹏：一个新入职的员工，对公司的业务还不太了解，希望从培训中学到东西。

（11）场景：社区志愿者活动

背景：社区组织了一次环境清洁活动，志愿者们共同参与。

角色A——小天：社区的青年志愿者，热心于公益活动。

角色B——老李：社区的长者，虽然年纪大了但仍然关心社区环境。

（12）场景：艺术画廊参观

背景：在一个艺术画廊，两位艺术爱好者因为一幅画而开始交流。

角色A——小芳：专业的艺术评论家，对艺术有深入的了解。

角色B——小乐：艺术学院的学生，对艺术充满热情。

（13）场景：健身房锻炼

背景：在健身房，两位健身者因为一个器械使用问题而交谈。

角色A——小强：经常来健身的老会员，对各种器械都很熟悉。

角色B——小美：新加入的会员，对健身器械还不太了解。

（14）场景：学校科学展览

背景：学校组织了一次科学展览，学生们展示自己的科学项目。

角色A——小晴：展示了一个关于太阳能的项目。

角色B——小雨：对太阳能非常感兴趣，来到小晴的展台提问。

（15）场景：公园里的音乐表演

背景：在公园的露天舞台，有人正在进行音乐表演。

角色A——小歌：一个街头艺人，正在演唱自己的原创歌曲。

角色B——小舞：一个路过的市民，被小歌的歌声吸引。

（16）场景：街头慈善募捐

背景：在市中心的步行街，有慈善组织正在进行募捐活动。

角色A——小翠：慈善组织的志愿者，正在向路人解释募捐的目的。

角色B——小杰：一个刚从商店出来的路人，对这次募捐活动感兴趣。

（17）场景：地铁上的偶遇

背景：在拥挤的地铁车厢内，两位乘客因为一本书而开始交谈。

角色A——小月：正在读一本心理学书籍的女孩。

角色B——老王：对心理学有研究的大学教授，注意到了小月手中的书。

（18）场景：农贸市场购物

背景：在繁忙的农贸市场，两位顾客因为一种新鲜的蔬菜而交谈。

角色A——小蓉：家庭主妇，对各种食材都很熟悉。

角色B——小辉：一个不太会做饭的年轻人，对一种蔬菜很好奇。

（19）场景：图书馆研究项目

背景：在图书馆的研究室，两位研究者因为一个共同的研究话题而交流。

角色A——小云：一个正在进行历史研究的博士生。

角色B——老张：一个对同一历史事件有研究的教授。

（20）场景：社区瑜伽课程

背景：在社区活动中心，一群人参加了瑜伽课程。

角色A——小波：瑜伽教练，正在指导大家如何正确地做瑜伽动作。

角色B——小涟：第一次参加瑜伽课的新手，对某些动作感到困惑。

（21）场景：音乐学校试听课

背景：在一所音乐学校，两位家长在等待孩子上试听课时开始交谈。

角色A——小琴：希望她的孩子学习钢琴。

角色B——小鼓：希望他的孩子学习打鼓。

（22）场景：旅行团参观古迹

背景：在一个古迹旅游景点，两位旅行团成员因为对古迹的兴趣而交谈。

角色A——小山：历史爱好者，对古迹有深入的研究。

角色B——小水：摄影爱好者，希望在古迹拍摄一些美景。

（23）场景：医院候诊室

背景：在医院的候诊室，两位患者在等待看医生时开始交谈。

角色A——小花：因为感冒来到医院。

角色B——小草：因为腰痛来到医院。

（24）场景：夜市美食摊

背景：在热闹的夜市，两位食客因为一个美食摊位而交谈。

角色A——小辣：一个当地居民，经常来夜市吃东西。

角色B——小甜：一个旅行者，对夜市的食物很好奇。

（25）场景：社区手工艺课程

背景：在社区中心，一群人参加了手工艺课程。

角色A——小绣：手工艺课的老师，教大家如何制作刺绣。

角色B——小针：一个对手工艺感兴趣的居民，希望学习新技能。

（26）场景：电影院前的讨论

背景：在电影院的休息区，两位观众因为刚看完的电影而交谈。

角色A——小影：一个电影评论家，经常观看并评论电影。

角色B——小光：一个电影爱好者，对刚看完的电影情节有些疑惑。

（27）场景：植物园的偶遇

背景：在植物园的花卉区，两位游客因为一种罕见的植物而交谈。

角色A——小叶：一个园艺爱好者，对植物有很多知识。

角色B——小芽：一个摄影师，希望拍摄那种罕见的植物。

（28）场景：海滩日出

背景：在一个宁静的海滩，两位早起的游客因为欣赏日出而开始交谈。

角色A——小浪：一个独自旅行的背包客，喜欢在每个地方看日出。

角色B——小沙：一个摄影爱好者，希望捕捉日出的美景。

（29）场景：火车站候车室

背景：在火车站的候车室，两位乘客因为同一趟火车而交谈。

角色A——小轨：一个经常出差的商务人士，习惯了火车旅行。

角色B——小站：一个大学生，回家探亲。

（30）场景：公园内的画画活动

背景：在公园的一个角落，有一个画画活动，两位参与者因为绘画技巧而交谈。

角色A——小彩：一个专业的画家，正在公园寻找灵感。

角色B——小笔：一个业余画画爱好者，对画画技巧有些疑惑。

（31）场景：街头的音乐表演

背景：在步行街的一个角落，一位街头艺人正在表演，两位观众因为音乐而交谈。

角色A——小调：一个音乐学院的学生，对街头艺人的技巧很感兴趣。

角色B——小节：一个路过的市民，被音乐吸引。

（32）场景：山顶的偶遇

背景：在山顶，两位徒步者因为攀登的经验而交谈。

角色A——小峰：一个经验丰富的登山者，已经攀登过很多高峰。

角色B——小石：一个初次徒步的新手，对攀登过程中的难题有些疑惑。

（33）场景：体育馆观赛

背景：在体育馆，两位观众因为一场篮球比赛而交谈。

角色A——小球：一个篮球队的忠实粉丝。

角色B——小篮：一个篮球教练，对比赛技巧有深入了解。

（34）场景：夜晚露天电影

背景：在公园的露天电影活动中，两位观众因为电影的情节而交谈。

角色A——小影：一个电影制片人，对电影制作有深入的了解。

角色B——小镜：一个电影评论家，经常为电影写评论。

（35）场景：农场采摘活动

背景：在一个农场，两位参与者因为果树的种植技巧而交谈。

角色A——小果：农场的主人，对果树种植有丰富经验。

角色B——小树：一个城市居民，对农场生活很好奇。

（36）场景：夜市手工艺品摊位

背景：在繁忙的夜市，两位顾客因为一个手工艺品摊位而交谈。

角色A——小手：手工艺品摊位的主人，自己制作各种手工艺品。

角色B——小工：一个对手工艺品有兴趣的游客，想要购买一些纪念品。

（37）场景：慈善义卖活动

背景：在一个慈善义卖活动中，两位参与者因为一个特定的慈善项目而交谈。

角色A——小善：慈善组织的志愿者，负责介绍和推广慈善项目。

角色B——小捐：一个对慈善活动感兴趣的市民，想要了解更多信息。

（38）场景：艺术画廊开幕式

背景：在艺术画廊的开幕式上，两位艺术爱好者因为一幅画作而交谈。

角色A——老王：一位知名的艺术评论家。

角色B——小框：一位新兴的艺术家，对艺术市场有所了解。

（39）场景：科技展览会

背景：在一个科技展览会上，两位参观者因为一个新技术产品而交谈。

角色A——小科：一位科技公司的代表，负责展示和解释新产品。

角色B——小技：一位对新技术感兴趣的创业者，希望寻找合作机会。

（40）场景：古董市场

背景：在古董市场，两位顾客因为一件古董而交谈。

角色A——小古：一位古董鉴定师，对古董有深入的了解。

角色B——小董：一位古董收藏家，希望购买一些珍贵的古董。

（41）场景：儿童乐园

背景：在儿童乐园，两位家长因为孩子们的游玩而交谈。

角色A——小乐：一个带着孩子来玩的家长，对乐园很熟悉。

角色B——小园：一个第一次带孩子来的家长，对乐园设施不太了解。

6 自控能力

6.1 活动目的

提升自控能力的活动旨在帮助个人发展和加强内在的自我管理能力。

6.2 活动方案

6.2.1 自控能力挑战活动:"数字断舍离"

背景描述:在数字化的现代社会,人们每天都面临来自手机、电脑和其他电子产品的干扰。这不仅影响人们的工作效率,也可能对人们的身心健康产生负面影响。为了鼓励人们提高自控能力,尝试减少电子产品的使用,有必要适时地进行电子产品的断舍离。

---

(1)定义目标

参与者要选择一个与电子产品使用相关的目标,如每天使用手机不超过1小时、不查看社交媒体、在工作时间内不做无关的网上冲浪等。

(2)追踪进度

参与者需要每天记录自己使用电子产品的时间,并在晚上回顾自己的表现。

教师可提供一些现有的应用或工具,帮助参与者追踪自己的设备使用情况。

（3）每日分享

教师可建立一个社交媒体群组或论坛，鼓励参与者每天分享自己的经验、挑战和心得。

参与者之间互相支持，分享成功减少设备使用的小技巧。

（4）周末反思

每周结束时，参与者需要写下一份关于这周的反思报告，记录自己的成就、失败和吸取的教训。

教师提供一些指导问题，如"这周你遇到了哪些挑战？""你觉得减少设备使用给你带来了哪些好处？"等。

（5）奖励制度

根据每个参与者的分享活跃度、连续成功达标的天数等，教师设计一个积分制度。

达到一定积分的参与者可以获得一些与放松和充实自我相关的奖励，例如书籍、冥想课程券、户外活动券等。

（6）挑战后续

在挑战结束后，教师组织一个分享会，让参与者分享他们的整体体验、成果和吸取的教训。

教师根据反馈，考虑是否组织更长期或更高难度的自控挑战，鼓励参与者继续提高自己的自控能力。

"数字断舍离"活动不仅能帮助参与者提高自控能力，还可以鼓励他们更加珍惜与亲人、朋友的现实交往，享受真实生活中的每一刻。

6.2.2 自控能力挑战活动："无糖三周"

背景描述：过多的糖摄入可能导致多种健康问题，包括肥胖、2型糖尿病和心血管疾病。"无糖三周"挑战旨在提高大家的健康意识和增强自控能力，鼓励大家减少添加糖的摄入。

（1）定义目标

参与者承诺三周内不摄入任何加工食品中的添加糖。这包括但不限于糖、高果糖玉米糖浆、蜜糖、枫糖浆等。

教师鼓励参与者研究并分享标签阅读的技巧，以确定食物中是否含有添加糖。

（2）食物日志

参与者每天记录自己所吃的食物，并确保它们不含添加糖。

教师为参与者提供食物日志模板或推荐相关应用，如MyFitnessPal等，帮助参与者追踪他们的饮食习惯。

（3）健康研讨会

教师每周举办一次研讨会，邀请营养师或健康专家来分享有关糖摄入和健康的信息。

教师鼓励参与者在研讨会上提问和分享自己的体验。

（4）同伴支持

将参与者分成不同的小组，让他们在挑战期间互相支持和激励。

小组可以分享无糖食谱、饮食建议和应对糖分渴望的策略。

（5）奖励制度

按照参与者的日志完整度、分享活跃度和小组合作等，设计一个积分制度。

达到一定积分的参与者可以获得与健康和饮食相关的奖品，如健康食品折扣券、烹饪课程券或烹饪书籍。

（6）挑战后续

挑战结束后，教师组织一个分享大会，邀请所有参与者分享他们的经验、面临的挑战和成功故事。

教师根据反馈，考虑是否开展其他相关的自控挑战，如"全素食三周"或"无加工食品月"。

"无糖三周"活动不仅能够提高人们的健康意识，还可以帮助他们建立更健康的饮食习惯，同时锻炼他们的自控能力。

6.2.3 自控能力挑战活动:"21天改变习惯挑战"

(1)活动目标

帮助参与者培养或改变一个习惯,提高参与者的自控力。

(2)挑战规则

选择一个习惯:每位参与者选择一个他们想要培养或改变的习惯。例如,每天早睡早起、健康饮食、减少使用手机等。

制订计划:参与者为自己制订一个实际可行的计划来达成这个习惯。

持续21天:研究显示,形成一个习惯需要21天。因此,挑战的时间为连续的21天。

记录进展:每天记录自己的进展,可以是日记形式或者是通过社交媒体分享。

相互支持:建立一个支持小组,参与者可以在其中分享经验、挑战和成功。

激励机制:设立小的奖励来激励参与者坚持下去,如坚持一周可以奖励自己一件小礼物。

(3)挑战结束

活动结束后,参与者分享他们的经验和成果,讨论在挑战期间遇到的困难和学到的自控技巧。

对坚持完成挑战的参与者进行表彰。

通过这种方式,参与者不仅可以提高自控能力,还可以学会如何有效地培养良好习惯,同时也能享受到社群的支持和激励。

6.2.4 自控能力挑战活动:"健康饮食30天挑战"

(1)活动目标

增进饮食习惯,提高对健康饮食的认识,培养计划饮食和自我约束的能力。

(2)挑战规则

制订饮食计划:每位参与者根据自己的健康目标(如减重、增肌、改善体质等),制订一个为期30天的健康饮食计划。

排除不健康食品：在挑战期间，尽量减少或完全排除高糖、高脂肪、高盐和加工食品。

饮食日记：每天记录所吃的食物，包括食物种类、分量和营养成分，以监控饮食习惯。

定期分享：参与者可以在社交媒体或专门的交流平台上分享自己的饮食计划、食谱和进展。

学习和交流：定期组织线上或线下的健康饮食讲座和交流会，增进知识和互相鼓励。

挑战时长：这个挑战持续30天，以便参与者有足够的时间适应和维持新的饮食习惯。

（3）挑战结束

汇总和分享30天的饮食日记，讨论在挑战期间的体验和收获，分享个人的变化，如体重、体态、健康状况等方面的改善。

对于坚持完成挑战的参与者进行表彰和分享成功经验。

这个挑战的目的是帮助参与者通过实践和学习，建立更加健康、均衡的饮食习惯，从而提升整体健康水平和生活质量。同时，通过挑战中的分享和交流，建立起一个相互支持和鼓励的社群环境。

6.2.5 自控能力挑战活动："早起挑战赛"

（1）活动目标

培养早起的习惯，改善睡眠质量和生活节奏。

增强自我管理和时间管理的能力。

（2）挑战规则

设定早起时间：每位参与者根据自己的生活习惯设定一个固定的早起时间，比如早上6点或7点。

记录起床时间：每天记录实际起床的时间，并拍摄起床后的第一件事情，如晨练、读书等。

晚上早睡：为了保证充足的睡眠，挑战者需要在晚上早点睡觉，以确保第二天能顺利早起。

分享经验：在社交媒体或特定平台上分享自己的早起经验和感受，包括早起后的活动和身心变化。

早起活动：鼓励参与者在早起后进行一些积极的活动，如运动、阅读或者个人项目。

挑战时长：这个挑战持续两周，以帮助参与者形成习惯。

（3）挑战结束

活动结束后，参与者总结两周内的早起经验，包括起床时间的变化、生活节奏的改善及身心的变化，讨论在挑战期间遇到的困难和解决方法。

对坚持完成挑战的参与者进行表彰和分享成功的经验。

通过这个挑战，参与者不仅可以培养早起的习惯，还能改善睡眠质量，提高日间的效率和活力，从而对他们的整体生活产生积极的影响。同时，通过分享和交流，参与者可以相互激励，共同进步。

6.2.6 自控能力挑战活动："无拖延周"

（1）活动目标

提高时间管理和任务完成的能力。

减少拖延，提升工作效率和生活质量。

（2）挑战规则

制订清晰的每日目标：挑战开始前，参与者为每天设定具体且可实现的目标或任务清单。

设定时间限制：为每个任务设定一个完成的截止时间，以防止拖延。

记录任务进展：每天记录完成任务的情况，包括用时、遇到的挑战和完成的感受。

定期检查：每天晚上进行一次自我检查，回顾当天的完成情况，评估自己的表现和需要改进的地方。

互相激励：在社交媒体或专门平台上与其他参与者分享进展，互相激励和支持。

挑战时长：这个挑战持续一周，以便于参与者在短期内集中精力挑战自我。

（3）挑战结束

活动结束后，参与者总结一周内的经历，包括成功和挑战的地方，分享在挑战过程中学到的时间管理和自控技巧，讨论如何将这些习惯长期地融入日常生活中。

对于坚持完成挑战的参与者进行表彰。

这个挑战的目的是帮助参与者识别和克服拖延的习惯，同时通过实践和学习，培养更有效的时间管理和任务处理能力。通过共同参与和经验分享，参与者可以共同建立起相互支持和鼓励的环境。

6.2.7　自控能力挑战活动："财务自律月"

（1）活动目标

提高个人对财务的自我管理能力。

培养良好的消费习惯和财务规划意识。

（2）挑战规则

设定月度预算：挑战开始前，参与者为自己设定一个合理的月度预算，包括必需品和娱乐消费。

记录每日支出：每天详细记录所有的支出，包括购买的物品或服务和花费的金额。

避免冲动消费：挑战期间尽量避免非计划内的购物或冲动消费。

周度回顾：每周进行一次财务回顾，检查预算执行情况和可能的超支。

分享和学习：在专门的群组或平台上分享自己的预算管理经验，学习他人的财务自律技巧。

挑战时长：这个挑战持续一个月，以便于参与者在较长的时间内实践和调整自己的消费行为。

（3）挑战结束

分享一个月的财务管理经验，包括成功的地方和面临的挑战。

总结在预算管理、消费控制方面学到的技巧和经验。

对于坚持完成挑战的参与者进行表彰，鼓励他们继续保持财务自律。

这个挑战的目的是帮助参与者提高对个人财务的控制能力，同时通过规划和记录消费，培养更加理智和负责任的消费习惯。通过与其他参与者的分享和交流，大家可以相互学习和鼓励，共同提高财务自律能力。

6.2.8 自控能力挑战活动："每日阅读挑战"

（1）活动目标

培养持续的阅读习惯，提升知识水平和理解能力。

减少数字设备的使用，增强专注力和自控力。

（2）挑战规则

选择阅读材料：挑战开始前，每位参与者选择自己感兴趣的书籍或阅读材料。

设定每日阅读目标：设定每天的阅读时长或页数目标，例如每天阅读30分钟或阅读20页。

记录阅读进度：每天记录所读内容的进度和关键要点，可以通过写阅读笔记或做标记来完成。

分享读后感：定期在社交媒体或阅读群组中分享读后感或心得，鼓励交流和讨论。

避免干扰：在阅读时尽量避免干扰，如关闭手机通知，以提高阅读效率和专注力。

挑战时长：这个挑战持续一个月，以便于参与者形成稳定的阅读习惯。

（3）挑战结束

活动结束后，参与者总结一个月的阅读经历，包括阅读的书籍数量、学到的知识和改变的习惯，分享阅读过程中的挑战及自己是如何克服它们的。

对于坚持完成挑战的参与者进行表彰，并鼓励他们继续保持阅读习惯。

这个挑战的目的是鼓励参与者通过日常阅读来提升自我，同时减少对数字设备的依赖，增强专注力和自控力。通过分享和讨论，参与者可以相互学习和激励，共同培养良好的阅读习惯。

6.2.9　自控能力挑战活动："正念冥想 21 天挑战"

（1）活动目标

通过日常冥想练习提高专注力和自我意识。

减少压力和焦虑，提升整体心理健康。

（2）挑战规则

了解冥想基础：在挑战开始前，参与者学习冥想的基本技巧和方法。

设定每日冥想时间：每位参与者每天固定一个时间进行冥想，如每天早晨或晚上。

记录冥想体验：每次冥想后，记录自己的体验、感受及任何观察到的变化。

分享经验和挑战：在一个专门的群组或平台上分享冥想的经历和挑战，以及冥想如何影响日常生活。

持续练习：坚持每天冥想，即使只有短短几分钟，也要保持持续练习。

挑战时长：这个挑战持续 21 天，以便于参与者养成冥想的习惯。

（3）挑战结束

活动结束后，参与者总结 21 天的冥想经历，包括在情绪管理、专注力和自我意识方面的变化，讨论冥想过程中遇到的困难和克服方法。

对坚持完成挑战的参与者进行表彰，并鼓励他们将冥想作为长期的练习。

通过这个挑战，参与者不仅可以学习和实践冥想，还能体验冥想带来的心理和情绪上的益处。同时，通过社群的支持和分享，建立起一个相互鼓励和学习的环境。

7 认识灵活性

7.1 活动目的

认识灵活性活动的目的是帮助个人理解和发展灵活性，这是一种适应变化和处理不确定性的能力。

7.2 活动方案

7.2.1 情景：城市绿化问题

（1）**背景描述**：你所在的城市由于快速的城市化进程，面临了一系列环境问题，如空气污染、热岛效应和日益减少的绿地面积。市政府决定采取措施加强城市绿化，但具体如何执行，需要一个详尽的方案。

（2）**问题描述**：如何在快速城市化的环境下，有效地推进城市绿化，同时确保城市的功能性和居民的满意度？

（3）使用思考帽进行讨论

白帽：小组成员需要收集关于当前城市绿化的数据、城市化的速度、空气质量报告等相关事实信息。

红帽：成员分享他们对城市绿化的直观感受和情感，比如有人可能觉得城市中的公园是放松的好地方，而有人可能认为树木阻碍了交通。

黑帽：小组讨论城市绿化可能会带来的问题或挑战，如维护成本、虫害问题、绿地占用原有功能区等。

黄帽：从积极的角度看待城市绿化可以带来的益处，如提高空气质量、提供休闲空间、增加物种多样性等。

绿帽：鼓励小组成员提出创新的绿化方案，如垂直花园、屋顶绿化、移动绿地等。

蓝帽：总结所有的讨论，制订一个具体的城市绿化方案，并确定实施步骤和时间表。

通过这样的活动，参与者不仅能够对城市绿化问题进行深入的思考和探讨，还能锻炼他们的认知灵活性，学会从多个角度看待问题。

7.2.2 情景：办公室的开放空间设计

（1）**背景描述**：随着现代办公文化的发展，许多公司选择开放空间的办公室设计，以促进沟通和合作。但是，有些员工认为这种设计降低了他们的工作效率，因为他们容易分心。管理层正在考虑是否应该进行办公室重新设计。

（2）**问题描述**：如何平衡开放空间的办公室设计以促进团队合作，同时确保员工能够高效地完成工作？

（3）使用思考帽进行讨论

白帽：小组成员收集关于开放空间办公室与传统办公室的生产效率、员工满意度等方面的数据和研究报告。

红帽：成员分享他们对开放空间设计的直觉和情感。有些人可能觉得开放的环境更具有活力，而有些人可能觉得它过于嘈杂。

黑帽：讨论开放空间设计可能带来的问题，如隐私缺失、噪声干扰、缺乏独立思考的空间等。

黄帽：探讨开放空间设计的好处，如团队之间的即时沟通、增强团队合作精神、易于集中培训等。

绿帽：鼓励小组成员提出创新的办公空间设计方案，如添加隔音屏风、提供独立的思考舱、设置安静的休息区等。

蓝帽：总结讨论结果，制订一个新的办公空间设计方案，并考虑实施和评估策略。

通过这种活动，参与者不仅可以从多个角度探讨办公室设计问题，还可以锻炼他们的认知灵活性，并学会对问题进行全面的思考。

7.2.3　活动名称："全球气候变化应对策略讨论"

（1）活动目的

通过探讨全球气候变化这一复杂话题，培养参与者的认知灵活性。

使用"六顶思考帽"的方法来促进多角度的思维和讨论。

（2）活动方案

主题引入：介绍全球气候变化的问题，包括其对环境、经济、社会等方面的影响。

分组讨论：将参与者分成不同的小组，每个小组各自讨论全球气候变化的应对策略。

角色分配：每个小组成员选择一种思考帽，代表不同的思考方式：

白帽——关注数据和事实；

红帽——表达情感和直觉；

黑帽——指出潜在的问题和风险；

黄帽——看到问题的积极面和可能的好处；

绿帽——提出创新的解决方案；

蓝帽——负责总结讨论和提出最终方案。

思考帽讨论：每位成员从自己的思考帽角度出发，对气候变化的应对策略进行讨论。

角色互换：讨论进行到一定阶段时，参与者更换思考帽，以体验不同的思考角度。

成果展示：每个小组展示他们的讨论结果和策略。

全体讨论：在全体参与者中进行讨论，评估不同小组的想法和策略。

（3）活动结束

总结反馈：对每个小组的策略进行总结，强调认知灵活性在解决复杂问题时的重要性。

个人反思：鼓励参与者反思活动中的经历，如何将学到的认知灵活性应用到其他领域。

通过这个活动，参与者将被鼓励从多种视角考虑问题，促进深入思考和创造性解决方案的产生。这样的活动不仅提高了对全球气候变化问题的理解，也加强了个人在多元思维和团队合作方面的能力。

7.2.4　活动名称："未来教育体系设计挑战"

（1）活动目的

通过探讨未来教育体系的设计，激发和培养参与者的认知灵活性。

使用"六顶思考帽"方法来促进多角度的思考和创新讨论。

（2）活动方案

主题引入：介绍当前教育体系面临的挑战，如技术进步、学生多样性、教育公平等。

分组讨论：将参与者分成不同的小组，每个小组各自讨论未来教育体系的设计方案。

角色分配：每个小组成员选择一顶思考帽，代表不同的思考方式：

白帽——关注教育领域的数据和事实；

红帽——表达对教育变革的情感和直觉反应；

黑帽——指出改革可能面临的问题和风险；

黄帽——从积极的角度看待教育变革可能带来的好处；

绿帽——提出创新的教育方案和方法；

蓝帽——负责协调讨论，总结小组的想法。

思考帽讨论：每位成员从其思考帽的角度出发，对未来教育体系进行讨论。

角色互换：讨论到一定阶段时，小组成员们更换思考帽，体验和了解不同的观点。

方案展示：每个小组展示他们的讨论成果，包括对未来教育体系的设想和计划。

集体讨论：全体参与者一起讨论每个小组的方案，探讨其优缺点。

（3）活动结束

总结和反馈：对每个小组的方案进行总结，讨论认知灵活性在解决教育问题时的作用。

个人反思：鼓励参与者思考如何将活动中学到的认知灵活性技能应用于个人和职业生活。

通过这个活动，参与者不仅能深入思考教育领域的未来发展，还能在多元化思维和创新思考方面得到显著提升。这样的活动有助于提高个人在复杂问题解决和团队合作中的能力。

7.2.5 "创造可持续城市"

（1）活动目的

通过讨论可持续城市的设计和管理，促进参与者的认知灵活性。

运用"六顶思考帽"方法来鼓励多角度思考和解决问题。

（2）活动方案

主题引入：介绍可持续城市的概念，包括环境保护、经济发展和社会公正等方面的挑战。

分组讨论：将参与者分为不同的小组，每组各自探讨可持续城市的不同方面，如能源管理、交通规划、住房政策等。

角色分配：小组成员分别选择一顶思考帽，代表不同的思考方式：

白帽——关注关于可持续城市的事实和数据；

红帽——表达个人对可持续城市的情感和直觉；

黑帽——识别可持续发展中可能遇到的问题和挑战；

黄帽——探索可持续发展的潜在好处和优势；

绿帽——创造性地思考新的可持续城市解决方案；

蓝帽——组织讨论流程，总结小组的观点和方案。

思考帽讨论：每位成员从自己的思考帽角度出发，共同讨论和构思可持续城市的方案。

角色互换：讨论进行到一定阶段时，参与者更换思考帽，以体验不同的思维模式。

成果展示：每个小组向所有参与者展示他们对可持续城市的设想和策略。

全体讨论：集体讨论每个小组的方案，评估其可行性和创新性。

（3）活动结束

总结和反馈：总结每个小组的方案，强调认知灵活性在解决复杂社会问题中的重要性。

个人反思：鼓励参与者思考如何将在活动中学到的认知灵活性应用于自己的生活和工作中。

这个活动旨在通过团队合作和创新思维，促使参与者深入思考并提出可持续城市的实际解决方案。通过多角度的思考，参与者可以更好地理解和应对城市发展中的复杂问题。

7.2.6 活动名称："未来工作环境构想"

（1）活动目的

通过探讨未来的工作环境，激发参与者的认知灵活性。

利用"六顶思考帽"方法促进多维度的思考和创意生成。

（2）活动方案

主题介绍：讨论当前的工作趋势，如远程工作、技术进步、工作与生活平衡等。

分组讨论：将参与者分成不同的小组，每组各自讨论和构想未来工作环境的不同方面，例如技术整合、工作空间设计、员工福利等。

角色分配：小组成员根据"六顶思考帽"选择不同的思考角度：

白帽——关注与未来工作环境相关的数据和事实；

红帽——表达对未来工作环境的直觉感受和情感；

黑帽——识别可能的挑战和风险；

黄帽——探索未来工作环境的潜在好处和优势；

绿帽——创造性地思考新的工作环境解决方案；

蓝帽——协调讨论，总结小组的观点和想法。

思考帽讨论：每位成员从所选思考帽的角度贡献想法，共同构想未来工作环境。

角色互换：在讨论的某个阶段，小组成员更换思考帽，体验不同的思维方式。

成果展示：每个小组向全体参与者展示他们的工作环境构想。

全体讨论：集体讨论每个小组的构想，评估其创新性和实用性。

（3）活动结束

总结和反馈：综合各小组的想法，强调在解决未来问题时认知灵活性的重要性。

个人反思：鼓励参与者反思如何将所学的认知灵活性技能应用于个人生活和职业生活中。

这个活动旨在鼓励参与者思考未来工作环境的多种可能性，通过多角度的讨论，提高解决未来挑战的创新能力和适应性。

7.2.7 活动名称："健康生活方式革新"

（1）活动目的

探索和构想创新的健康生活方式，提高参与者的认知灵活性。

运用"六顶思考帽"方法促进多维度思考和解决方案的创造。

（2）活动方案

主题介绍：讨论当前人们面临的健康挑战，如不良生活习惯、压力管理、健康饮食等。

分组讨论：将参与者分为不同的小组，每组各自探讨如何通过创新方法改善和提升健康生活方式。

角色分配：小组成员选择不同的"思考帽"，代表不同的思考角度：

白帽——关注健康生活相关的数据和事实；

红帽——表达对健康生活方式的情感和直觉；

黑帽——识别改善健康生活方式可能面临的挑战和问题；

黄帽——探索积极的一面，如健康生活带来的好处和优势；

绿帽——创新思维，提出新颖的健康生活方式改革方案；

蓝帽——负责协调讨论流程，总结小组的观点和策略。

思考帽讨论：小组成员根据各自的思考帽角度，共同探讨和提出解决方案。

角色互换：讨论进行到一定阶段时，小组成员更换思考帽，体验和探索不同的观点和思维方式。

方案展示：每个小组向所有参与者展示他们对创新健康生活方式的构想和策略。

全体讨论：全体参与者一起讨论每个小组的方案，评估其创新性和可行性。

（3）活动结束

总结与反馈：总结各组的想法，强调在解决健康问题时认知灵活性的重要性。

个人反思：鼓励参与者思考如何将所学的认知灵活性应用于个人健康和日常生活中。

这个活动旨在鼓励参与者从多个角度思考如何改善和创新健康生活方式，促进解决日常健康挑战的创造性思维和适应性。通过这样的活动，参与者可以更好地理解和应对健康生活中的复杂问题。

7.2.8　活动名称："文化多样性与全球化挑战"

（1）活动目的

通过讨论文化多样性在全球化背景下的挑战与机遇，提升参与者的认知灵活性。

使用"六顶思考帽"方法来促进多角度思考和策略的创造。

（2）活动方案

主题引入：介绍全球化对文化多样性带来的影响，包括文化交流、身份认同、文化冲突等方面。

分组讨论：将参与者分成小组，每组探讨全球化背景下文化多样性的不同方面，如文化保护、跨文化交流、全球文化融合等。

角色分配：小组成员选择不同的"思考帽"，代表不同的思考角度：

白帽——集中于文化多样性和全球化的事实与数据；

红帽——表达对文化多样性和全球化的个人感受和情绪；

黑帽——讨论文化多样性在全球化中可能遇到的挑战和风险；

黄帽——探讨文化多样性和全球化所带来的潜在机遇和积极影响；

绿帽——提出创新的解决方案或策略，以促进文化多样性在全球化中的和谐共存；

蓝帽——负责协调讨论，确保思考过程有序，并总结小组的观点和建议。

思考帽讨论：小组成员根据各自的思考帽角度参与讨论，共同探索和解决问题。

角色互换：讨论进行到一定阶段时，小组成员更换思考帽，以体验和理解不同的思维方式。

方案展示：每个小组向所有参与者展示他们的思考结果和提出的策略。

全体讨论：全体参与者一起讨论每个小组的方案，评估其创新性和实际应用性。

（3）活动结束

总结与反馈：总结各小组的方案，强调认知灵活性在处理全球化和文化多样性问题时的重要性。

个人反思：鼓励参与者思考如何将活动中学到的认知灵活性应用于个人生活和职业发展中。

这个活动旨在鼓励参与者从多个角度理解和应对全球化中的文化多样性问题，促进更加开放和包容的思维方式。通过这样的活动，参与者可以更好地理解不同文化背景下的观点，提高跨文化交流和合作的能力。

7.2.9 活动名称："智慧城市发展策略"

（1）活动目的

探讨智慧城市的构建和发展，提升参与者在面对复杂城市问题时的认知灵活性。

利用"六顶思考帽"方法来激发多维度的思考和解决策略创造。

（2）活动方案

主题介绍：讨论智慧城市的概念，包括其对交通、环境、公共服务、居民生活的影响。

分组讨论：将参与者分为小组，每组探讨智慧城市的不同方面，如技术应用、数据安全、居民参与等。

角色分配：小组成员选择不同的"思考帽"，代表不同的思考角度：

白帽——专注于收集有关智慧城市的事实和数据；

红帽——表达对智慧城市发展的情感和直觉；

黑帽——识别智慧城市发展可能遇到的问题和挑战；

黄帽——探索智慧城市发展可能带来的好处和机遇；

绿帽——创新思维，提出新颖的智慧城市解决方案；

蓝帽——负责协调讨论流程，总结小组的观点和策略。

思考帽讨论：小组成员根据各自的思考帽角度，共同探讨和提出智慧城市的解决方案。

角色互换：讨论进行到一定阶段时，小组成员更换思考帽，体验不同的思维方式。

成果展示：每个小组向所有参与者展示他们对智慧城市的构想和策略。

全体讨论：全体参与者一起讨论每个小组的方案，评估其创新性和可行性。

（3）活动结束

总结与反馈：总结各小组的想法，强调认知灵活性在处理智慧城市问题时的重要性。

个人反思：鼓励参与者思考如何将活动中学到的认知灵活性应用于个人生活和职业中。

这个活动旨在鼓励参与者从多角度思考智慧城市的构建和发展，促进解决城市问题的创新思维和适应性。通过这样的活动，参与者可以更好地理解和应对城市发展中的复杂挑战。

8 成长心态

8.1 活动目的

成长心态培养活动的目的是帮助个人发展一种成长心态，这是一种相信自己的能力和智力可以通过努力、学习和经验得到提升的心态。

8.2 活动方案

8.2.1 "30天兴趣追踪"：自我探索与成长

背景描述：在忙碌和重复的日常生活模式下，很多人可能忽视了自己内心深处的兴趣和激情。此挑战的目的是为参与者提供一个机会，探索和尝试各种不同的活动，最终找到或再次燃起他们的兴趣火花。

（1）目标设定

每天，参与者需要为自己选择一个全新的活动或兴趣进行探索，至少投入30分钟的时间。这些活动可以包括但不限于学习一门新的乐器，尝试一种新的艺术形式，读一本不同类型的书，学习一种新的舞蹈等。

（2）兴趣日志

每天，参与者在日志中记录他们所尝试的活动、经验和感受。

日志可以采用文字、图片、音频或视频的形式，反映他们的探索旅程。

（3）周度分享会

每周结束时，组织一个线上或线下的分享会，参与者可以分享他们这周尝试的兴趣和经验。

其他参与者可以提供反馈、建议和鼓励，或者选择下周尝试他们觉得有趣的活动。

（4）团队合作

参与者可以组成2~3人的小组，鼓励彼此尝试并探索某个特定的兴趣，如一起学习摄影、做手工艺品或参加烹饪课程。

（5）奖励制度

设立积分系统，根据日志的完整度、分享活跃度和团队合作来分配积分。

积分可以兑换兴趣课程券、书籍或其他与兴趣培养相关的奖品。

（6）挑战后续

挑战结束后，组织一个大型的展示会，参与者可以展示他们在挑战期间学到或创作的作品。

根据反馈，针对受欢迎的兴趣领域，组织更深入的学习或实践活动。

"30天兴趣追踪"挑战不仅帮助参与者发掘自己的兴趣和激情，还为他们提供了一个成长和自我实现的机会。

8.2.2 "5周5兴趣"：跨界探索与深度体验

背景描述：在快速发展的现代社会，跨界学习和跨领域技能越来越受到欢迎。这个挑战旨在鼓励参与者跳出自己的舒适区，广泛接触并深入学习多个领域，从而拓宽视野和提高创新能力。

（1）目标设定

挑战总时长为5周，每周参与者需选择一个新的兴趣领域进行深入探索和学习。这些领域可以是绘画、编程、烹饪、摄影、舞蹈等。

（2）深度学习

参与者每周至少需投入5个小时来学习和实践该兴趣领域的内容。可以通过在线课程、书籍、实验室或工作坊形式进行学习。

（3）学习日志

参与者需要记录自己每周的学习进度、所遇到的挑战和解决方法。

日志可以是文字、照片或短视频，用于展示他们的学习成果。

（4）线上交流群

为参与者创建一个线上交流群组，他们可以在其中分享资源、提问、交流心得或组织线下聚会。

（5）周末展示

每周末，参与者需要在线上或线下展示自己一周的学习成果，收获反馈和建议。展示内容可以是绘画作品、编程项目、烹饪的菜肴、摄影作品或舞蹈表演等。

（6）奖励制度

根据参与者的学习进度、日志完整性和周末展示的效果来分配积分。

积分可以用来兑换与所学兴趣相关的工具、材料或进阶课程。

（7）挑战后续

在挑战结束后，组织一个盛大的"5周5兴趣"展览或演出，邀请外部嘉宾和公众来观看和评价。

根据参与者的反馈和成果，考虑组织进阶学习活动或工作坊。

"5周5兴趣"挑战认为深度与广度并不矛盾，通过系统的安排和鼓励，参与者可以更全面地发展自己，发现新的兴趣或潜能。

8.2.3 "技能树挑战"：从新手到专家

（1）活动目的

此活动旨在帮助参与者体验和理解能力是可以通过持续的努力和实践得到提高的，从而培养成长心态。

（2）活动说明

选择一个技能：让每位参与者选择一个他们之前没有或只有很少经验的技能。这可以是杂技、绘画、编程、音乐乐器、语言等。

创建技能树：为所选技能创建类似视频游戏中的"技能树"。技能树表示从新手到专家所需的不同阶段和技能点。例如，学习吉他可能从"学会C调和G调"开始,到"弹奏一首简单的歌曲",再到"即兴演奏"等。

制订学习计划:基于技能树,让参与者为接下来的一个月的学习制订一个学习计划。这个计划应该是分步骤进行的、具有可行性的,旨在帮助参与者达到技能树的下一个级别。

实践与分享:在接下来的一个月中,参与者需按照他们的计划进行实践。在学习过程中,可以安排定期的分享会,让参与者分享他们的进展、所遇到的困难和学到的经验。

展示成果:一个月后,组织一个"技能展示"活动,让每个人展示他们学到的技能。这不仅是为了展示成果,更重要的是分享他们在这个过程中的经验、感受和收获。

(3)活动效果

通过"技能树挑战"活动,参与者将亲身体验从新手到熟练者的过程,理解到能力和技能是通过努力和实践得到提高的。这将有助于他们培养出成长心态,并在未来的学习和工作中持续应用这种心态。

9 情绪调节

9.1 活动目的

情绪调节活动的目的是帮助个人更好地理解、识别和管理自己的情绪，以及如何以健康的方式应对情绪波动。

9.2 活动方案

9.2.1 活动名称：情绪导演—生活剧场

（1）活动目标

提供一个安全的环境，让参与者体验和认识不同的情绪，练习在特定情境下的情绪调节。

（2）活动流程

分组与角色分配：将参与者随机分为不同小组，每组2~4人。每组选定一个情境，并由组内成员分配角色。

设定情境：准备一些常见的日常情境，如家庭争吵、职场压力、朋友关系紧张等。每组选择或被分配一个情境。

角色扮演与情境模拟：每组用5~10分钟的时间准备角色扮演。之后每组轮流进行角色扮演，其他小组作为观众。

情绪评估与讨论：角色扮演结束后，参与者使用评分卡给出他们观察到的情绪调节策略的评价。组内成员共同讨论哪些情绪调节策略有效，哪些无效，并分析原因。

第二轮角色扮演：参与者可以自行选择调整他们的情绪调节策略，并再次进行角色扮演。重复情绪评估与讨论步骤。

全体总结与分享：各组分享他们的体验和学到的情绪调节技巧。教师总结活动，并给出进一步的情绪调节建议。

通过这个活动，参与者不仅可以体验和观察不同情境下的情绪波动，还可以实际操作和测试各种情绪调节策略，进而提高自己的情绪调节能力。

生活剧场参考情境

情境1：家庭晚餐

背景：父亲近期在工作上受到很大的压力，妈妈对家务感到不满，因为她觉得负担过重。15岁的女儿最近和她最好的朋友闹翻，感到孤独和受伤。晚餐时，三个人坐在一起，气氛很紧张。

目标：让每个人都表达自己的感受，找到一种能够缓解紧张情绪并增进相互理解的方法。

情境2：办公室会议

背景：团队最近未能按时完成一个重要的项目。经理很生气，团队成员互相指责。在周会上，经理希望找出问题的原因并解决它。

目标：通过对话和合作，确定项目延误的原因，并提出解决方案，同时避免进一步的冲突。

情境3：大学宿舍

背景：宿舍有四名同学，其中一名同学常常晚上很晚才回来，并带朋友在宿舍聚会，其他三人因此受到影响，感到不满。

目标：三名同学决定和经常晚归的同学谈话，目的是找到一个大家都能接受的解决方案。

情境4：公园矛盾

背景：一个妈妈带着她的孩子在公园里玩。另一个家庭的狗跑了过来，把孩子的冰激凌打翻了。两位家长因此发生争执。

目标：两位家长都试图平静下来，找到一个双方都满意的解决办法，并教会孩子如何处理冲突。

9.2.2 情景："职场危机管理"

（1）背景设定

一家中型科技公司正面临一次重大的产品失败，导致客户不满和出现媒体负面报道。

（2）角色设定

项目经理：负责这个失败的产品，感到压力巨大，担心自己的职业前景。

技术负责人：对产品失败感到沮丧和自责，担心自己的技术能力受到质疑。

市场部经理：为如何处理公关危机和维持公司形象感到焦虑。

公司CEO：需要在困难时期领导公司，感到责任重大，同时需要处理内外的压力。

（3）情景模拟指导

准备：每位参与者深入理解自己角色的心理状态和职责。

情景模拟：模拟一次紧急会议，讨论如何应对产品失败所带来的危机。

角色互动：鼓励每个角色之间的互动，包括表达自己的担忧、寻求支持、提出解决方案等。

（4）情绪评估与讨论

观察焦点：注意每个角色如何在压力下表达情绪，以及他们如何尝试调节自己和他人的情绪。

讨论要点：讨论在职场危机情境中哪些情绪调节策略有效，哪些不够有效，以及可能的改进方式。

（5）活动延伸

情景再现：参与者可在第二轮模拟中尝试不同的情绪调节策略，以改善情景的结果。

实际应用：讨论如何将在活动中学习到的情绪调节技巧应用于实际的职场情境。

这个情景设计不仅能帮助参与者理解在职场中遇到的压力和冲突时的情绪反应，还能提供练习有效情绪调节和危机处理的机会。通过这种模拟活动，参与者可以增强自己在现实工作环境中的情绪智力和应对能力。

9.2.3 情景："异地关系的挑战"

（1）背景设定

一对长期维持异地关系的情侣由于工作原因，两人已经几个月没有见面。他们计划了一次周末聚会，但由于一方的紧急工作任务，聚会不得不取消。

（2）角色

一方（在家）：期待已久的聚会被取消，感到失望、孤独和不被重视。

另一方（工作繁忙）：因工作紧急无法按时赴约，感到内疚、压力和挫败。

（3）情景模拟指导

准备：参与者需要深入了解自己角色的情感状态，包括期待、失望、压力和责任感。

情景模拟：模拟一次电话对话或视频聊天，讨论他们因取消计划而产生的情绪冲突。

角色互动：鼓励双方表达自己的感受，同时尝试理解和安慰对方。

（4）情绪评估与讨论

观察要点：注意每个角色在面对情感挑战时如何表达和调节情绪。

讨论焦点：讨论在关系中遇到挫折时有效的情绪调节策略，以及如何更好地沟通和理解。

（5）活动延伸

情景再现：参与者在第二轮模拟中尝试采用不同的情绪调节策略，以改善沟通和理解。

实际应用：探讨如何将学到的情绪调节技能应用到真实的人际关系中，特别是在面对异地关系出现挑战时。

这个情景设计旨在帮助参与者理解和处理长距离关系中的情绪波动，通过模拟活动提高情绪识别、表达和调节的能力，从而增强他们在维护健康人际关系方面的技能。

9.2.4 情景："高考前的家庭压力"

（1）背景设定

高考前夕，在一个即将面临高考的学生家庭中，家庭中的压力和期望达到顶峰。

（2）角色设定

学生：面临巨大的学习压力和家庭期望，感到焦虑和压抑。

父亲：对孩子的未来充满期望，但表现出过度关注和焦虑。

母亲：努力维持家庭和谐，同时也担心孩子的考试表现和心理状态。

（3）情景模拟指导

准备：参与者需要深入了解自己角色的心理状态和期望。

情景模拟：模拟一次家庭会议，讨论高考的准备和家庭中的压力。

角色互动：鼓励每个角色表达自己的担忧和期望，同时尝试理解和支持对方。

（4）情绪评估与讨论

观察要点：注意每个角色如何在高压环境下表达和调节情绪。

讨论焦点：讨论在家庭压力下有效的情绪调节策略，以及如何更好地相互支持和沟通。

（5）活动延伸

情景再现：参与者在第二轮模拟中尝试采用不同的情绪调节策略，以改善家庭内的沟通和理解。

实际应用：探讨如何将学到的情绪调节技能应用到真实的家庭生活中，特别是在面对重大考试和压力时。

这个情景设计的目的是帮助参与者理解并处理家庭中因重大事件（如高考）引发的情绪波动。通过这种模拟活动，参与者可以提高在高压情况下的情绪调节能力，增强家庭成员间的理解和支持。

9.2.5 情景："突发公共事件的应急反应"

（1）背景设定

某社区中发生了突发公共事件（如自然灾害、重大交通事故等），事件发生后社区陷入紧急情况处理阶段。

（2）角色设定

社区负责人：负责协调应急措施，感到压力巨大和责任重大。

受影响的居民：直接受到事件影响，感到恐慌和不安。

救援人员：努力进行救援工作，同时也感受到紧张和压力。

志愿者：希望提供帮助，但可能因情况复杂而感到无助或焦虑。

（3）情景模拟指导

准备：参与者需要深入了解各自角色的心理状态和面临的挑战。

情景模拟：模拟一个紧急会议或现场救援情景，讨论如何应对和管理当前的危机。

角色互动：鼓励角色之间的互动，包括表达自己的担忧、提供支持和合作解决问题。

（4）情绪评估与讨论

观察要点：注意各角色在紧急情况下如何表达和调节情绪。

讨论焦点：讨论在公共危机情境中有效的情绪调节策略，以及如何在压力下保持冷静和有效沟通。

（5）活动延伸

情景再现：参与者在第二轮模拟中尝试不同的情绪调节策略，以改善应对和协调效果。

实际应用：探讨如何将学到的情绪调节技能应用于现实生活中的紧急情况，特别是在处理公共危机时。

这个情景设计旨在帮助参与者理解并处理突发公共事件中的情绪波动。通过模拟活动，参与者可以提高在紧急和压力环境下的情绪调节能力，增强危机处理和团队合作的技能。

9.2.6 情景:"新工作挑战"

(1)背景设定

一个刚刚开始工作的职场新人在入职的前几周,面临适应新环境和工作要求的挑战。

(2)角色设定

新员工:感到不安和压力,担心无法达到工作预期或融入新团队。

直接上司:期望新员工尽快适应工作,可能对其表现有较高期望。

同事:有的可能给予新成员热心帮助,有的可能对新成员持观望态度。

人力资源经理:关注新员工的适应过程,努力提供支持和指导。

(3)情景模拟指导

准备:参与者需要了解各自角色的心理状态,包括期望、担忧和职责。

情景模拟:模拟一次团队会议或日常工作交流,讨论工作任务和团队协作。

角色互动:鼓励角色之间的互动,包括分享经验、提供支持和建立关系。

(4)情绪评估与讨论

观察要点:注意各角色如何在新工作环境中表达和调节情绪。

讨论焦点:讨论在职场新环境中有效的情绪调节策略,以及如何建立良好的职场关系。

(5)活动延伸

情景再现:参与者在第二轮模拟中尝试不同的情绪调节策略,以改善适应过程和人际交往。

实际应用:探讨如何将学到的情绪调节技能应用于真实的职场环境,特别是在面对新工作和新挑战时。

这个情景设计的目的是帮助参与者了解并处理职场新环境中的情绪挑战。通过模拟活动,参与者可以提高在新环境下的情绪调节能力,增强人际沟通和团队合作的技能。

10 沟通技巧

10.1 活动目的

沟通技巧活动的目的是提高个人的沟通能力，包括口头和书面沟通，以及非语言沟通能力。

10.2 活动方案

10.2.1 项目进度延误

背景描述：在一家IT公司，一个由5名成员组成的团队正在进行一个重要项目。然而，由于技术问题和需求变更，项目的完成时间已经延迟了两周。经理对此并不知情，并计划在下周的客户会议中展示这个项目。项目经理王经理需要与团队成员沟通了解问题，并且需要与上级经理沟通这个延误问题。

（1）与团队成员沟通的场景

问题：王经理需要从团队成员那里了解到底发生了什么，为什么项目延误。技巧：开放性提问：不是质问"为什么没有按时完成"，而是问"遇到了哪些困难或障碍"。倾听：充分听取团队成员的回答，不打断，也不立即评判。例如理解与确认：对成员所述的问题进行总结并确认，例如"所以你的意思是，由于技术问题和需求变更，导致了这次的延误，对吗？"

（2）与上级经理沟通的场景

问题：王经理需要告诉经理项目延期的消息，并且解释原因。技巧：事先准备：确保所有需要的信息都已准备好，包括为什么延误，解决方法及新的预计完成日期。清晰、简洁地表达：不绕弯子，直接但礼貌地传达信息，例如"我需要告诉您关于我们当前项目的一个情况。由于技术问题和需求变更，我们预计会延后两周完成项目。"提出解决方案：不仅仅陈述问题，还需要给出可能的解决方案，例如增加资源、加班或调整工作流程等。

在这个例子中，沟通技巧对于缓解紧张、正确传递信息及寻找解决方案都至关重要。不良的沟通可能导致误解、冲突和进一步的项目延误。

10.2.2 员工绩效不佳

背景描述：李可是一家销售公司的经理，她注意到下属员工张明近期的业绩下滑，与之前相比有明显的差距。李可需要与张明进行一次关于绩效的沟通，但这类沟通往往具有挑战性，因为它涉及对员工的批评和反馈。

（1）建立积极的沟通环境

问题：如何确保这次沟通可以在不产生对立的情境中进行，确保张明可以接受并对反馈采取行动？技巧：选择合适的时间和地点：选择一个安静的、不会被打扰的地方，确保双方都有足够的时间。开场积极："张明，我注意到你之前的业绩一直很出色，但是最近似乎有些下滑，我想了解一下你面临什么困难或挑战吗？"

（2）给出具体的反馈

问题：如何确保张明正确认识他的业绩问题，且不将沟通看作对他的人身攻击？技巧：以事实为基础进行反馈：避免使用主观的评价，用具体数据说明，例如，"从报表上我看到，你这个月的销售额比上个月少了20%。"开放性提问："有没有什么特殊的原因导致了这样的变化？"

（3）共同探讨解决方案

问题：如何鼓励张明一起参与找到提高业绩的方法？技巧：鼓励他分享："你觉得自己在哪些方面可能需要提高或者获得支持？"提供资源或建议："我们有一些销售培训和工作坊即将进行，你觉得参加这些会有帮助吗？"

通过上述沟通技巧，李可不仅向张明明确传达了她的关注点，还鼓励他提供反馈和共同寻找解决方案。这种沟通方法有助于增强员工的归属感和动力，并鼓励他们改进自己的业绩。

10.2.3 产品开发团队与营销团队的冲突

背景描述：在一家科技公司，产品开发团队正忙于开发一个新的移动应用。与此同时，营销团队已经开始为这款应用做预热，并给出了一个上市日期。但由于一些技术难题，产品团队觉得他们可能无法按照营销团队的预定日期交付产品。这导致了双方的紧张和指责。

（1）协调会议召开的沟通场景

问题：如何确保会议能够有效地缓解双方的紧张关系，并找到解决之道？技巧：运用中立的开场。"大家好，我们今天的目的是共同找到一个解决方案，以确保产品的成功上市。"明确规则：每个人都有机会发言，不打断他人，避免指责。

（2）双方表达关切与问题的沟通场景

问题：如何确保双方都能够充分、明确地表达他们的担忧和需求？技巧：轮流发言，产品团队先说，如"我们遇到了一个技术难题，这可能会导致产品推迟。"营销团队回应："我们已经开始广告宣传，并承诺了一个上市日期。"避免负面语言：不是说"你们总是这样"或"你们为什么不早告诉我们"，而可以说"我们希望能更早地知道这些信息"。

（3）探索解决方案

问题：如何鼓励团队寻找和达成共识？技巧：头脑风暴。鼓励团队提出各种可能的解决方案，无论多么不切实际。共同评估：基于头脑风暴的结果，讨论每个解决方案的优点和缺点。

最终，双方可能会决定推迟发布日期、增加开发资源或调整营销策略等。关键在于，通过有效的沟通技巧，两个团队从对立变为合作，从而共同解决问题。

10.2.4 办公室里的噪声问题

背景描述：在一家开放式办公环境的公司，张妮觉得办公室里的噪声经常打扰到她的工作，尤其是当一些团队成员聚在一起讨论时。她需要与这些团队成员及办公室经理沟通，以找到一个解决方案。

（1）与团队成员沟通的场景

问题：如何礼貌地提出她的担忧，而不让其他人觉得是在批评他们？

技巧：采用"我的语言"。用"我觉得……"，表达自己的感受，而不是用"你总是……"。例如"我觉得办公室的噪声有时会让我分心。"列举具体实例：提供具体的例子，说明噪声是如何干扰她的，如"今天上午，当我试图完成报告时，旁边的讨论声让我很难集中注意力。"

（2）与办公室经理沟通的场景

问题：如何建议改进办公环境，以减少噪声？技巧：提出建设性的建议。"我在想，也许我们可以设立一些安静的工作区域，或者为那些需要讨论的团队提供一个单独的会议区域？"提供可能的解决方案：例如，使用隔音板、耳塞，或者建立固定的讨论时间和地点。

通过这种沟通方式，张妮明确而礼貌地表达了她的需求，并鼓励其他人参与寻找解决方案。这不仅可以帮助她解决噪声问题，还可以增强办公室的合作和团队精神。

11 决策能力

11.1 活动目的

决策能力活动的主要目的是提高个人在各种情境中作出明智、有效决策的能力。

11.2 活动方案

11.2.1 快速筛选挑战

描述：给予参与者20张图片，每张图片上都有不同的食物。在30秒内，参与者需要挑选出自己最想吃的5种。

目的：训练参与者在有限的时间内作出决策。

11.2.2 头脑风暴分类

描述：参与者需要列出自己最喜欢的10部电影，接着，在1分钟内按照自己的标准（如题材、演员或导演）将它们分类。

目的：帮助参与者快速识别和确定自己的判断标准。

11.2.3 服装速配

描述：为参与者提供多套衣物图片，他们有3分钟时间为自己搭配一套心仪的服装。

目的：训练参与者迅速根据情境和偏好作出选择。

11.2.4 角色扮演

描述：模拟一个情境，例如餐厅用餐，但菜单上有50个菜品。参与者需要在2分钟内点5个菜。

目的：模拟实际情境，加强决策能力。

11.2.5 优先级排序

描述：给予参与者一个列表，上面有10项活动（如看书、旅行、听音乐等）。参与者需要在2分钟内按照自己的喜好为它们排序。

目的：锻炼参与者根据个人价值观和喜好迅速设定优先级。

11.2.6 卡片选择游戏

描述：准备多套卡片，每套卡片都包含一个问题卡及多个答案卡，如：问题卡是"你最想去的度假胜地是哪里"答案卡可能有"海滩、山脉、城市、乡村"等多个选择。参与者翻开一张问题卡后，需要在10秒内选择一个答案卡。

目的：训练参与者在短时间内根据直觉和真实感受作出选择。

活动结束后，参与者分享他们的决策方式和原因，以及决策过程中的感受，教师为他们提供反馈，帮助他们识别可以改进的决策策略。

这些活动的目的是减少分析瘫痪，鼓励参与者根据直觉、情感和逻辑在有限的时间内作出决策。定期进行此类练习，参与者可能会发现自己在日常生活中的决策变得更加迅速和自信了。

12 抗压能力训练

12.1 活动目的

抗压能力活动的目的是提高个人在面对压力、挑战或困难情境时的应对能力。

12.2 活动方案

12.1.1 纷乱记忆卡

描述：每个小组得到一套有50张不同图案的卡片。小组成员需要在60秒内尽量记住这些卡片，之后卡片被收走。5分钟后，每个小组需要从100张卡片中选出原先的50张。

压力点：在记忆阶段，不断有大声的音乐或突发的噪声干扰。

12.1.2 盲眼绘图

描述：以2人为一组，小组中的一名成员被蒙上眼睛，只能听从小组另一名成员的指令来完成一个简单的绘画任务，例如画一只猫或一间房子。

压力点：除了发出指令者，其他人会故意给出相反或无关的指令。

12.1.3 快速接力答题

描述：每个小组得到一张包含20个问题的问卷。小组成员必须按照队列逐一回答问题，每人只能回答一个问题，之后立即将问卷交给下一个成员。

压力点：在整个过程中，时间被严格控制，每个小组只有3分钟时间完成，并且在此过程中随机减少30秒。

12.1.4　起重挑战

描述：每个小组得到一些泡沫材料、胶带和细绳。他们的任务是制作一个可以悬浮的装置，并在上面放置尽可能多的小物品（例如乒乓球），并保证不沉下去。

压力点：小组在制作过程中会被通知材料减少或增加，并在整个过程中有人随机加入或退出。

12.1.5　隐藏的领导者

描述：从小组内部随机选择一名领导者，但不告诉其他成员。所有人将会完成一个简单的团队游戏，如通过乱绳找出出口。在此过程中，领导者需要尝试无声地引导团队。

压力点：在活动中不断变换规则，并增加额外的障碍。

12.1.6　倒计时解密

描述：每个小组得到一系列的文字谜题。他们需要按顺序解开每一个谜题，每个谜题的答案将为下一个谜题的解开提供线索。

压力点：整体时间限制为10分钟，并且在此过程中，每隔2分钟会有一个难以预料的干扰，例如突然关闭灯或短暂地播放高分贝音乐。

12.1.7　失言者的干扰

描述：每个小组需要在3分钟内一起创编一个短故事或制作一篇演讲稿。之后，由一名成员负责向大家表述。

压力点：在准备和表述的过程中，会有一个"失言者"故意提出错误的建议或是打断表述者。

12.1.8 手不释卷

描述：每个小组需要在组内成员间逐一地传递一个小物品（例如乒乓球），但规定不能使用手，可以使用其他身体部位，如夹在脖子、肘部等。

压力点：在传递过程中，随机指定一名队员必须更改传递方式。

13 倾听能力

13.1 活动目的

倾听能力活动的目的是提升个人的有效倾听技巧，这在日常沟通和职业发展中都至关重要。

13.2 活动方案

13.2.1 活动名称："心灵收音机"

（1）活动目的

培训参与者在沟通中真正倾听他人，理解对方的情感和需求，并提高回应和反馈的能力。

（2）活动描述

双人配对

描述：将所有参与者随机分为两人一组。

故事分享

时间：10分钟

描述：在每组中，选择一名参与者作为"说话者"，另一名作为"倾听者"。说话者需要分享一个他们最近经历的事件或体验。

纯倾听模式

时间：5分钟

描述："倾听者"在这段时间内只需要安静地倾听，不能打断"说话者"，也不提问。目的是让"倾听者"完全沉浸在"说话者"的讲述中。

回馈与反映

时间：5分钟

描述："倾听者"需要反馈他们听到的主要信息和情感。例如"我听到你在工作中遇到了挑战，并且你感到很沮丧。"

互换角色

时间：10分钟

描述：两人互换角色，重复上述步骤。

小组分享

时间：15分钟

描述：让几组参与者分享他们的经验，说说他们在倾听过程中的感受，以及他们从对方的经历中学到了什么。

讨论与反思

时间：20分钟

描述：开放式讨论，让所有人谈谈他们对"倾听"的理解，以及在日常生活中如何更好地实践倾听。

（3）活动效果

通过这个活动，参与者可以体验到真正的倾听是什么感觉，同时也可以了解到，很多时候，人们在沟通中更需要的是被理解和被倾听，而不是得到建议或解决方案。此活动也帮助参与者明白，真正的倾听可以带来更深入的理解和更紧密的人际关系。

12.2.2 活动名称："镜子之间"

（1）活动目的

让参与者体验不同级别的倾听，并识别和实践真正深度的倾听。

（2）活动描述

双人配对

描述：将所有参与者随机分为两人一组。

"三级倾听"介绍

时间：10分钟

描述：向参与者简短地介绍3个倾听的级别：

表面倾听，指只听到话语的字面意思，没有太多的深入理解；

实际倾听，指听到话语的字面意思并理解其背后的含义或需求；

深度倾听，指能够洞察说话者的情感和未说出口的内心想法。

模拟练习

时间：15分钟

描述：每组中，一名参与者分享一个小故事，另一名参与者先用表面倾听应对，再换成实际倾听，最后转为深度倾听。每种方式各练习5分钟。

经验分享

时间：15分钟

描述：双方交换意见，分享在不同倾听级别下的感受。

角色交换

时间：15分钟

描述：两人互换角色，重复上述模拟练习和经验分享步骤。

团队分享与反思

时间：20分钟

描述：每组挑选一个代表分享他们的体验，以及对深度倾听的理解。活动组织者可以提供一些关于如何更好地进行深度倾听的建议和技巧。

（3）活动效果

此活动不仅让参与者了解到不同级别的倾听，并通过模拟练习体验了不同倾听级别带来的感受。参与者将更加明白深度倾听的重要性和其在建立人际关系中的作用。此外，这种模拟练习还有助于参与者在真实的生活和工作中更好地实践倾听技巧。

"三级倾听"案例分析

（1）故事一：失去的梦想

萨拉曾经怀揣着在纽约开自己的艺术画廊的梦想。每当她提起这个梦想时，眼中都闪烁着激情和期待。在画布上，她用色彩绘出了自己对未来的无限渴望。但这些，现在看来，都仿佛是遥远的梦。

萨拉现在在一家银行工作，每天重复着一成不变的工作流程。她的同事们看到的是一个总是面带微笑、工作认真的萨拉，但他们并不知道，每当她处理着冰冷的数字和文件时，内心深处感到多么空虚和失落。

"我现在的工作很稳定，爸妈也很放心。"萨拉在家庭聚会上这样对亲戚们说，她的声音平静，甚至带着一丝骄傲。然而，当夜幕降临，她独自一人时，萨拉的眼中却难掩失落之色。她会轻轻触摸自己的画笔，那些尘封的画布和那个关于画廊的梦想。

有一天，她的一个小学同学来银行办理业务，遇到了她。"萨拉，你不是一直想成为艺术家吗？怎么在这里？"同学惊讶地问。萨拉笑了笑，回答道："哦，那只是年轻时的幻想，现实总是要务实一些的。"但她的眼神中却闪过一丝难以察觉的悲伤。

萨拉面对的是现实与理想之间的矛盾。她用稳定的工作来满足家庭的期望，却牺牲了自己的梦想。在别人眼中，她是成功的，是理智的。但在自己心中，她知道，有一部分真实的自我被深深埋藏了。

每当夜深人静时，萨拉总会翻看自己过去的画作，那些充满色彩与生命的作品。她内心深处对艺术的热爱从未熄灭。有时，她会问自己："如果重新选择，我是不是依然会放弃理想？"

表面倾听：故事表面上是讲萨拉放弃了自己的理想，去追求更为稳定的职业生涯。

实际倾听：故事背后实际想表达的是对自我价值和理想的追求与现实的妥协之间的冲突。

深度倾听：未说出口的内心想法是对于未能追求自己真正热爱的事业的遗憾和内心的挣扎。

（2）故事二：未料到的成功

杰克是一名普通的软件工程师，每天早出晚归，埋头苦干。他一直梦想着能够开发出一款独特的软件，让他在行业里脱颖而出。然而，这个梦想一直未能实现,他的程序总是被市场忽略,最终默默地退出了舞台。

一天,杰克决定放松一下,他请了一天假,来到一家小咖啡馆。坐在窗边,他拿出笔记本电脑,不经意间开始编写一个小程序,这个程序并不是为了商业目的,只是他感兴趣的一个项目。他将自己的所有热情和创意都投入其中,完全不受任何压力的束缚。

几周后,他完成了这个小程序。这是一个简单而有趣的游戏,能让玩家在一个令人愉悦的虚拟世界中探索、交流和创造。他把这个程序取名为"幻境乐园",并上传到了应用商店,然后就忘了它。

然而,未来的几天里,一切都发生了意想不到的变化。杰克的小程序突然爆红,成千上万的人下载并使用它。"幻境乐园"的社交功能吸引了大量用户,用户在游戏中结交新朋友,分享创意,甚至建立了自己的小社区。

杰克很快意识到,他的小程序已经变成了一场社交现象,他的名字也传遍了互联网。他被各种媒体采访,他的程序成了讨论的焦点,他的财富也在短短几个月内猛增。然而,最令他感到震惊的不是财富的增长,而是人们对他的热情和感激。

这次成功,让杰克深刻地体会到了人们渴望连接和共享的需求。他的小程序成了人们逃离疲惫和孤独的避风港,也成了人们进行创造和表达的媒介。他开始与用户亲密接触,聆听他们的故事,了解他们的需求,不断改进"幻境乐园",以满足更多人的愿望。

虽然杰克取得了巨大的成功,但他的内心充满了感慨。他领悟到,成功不仅仅意味着获得财富和名声,更意味着能够满足人们情感需求的能力。他的小程序为他带来了未曾预料的成功,也唤醒了他内心深处对于连接和共享的渴望。

最终,杰克明白了,他真正追求的并不是孤立的技术创新,而是能够帮助人们建立联系、分享欢乐和创造美好的机会。他的成功不仅改变了他自己的生活,也改变了无数人的生活,使他们在虚拟世界中找到了真正的幸福。这个故事告诉我们,有时候,真正的成功并不是你所期望的，而是来自内心深处的热情和真诚的付出。

表面倾听：杰克是一名普通的软件工程师，开发了一款小程序，意外地获得了巨大的成功，为他带来了财富和名声。

实际倾听：故事背后隐含着人们渴望连接、共享和社交的强烈需求。"幻境乐园"代表了一个社交平台，满足了用户的情感需求，使他们能够在虚拟世界中建立联系、分享创意和找到乐趣。这反映出了人们渴望社交互动和情感满足的愿望。

深度倾听：杰克最初内心充满挫折感和对成功的渴望。他努力工作，但始终未能实现自己的梦想，充满了失落感。成功后杰克虽然感到震惊，但更充满了满足感和自豪感。他开始理解人们从他的小程序中获得的情感联结，感受到了他们的感激之情。杰克的内心充满感慨，他开始反思成功的本质，并渐渐明白了人际关系和情感满足的价值。故事没有明确表达杰克的想法，但可以想象，在获得成功后，他开始重新审视自己的价值观和生活目标。他或许思考着如何更好地利用他的成功来满足人们的情感需求，以及如何在虚拟世界中创造更多有意义的连接。

（3）故事三：重新联结

多年前，阿米莉亚与母亲之间因一场家庭纷争而疏远，两人陷入了长时间的沉默。这段时间里，她过着自己的生活，追求着自己的梦想，但内心深处总感到失落和空虚。

最近，一个电话改变了一切。阿米莉亚的叔叔告诉她，她的母亲患上了一种严重的疾病，病情日益恶化。听到这个消息，阿米莉亚内心复杂的情感交织着：担心、内疚和对母亲的关切。

尽管曾经的纷争令她心有芥蒂，但面对母亲的病情，阿米莉亚决定放下过去的恩怨，重新建立与母亲的联系。她拨通了母亲的电话号码，听到了熟悉的声音，然后是长时间的沉默，仿佛过去的岁月都在这段时间里回响。

母亲最终打破了沉默，声音带着哽咽，表达了她对阿米莉亚的思念和歉意。阿米莉亚也哭泣着，道出了自己的内疚和对母亲的关切。两人在电话里渐渐拉近了距离，重新建立了母女之间的联系。

阿米莉亚开始经常探望母亲，陪伴她度过艰难的时光。她为母亲做饭，为她打点生活琐事，也倾听母亲的故事和回忆。这个过程中，母女之间的关系逐渐修复，她们重新找回了曾经的亲密感。

表面倾听：由于家庭纷争，阿米莉亚多年来与母亲疏远，并失去联系。最近，母亲生病，阿米莉亚重新与她联系，关心她的病情。

实际倾听：故事背后反映了人们渴望亲情、家庭联系和关怀的强烈需求。尽管阿米莉亚与母亲有矛盾，但母亲生病后，她意识到家庭关系的重要性，以及重新建立联系和修复关系的渴望。故事还强调了宽容和包容的价值，以及愿意放下过去的恩怨，重新建立联系的勇气和决心。这也是一种重建信任和关系的愿望。

深度倾听：阿米莉亚在得知母亲病情后，经历了复杂的情感，包括担忧、内疚和对母亲的关切。她决定打破多年的沉默，表达了对母亲的关心。

母亲在电话中的哽咽和道歉表明了她对女儿的思念和愿意与女儿重新建立联系的渴望，她可能也在表达自己的孤独和需要。她们都想试图弥补过去的遗憾，重新建立亲密的母女关系。

（4）故事四：职业转变

迈克尔是一名杰出的律师，事业顺利，他的名字在法律界享有盛誉。然而，尽管外表光鲜亮丽，内心却逐渐感到空虚和不满。每天面对法律文件和法庭辩论，他开始怀疑自己的职业选择。

多年来，迈克尔一直饱含对烹饪的热爱。他在家中厨房里度过了无数个夜晚，探索各种美食的制作，迷恋着烹饪的艺术性和创造力。烹饪不仅是他的兴趣，也是他内心深处的激情，是一种表达和创造的方式。

最近，迈克尔的不满达到了顶点。他对自己的职业生涯产生了怀疑，开始反思人生的意义。一天，他突然作出了一个决定，决定辞去律师的工作，追求自己一直热爱的烹饪事业。

他告诉家人和朋友他的决定，得到了不同的回应。有人不理解，认为他在放弃一个成功的职业。有人鼓励他，认为追求自己的激情是明智的选择。然而，无论别人怎么看，迈克尔始终坚信自己的选择，因为他知道这是他内心真正的渴望。

迈克尔报名了一家烹饪学校，开始了他的新生活。虽然一开始厨房工作充满了挑战，但他满怀激情，因此每一次创作都让他感到满足和充实。他学到了新技能，认识了志同道合的人，也遇到了新的困难和挫折，但他仍坚持不懈，因为他知道他正在走向自己真正想要的生活。

表面倾听：迈克尔是一名成功的律师，但感到职业生活枯燥乏味，最终决定辞去工作，追求他一直热爱的烹饪事业。

实际倾听：故事背后传达了人们对于职业满足和生活意义的深刻需求。迈克尔成功的律师生涯虽然外表光鲜，但他内心感到空虚和不满足。他的决定反映了追求内心激情和个人满足感的渴望，即使需要放弃成功的职业和生活的稳定。故事还强调了追求梦想的价值，追求自己热爱的事业，不仅为个人带来满足感，也是对理想生活的一种深刻追求。

深度倾听：迈克尔在律师职业中感到空虚和不满，这可能引发了焦虑、挣扎和内心的空虚感。而放弃律师职业，转行从事烹饪，他又需要勇气来面对职业转变的不确定性和挑战。他的决定也可能引来家人和朋友的不解和担忧，但也有可能有人支持他的勇气和决心。但他却感到内心的解脱和兴奋，因为他追求了自己一直梦寐以求的事业。

（5）故事五：找回创造力

艾玛是广告设计领域的资深专家，她多年来一直是公司的创意灵魂，创造了无数广告和宣传活动的成功。然而，最近几个月，她感到自己的创造力陷入了低谷，面对空白的设计画布，她无法找到新的创意点子。

一天，她突然意识到，她需要休息一下，离开繁忙的工作环境，去寻找新的灵感和创造力。于是，她请了一个长假，离开了熟悉的办公室，前往一个宁静的小山村，租了一间小屋，与自然为伴。

在山村，艾玛的生活变得平静而慢节奏。她每天早上在村庄周围散步，欣赏自然美景，聆听鸟儿的歌声，感受大自然的生机。她也尝试着去农场买新鲜的食材，亲手做饭，享受美食的烹制过程。

休假期间，艾玛并没有刻意去寻找创意，而是放松自己，充分感受生活的美好。她开始阅读小说，画水彩画，甚至尝试学习制作一些新的手工艺品，远离了工作压力和期望。她重新发现了自己对艺术的热爱。

渐渐地，在这种慢节奏的生活状态中，艾玛的创造力重新苏醒了。她开始在小屋的桌子上摆弄设计工具，画布上的画开始流淌出新的创意和灵感。她感到自己重新与内心的艺术家建立了联结，而不再受到时间和竞争压力的束缚。

当她结束假期回到工作岗位时，她带回了新的创意和活力。她的广告设计变得更加富有创造性，充满了来自自然和生活的灵感。她的团队和客户都感到惊讶，她告诉他们，她找回了自己的创造力，那是在休息和重新连接内心之后才实现的。

表面倾听：艾玛是一名广告设计师，最近失去了创造力，决定休假一段时间，去寻找灵感和创意。最终，她在休假期间重新找回了创造力，回到工作岗位。

实际倾听：故事背后传达了人们对于创造力和灵感的深切需求。在工作中，创造力对于艾玛来说是关键要素，但她失去了它，因此需要远离工作环境，去寻找内在的激发源。故事也强调了放松、自我发现和自我疗愈的价值，以寻找内心的平衡和重新点燃创造力的火花。

深度倾听：艾玛可能在工作中感到压力、焦虑和失望，因为她无法产生新的创意，这可能导致了内心的挣扎。休假期间，她可能经历了情感上的解脱和平静，从而帮助她重新找回创造力。

她回到工作岗位时，可能感到自己充满信心和自信，因为她重新获得了创造力，这使她有了一种内心的满足感。艾玛可能在休假期间反思了自己的职业生涯和个人价值观，思考了工作与生活平衡的问题。她可能也在思考如何保持长期的创造力和激情。

在回到工作岗位后，她可能感到内心的坚定，坚信休假期间的经历对于她的职业生涯将产生深远的影响。

（6）故事六：梦想的代价

汤姆从小就对足球充满了热爱，他的梦想是成为一名职业足球运动员。每天放学后，他都会去附近的足球场踢球，不顾天气炎热或严寒。他在球场上展现出出色的天赋，引来了许多人的关注。

随着时间的推移，汤姆的足球技术逐渐提高，他成为学校足球队的明星球员。他的家人一直鼓励他，支持他的梦想，但同时也强调了教育的重要性。汤姆在家庭的影响下，努力保持学业成绩，顺利进入大学。

然而，正当他在大学攻读学位时，一个机会突然出现在他面前。一支职业足球队的球探看到了他的比赛，认为他有潜力成为一名出色的球员。他被邀请参加试训，这是一个能够实现他儿时梦想的机会。

汤姆陷入了两难的境地。他知道这是他一直以来的梦想，也是他努力奋斗多年的结果。但与此同时，他也明白，为了追求职业足球生涯，他必须放弃正在攻读的大学学位，这将改变他的未来。

在一段时间的思考后，汤姆决定追求他的足球梦想。他将大学学业暂时搁置，参加了试训，经过激烈的竞争，成功获得了职业足球队的合同。

然而，汤姆很快就体会到了梦想的代价。职业足球生涯充满了艰辛和竞争，伤病也让他付出了很多努力。与此同时，他始终保持对大学学位的遗憾，因为他明白教育对于未来也非常重要。

尽管面临种种挑战，汤姆努力坚持，不断提高自己的足球技能。他知道，梦想虽然有代价，但只有通过坚韧不拔的努力，才能够实现。他希望自己的付出最终能够让他成为优秀的职业足球运动员，同时也明白教育是他人生中不可或缺的一部分。这是一个梦想和现实之间的艰难抉择，但汤姆决心为梦想而奋斗，也为未来的教育努力打下坚实的基础。

表面倾听：主人公汤姆从小梦想成为职业足球运动员，并最终获得了试训机会。为了追求足球梦想，他必须放弃正在攻读的大学学位，决定参加试训并获得职业足球队的合同。

实际倾听：故事背后反映了人们对于追求梦想和职业目标的深切需求。汤姆一直以来的梦想是成为职业足球运动员，这个机会是他多年努力的成果。同时，故事也涉及抉择和牺牲的问题，因为他必须放弃正在攻读的大学学位，这是一个影响他未来的重要决策。

深度倾听：汤姆可能在作出决定时经历了内心的挣扎和焦虑。放弃大学学位可能让他感到遗憾，但他也充满了对足球梦想的热爱和期待。随着职业足球生涯的挑战和伤病，他可能会经历情感上的压力和挫折，但他仍坚持不懈，因为他对梦想十分执着。汤姆可能会感到内心焦虑，因为他知道自己的决定会对未来产生深远的影响，无论是职业足球生涯还是教育方面。他可能也在思考如何在追求梦想的同时，保持对教育的关注，以便未来有备无患。

（7）故事七：重返职场

珍妮是两个孩子的母亲，曾经是一名成功的市场营销专家。然而，为了全身心照顾孩子们，在他们小的时候，她作出了一个艰难的决定，放弃了自己的职业生涯，成了一名全职家庭主妇。她把所有的时间和精力都投入到孩子们的成长中，而自己的职业生涯却搁浅了。

如今，孩子们已经长大，进入了学校，开始了自己的独立生活。珍妮感到了一种空虚感，她开始思考自己的未来。她发现自己渴望重返职场，继续自己的市场营销职业，但这也意味着她需要重新建立自己的职业身份。

珍妮开始主动寻找工作机会，更新自己的简历，并报名参加了一些职业培训课程，以跟上市场的最新趋势。她的丈夫和孩子们都支持她的决定，鼓励她追求自己的职业梦想。

在求职过程中，珍妮面临了一些挑战，包括与年轻竞争者的竞争和重新适应职场文化。但她坚持不懈，充满自信，她知道自己的经验和技能在市场营销领域依然有价值。

最终，珍妮获得了一份市场营销专家的职位，开始了她的职业生涯的新篇章。尽管工作和家庭的平衡带来了挑战，但她感到充实和满足，因为她重新找回了自己的职业身份，也为孩子们树立了坚强的榜样。

这个故事强调了个人的职业梦想和自我实现的重要性。珍妮在孩子们长大后决定重返职场，展示了对自己未来的渴望和坚定决心。故事还传达了支持和家庭团结的价值，因为珍妮的丈夫和孩子们都支持她的职业追求。这是一个关于重新追求职业目标的故事，以及在不同生活阶段找回自己的职业身份和满足感的重要性。

表面倾听：珍妮是两个孩子的母亲，曾经是一名市场营销专家。她在孩子们小的时候放弃了职业，现在希望重返职场。

实际倾听：故事背后反映了人们对于自我实现和职业追求的深切需求。珍妮在放弃职业以照顾家庭后，渴望重新找回自己的职业身份，继续她的市场营销职业生涯。

故事也强调了职业和家庭之间的平衡，以及重新适应职场文化和技能的重要性。

深度倾听：珍妮可能在决定重返职场时经历了内心的挣扎和焦虑。她需要克服年轻竞争者的竞争和重新适应工作环境的不确定性。她的丈夫和孩子们对她的支持可能让她感到内心温暖和鼓舞，这种家庭团结和支持对她的职业追求至关重要。珍妮可能内心渴望重新获得自己的职业身份，但也可能感到担忧，担心工作和家庭之间的平衡问题。她可能在工作和家庭之间寻找最佳的方式，以确保二者都能够充实和满足。她可能也在思考如何充分利用自己的经验和技能，以便在职场中获得成功，并继续为家庭提供支持和关爱。

（8）故事八：处理团队冲突

阿尼塔一直以来都是一名杰出的项目经理，她领导着一个多元化的团队，团队成员来自不同文化背景和专业领域。这个团队正负责一个重要的项目，但最近，团队内部开始出现了一些意见分歧和冲突，这对项目的进展造成了负面影响。

团队内的冲突主要集中在两位成员之间：卡尔和玛丽。卡尔是技术领域的专家，注重项目的技术细节和效率。玛丽则是项目的创意推动者，她强调创新和用户体验。这两位成员的不同观点和工作风格开始导致局势紧张。

阿尼塔认识到，必须采取措施来解决这个问题，以继续推动项目的进展。她决定采用以下方法来处理团队冲突。

召开团队会议：阿尼塔组织了一次团队会议，邀请所有成员参加。她提醒大家，团队的目标是共同完成项目，并强调了合作和协作的重要性。

开放对话：在会议中，阿尼塔鼓励卡尔和玛丽分享他们的观点和关切的问题。他们各自表达了自己的看法，包括工作方法和项目优先级。

促成妥协：阿尼塔引导讨论，帮助卡尔和玛丽找到了一些共同点，并提出了一些建议，以实现妥协。他们同意采用一种平衡技术和创新的方法，以满足项目的需求。

设立明确的目标：阿尼塔确保团队明确了项目的关键目标和阶段性目标。这有助于团队更好地协同工作，集中精力解决问题。

持续跟进：阿尼塔定期组织团队进展会议，以确保冲突得到解决，并且团队成员之间的协作更加紧密。她也鼓励团队成员提供反馈，以不断改进工作流程。

随着时间的推移，卡尔和玛丽之间的紧张关系逐渐减轻，他们开始更好地合作。整个团队也变得更加团结，他们共同努力，成功完成了项目，取得了良好的成绩。通过处理团队内部的冲突，阿尼塔不仅解决了团队的合作问题，还提高了整个团队的效率和工作氛围。这个故事强调了处理团队冲突的重要性，以确保项目的顺利进行，并加强了领导者在解决问题和促进协作方面的角色。

表面倾听：项目经理阿尼塔领导的多元化团队内部出现了冲突，主要集中在两位成员卡尔和玛丽之间。这些冲突威胁到项目的进展。阿尼塔采取措施积极处理团队冲突。

实际倾听：故事背后反映了团队合作的重要性。多元化的团队可能有不同的观点和工作风格，需要领导者采取措施来解决冲突，以确保项目成功。故事也强调了领导者的职责，即引导团队成员共同努力，促进妥协和解决问题。

深度倾听：阿尼塔可能在面对团队内部冲突时感到焦虑和压力，因为这可能影响到她的项目的成功。她需要处理冲突，确保团队能够重新协同合作。卡尔和玛丽可能在冲突中感到沮丧或不满，因为他们的不同观点和工作方法引发了紧张局势。然而，随着解决冲突的推进，他们可能会感到满足，因为团队协作的效果开始显现。阿尼塔可能在内心希望有效地解决团队内部冲突，确保项目的成功，同时也可能在内心感到责任重大，因为她是团队的领导者。卡尔和玛丽可能在内心认识到各自的工作风格和观点都有价值，但也可能在内心希望能够找到一种平衡，以更好地合作。